国家级新区发展报告 2017

国家发展和改革委员会　编

图书在版编目（CIP）数据

国家级新区发展报告. 2017 / 国家发展和改革委员会编. -- 北京 : 中国计划出版社, 2018.1
ISBN 978-7-5182-0748-0

Ⅰ. ①国… Ⅱ. ①国… Ⅲ. ①经济开发区－区域经济发展－研究报告－中国－2017 Ⅳ. ①F127.9

中国版本图书馆CIP数据核字(2017)第292198号

国家级新区发展报告 2017
国家发展和改革委员会 编

中国计划出版社出版
网址：www.jhpress.com
地址：北京市西城区木樨地北里甲 11 号国宏大厦 C 座 3 层
邮政编码：100038　电话：(010) 63906433（发行部）
新华书店经销
北京汇瑞嘉合文化发展有限公司印刷

787mm×1092mm　1/16　17.25 印张　245 千字
2018 年 1 月第 1 版　2018 年 1 月第 1 次印刷

ISBN 978-7-5182-0748-0
审图号：GS（2017）3636 号
定价：78.00 元

目录

CONTENTS

2 分报告 新区巡礼

创新发展成效篇
——2016 年各国家级新区创新发展成绩和 2017 年工作展望

特色亮点展示篇

——2016 年国家级新区体制机制创新典型案例

3 附录

附表

附图

有关文件

序言

FOREWORD

国家级新区（以下简称“新区”）是由国务院批准设立，以相关行政区、特殊功能区为基础，承担国家重大发展和改革开放战略任务的综合功能区。自20世纪90年代初国务院设立上海浦东新区以来，新区建设发展已走过了近30年的历程，2016年，国务院批复设立长春新区、江西赣江新区，2017年4月，党中央、国务院公布设立河北雄安新区，截至目前，国家级新区数量达到19个，[①]分布在19个省（市），其中东部地区8个，中部地区2个，西部地区6个，东北地区3个，涉及陆域总面积2.24万平方公里，截至2016年底总人口2600万人，地区生产总值约3.9万亿元，约占全国经济总量的5.3%。

按照党中央、国务院决策部署，围绕推进新区持续健康发展，2016年，我委会同有关部门进一步加大对新区发展建设的统筹指导与支持力度，开展了一系列工作。加强工作指导，在重庆两江新区组织召开第二次国家级新区工作经验交流会暨新区工作推进会，组织开展新区发展年度评估并及时将情况通报有关省市领导，发布国家级新区发展报告2016，指导举办国家级新区发展论坛，建立国家级新区经济运行监测与沟通交流平台。推进改革创新，印发实施国家级新区年度体制机制创新工作要点，鼓励支持各新区围绕1—2个重点领域开展体制机制创新，推动在有条件的新区开展自由贸易试验区、国家双创示范基地、服务贸易创新发展试点、开放型经济

① 2017年4月1日，党中央、国务院公布设立河北雄安新区，考虑到本报告主要反映2016年国家级新区发展情况，因此未将其计入相关现状分析和分报告。

新体制综合试点等建设，鼓励国家开发银行等金融机构利用专项建设基金支持新区重大基础设施和创新能力建设，增强核心竞争力。

在各方面的共同努力下，各新区全面贯彻落实新发展理念，以推进供给侧结构性改革为主线，勇担使命、主动作为、锐意改革、大胆创新，“放管服”改革深入推进，创新发展活力进一步激发，开放合作水平不断提升，干事创业环境持续优化，经济继续保持快速发展势头，积累了一批体现新区特色、可复制可推广的好做法好经验，成为引领经济发展新常态、贯彻落实新发展理念的示范平台，为推动“三大战略”深入实施和“四大板块”稳增长、促改革、调结构作出了积极贡献。

2017年是国家级新区夯实基础、加快转型、创新突破、再创佳绩的关键一年。各新区要深入学习和认真贯彻落实党的十九大精神，以习近平新时代中国特色社会主义思想为指导，统筹推进“五位一体”总体布局，协调推进“四个全面”战略布局，牢固树立“四个意识”，坚定“四个自信”，坚持贯彻新发展理念，坚持质量第一、效益优先，在供给侧结构性改革上下功夫，在持续改善营商环境上下功夫，在全面提升开放水平上下功夫，激发内生发展动力，大力培育发展新动能，促进集约节约和可持续发展，努力建设现代化经济体系，推动形成你追我赶、竞相发展局面，不断探索积累可复制可推广的经验，更好地发挥新区引领示范带动作用。

本报告由国家发展改革委地区经济司会同天津滨海综合发展研究院、各新区管委会等单位编写。在报告编写过程中，有关省（市）发展改革委、国家测绘地理信息局规划司、国土司等提供了积极支持，在此一并致谢。本报告所涉及数据根据有关方面提供数据初步测算形成，相关内容仅供研究参考，不作为开展工作的依据。

编　者

2017年10月

总报告

成绩与展望

1

贯彻新发展理念　培育发展新动能

——国家级新区年度建设发展总体情况

2016年，各新区全面贯彻落实新发展理念，以推进供给侧结构性改革为主线，勇担使命、主动作为、锐意改革、大胆创新，“放管服”改革深入推进，创新发展活力进一步激发，开放合作水平不断提升，干事创业环境持续优化，经济继续保持快速发展势头，积累了一批体现新区特色、可推广可复制的好做法好经验，成为引领经济发展新常态、贯彻落实新发展理念的示范平台，为“三大战略”深入实施和“四大板块”稳增长、调结构、促改革作出了积极贡献。

一、2016年国家级新区经济社会发展总体进展

（一）工作进展

1.国家指导、地方主体，持续优化新区建设发展政策环境

第一，继续加强统筹指导。按照党中央、国务院部署，围绕深化供给侧结构性改革，贯彻落实新发展理念，推进新区持续健康发展，2016年，国家进一步加大对新区发展建设的统筹指导与支持力度，开展了一系列工作。一是强化工作指导。国家发展改革委在重庆两江新区组织召开第二次国家级新区工作经验交流会暨新区工作推动会，总结交流各新区建设发展经验，分析新形势新问题，进一步明确各新区发展的方向和重点。组织开

展新区发展年度评估，发布《国家级新区发展报告2016》、指导举办国家级新区发展论坛，推动建立国家级新区经济运行监测与沟通交流平台。二是推进改革创新。国家发展改革委印发实施国家级新区年度体制机制创新工作要点，鼓励支持各新区围绕1—2个重点领域开展体制机制创新，探索积累可复制可推广的经验做法。有关部门积极推动在有条件的新区开展国家双创示范基地、自由贸易试验区、服务贸易创新发展试点、开放型经济新体制综合试点等建设。三是加大支持力度。国家开发银行等金融机构主动加强与各新区对接服务，推动拓宽新区融资融智渠道，利用有关专项建设基金支持新区重大基础设施和创新能力建设，增强核心竞争力。2016年国家开发银行向新区提供融资总量1004亿元，与15个新区签订合作协议。四是有序推进新区布局优化。2016年2月，国务院批复设立长春新区，着力打造创新经济发展区、新一轮东北振兴的重要引擎、图们江区域合作开发的重要平台和体制机制改革先行区，至此，东北三省各有一个国家级新区，成为新一轮东北振兴重要引领区域。6月，批复设立江西赣江新区，着力打造中部地区崛起和长江经济带发展的重要支点，成为中部地区第二个国家级新区。

图1.1　第二次国家级新区工作经验交流会暨工作推进会在重庆两江新区召开

第二，不断完善顶层设计。坚持规划引领、高标准设计，国家级新区着力完善规划体系，深化“多规合一”等探索，按照国家明确的发展目标和战略定位进行布局谋划，并以此引领新区建设发展。与此同时，所在省份进一步加大指导支持力度，为新区发展打造良好政策环境。四川天府新区全面启动新一轮总体规划评估修编，逐步细化完善分区规划、重点功能区规划以及重点区域城市设计，推动产业布局加速由分散向功能区集聚转变。《湖南湘江新区发展规划（2016—2025年）》获湖南省政府正式批复，“2+5”规划体系基本形成，努力实现城市规划、土地利用总体规划和环境保护规划的“多规合一”“无缝衔接”；湖南省委、省政府出台《关于支持湖南湘江新区加快改革发展的若干意见》，积极助力新区建设。福州新区通过“院士领衔、专家参与、团队负责、地方合作”方式，组成高端科研规划设计团队，并建立“新区顾问”制度，积极创建具有国际影响力的福州新区“顶级智库”；青岛西海岸新区成立新区研究院，加快推进“多规合一”省级试点。

第三，主动对接融入国家重大战略。2016年，各新区主动对接推进“一带一路”建设、京津冀协同发展、长江经济带发展“三大战略”和创新驱动发展、自由贸易试验区建设等重大国家战略，因地制宜探索发展新路径，寻找适宜的发展突破口，积极打造贯彻落实重大区域发展战略的重要节点和功能平台，不断丰富拓展发展空间与内涵。天津滨海新区深入落实京津冀协同发展战略，主动对接非首都功能疏解，同京冀有关地区深入开展合作，与北京市共建天津滨海—中关村科技园，与河北省合作组建渤海津冀港口投资发展有限公司，2016年签约京津项目369个，协议金额879.8亿元。广州南沙新区积极推动建立“一带一路”沿线城市港口联盟，深化与汉堡、不莱梅等欧洲港口城市枢纽型合作关系，推进与沿线国家通关通检互认，打造“一带一路”沿线国家国际产能合作新平台。广州南沙、陕西西咸、贵州贵安新区建立战略合作关系，共同推动“一带一路”战略实施。福州新区积极促进中国—东盟海产品交易所发展壮大，组织举办海上丝绸之路（福州）国际旅游节等一系列以“海上丝绸之路”为主题的重大活动。浙江舟山群岛新区瞄准打造长江经济带“龙眼”，边谋边干推进江海联运服务中心建设，“舟山江海联运服务中心的总体方案”获批，公共信息平台上线运行。青岛西海岸新区成功举办东亚海洋合作平台黄岛论坛，揭牌成立东亚港口联盟，达成“东亚港口联盟黄岛共识”，致力打造海上丝绸之路沿海港口交流合作重要平台。湖南湘江新区宁乡经济技术开发区入选长江经济带国家级转型升级示范开发区。

2.改革引领、锐意创新，进一步提升新区建设管理效能

第一，着力深化“放管服”改革。精简高效的行政管理体制是确保新区竞争力和吸引力的核心要素。2016年，各新区继续把转变政府职能作为深化经济体制改革和行政体制改革的关键举措，按照使市场在资源配置中起决定作用和更好地发挥政府作用的要求，继续狠抓“放管服”改革，努力做足简政放权的“减法”、加强监管的“加法”和优化服务的“乘法”，继续以新思路、新机制提升管理服务水平，探索新的经验和做法。上海浦东新区深入推进“证照分离”改革试点，分类改革116项行政许可事项，推出“双告知”“双随机”“互联网+信用监管”等一批配套事中事后监管措施。探索开展法定机构改革试点，上海浦东新区成立陆家嘴金融城理事会和陆家嘴金融城发展局，组成以“业界共治+法定机构”为基础的公共治理架构。天津滨海新区电子市民中心建设工作完成阶段性目标，实现民政、人社、卫计、教体服务事项网上办理，创新设立“综合一窗”，形成线上线下一体化的“互联网+政务服务体系”，一期系统试运行。浙江舟山群岛新区将86%的行政许可事项下放给县（区）、功能区，基本实现了市县同权。广州南沙新区实现1个工作日内“十三证三章”联办，市场准入联办证件数量和速度全国领先，在全国率先推行港澳籍人民陪审员参审案件，公正高效解决涉外商事纠纷。贵州贵安新区率先开展国家相对集中行政许可权试点，构建审批服务“六朵云”（“审批云”“监管云”“监督

云”“招商云”“证照云”“分析云”），走出“一章审批、一网审管、一单规范”改革路子。

第二，深入推进供给侧结构性改革。深化供给侧结构性改革是提高新区建设效能与竞争力的关键举措。各新区扎实推进“三去一降一补”，着力振兴实体经济，切实防范重点领域潜在风险，务实提升建设发展质量和效能，探索形成了一系列好的经验和做法。天津滨海新区探索从产业端发力推动供给侧结构性改革，实施以加快培育新兴产业做“加法”，以节能减排做“减法”，以创新驱动动力转换做“乘法”，以逐步去除低效产能做“除法”的“加减乘除”战略，并将供给侧结构性改革与企业分类帮扶工作紧密结合，累计调查服务企业9000余家（次），协调解决问题1000余个。重庆两江新区实施“十增十降五补五防”的供给侧结构性改革方案，按照“减负”“解难”“放活”三个原则，采取综合措施，为实体经济减负担、降成本，累计为辖区企业直接节约成本20亿元以上，率先实施售电侧改革，全国首创“银行资金实缴到位同股同权分收益”方案。青岛西海岸新区重点实施50项创新举措，推动经济保持高速增长、产业迈向高端水平“双高”发展；开展降低实体经济企业成本行动计划，出台十一条降成本政策。湖南湘江新区通过积极拓展海外市场、国际产能合作和优化改进产品结构，推动工程机械、有色金属等传统产业加快去产能。

3.“双创”驱动、项目支撑，大力推进产业结构转型升级

第一，构建良好创新生态。各新区深入实施创新驱动发展战略，持续优化创新创业环境，大力推动“大众创业、万众创新”，集聚创新资源，加快培育发展新动能，激发经济发展活力。天津滨海、重庆两江、贵州贵安、陕西西咸、福州和湖南湘江新区入选全国首批17个双创示范基地。上海浦东新区大力推进科创中心核心功能区建设，实质启动张江科学城规划建设，引进“阿里云+创客基地”“微软云”等一批知名孵化器，推动太库、医汇谷等国内孵化器在硅谷、柏林、特拉维夫等地合作设立孵化培训

中心。福州新区引入全国首个NB-IoT（窄带物联网）实验局、清华大学智能技术与系统国家重点实验室。贵州贵安新区国家大数据产业发展集聚区和国家绿色数据中心建设初见成效。青岛西海岸新区搭建园区、企业、机构和众创“四大平台”，强化平台、人才、金融、品牌和改革“五大支撑”，构建科研管理、科技成果转化、科技金融服务、军民融合协同创新“四大体系”，出台了推进科技创新发展的实施意见以及创新创业十条政策。四川天府新区制定系统推进全面创新改革试验实施方案，构建形成“1+7+37”全创工作体系。湖南湘江新区突出区校融合、军民融合、央地融合、资金融通，推进国家双创示范基地建设。南京江北新区大力推动协同创新，联合新区十余所高校成立江北新区高校联盟，推动南大高性能计算中心落户，南京大学低碳研究院即将建成运营，与东南大学共建的集成电路产业服务中心已成立运营公司，南京信息工程大学气象产业园等合作项目加快推进。

第二，构建现代产业体系。各新区立足本地资源禀赋、产业基础，以提高质量和核心竞争力为中心，促进新产业更快成长、传统产业加快改造提升、促进区域产业集聚和转型升级。广州南沙新区稳步推进工程塑料、粮食、钢铁等大宗商品交易中心建设，成为亚太地区最大的进口工程塑料集散地。贵州贵安新区坚定不移实施大数据战略行动，加快发展电子信息、大健康医药、高端装备制造、文化旅游、现代服务等五大主导产业。青岛西海岸新区深入实施“海洋+”行动计划，制定实施产业发展十大政策，以海洋经济为引领的产业体系逐步完善。大连金普新区加快建设金石滩国家旅游度假区、金渤海岸服务业发展区、小窑湾国际商务区和渔业加工园区4个服务业集聚区，成立了保税港跨境电商产业园、双D港跨境电商产业园、普湾跨境电商产业园、临空港跨境电商产业园。四川天府新区初步确定以智能制造为核心的“1+8”先进制造业体系和以文化创意为核心的“1+7”现代服务业体系的产业定位和主攻方向，谋划推动产业结构向高端转变。南京江北新区确立了智能制造、生命健康、新材料、高端装备制造等先进制造业以及现代物流、科技服务等生产性服务业“4+2”现代产业体系。福州新区围绕“主导产业规模发展、传统产业高端发展、新兴产业跨越发展”的思路，有针对性地“造链”“补链”“强链”，促进产业向高端化发展、向新区集聚。长春新区依托已有的汽车零部件产业集群，探索规模化、高端化、国际化发展路径，围绕培育产业发展新优势，大力培育高端装备制造、生物医药、光电信息、新材料新能源等4个百亿级产业集群。湖南湘江新区培育产业发展新动能，互联网、军民融合、智能制造产业加速成长，新增移动互联网企业1500余家、聚集军民融合企业100余家。

4.合作联动、扩大开放，全方位扩展建设发展新空间

第一，深入开展自由贸易试验。设立自由贸易试验区是党中央、国务院新形势下作出的重大决策，目前全国11个自由贸易试验区中8个涉及国家级新区。各有关新区充分依托自由贸易试验区平台，在投资、贸易、金融、事中事后监管等方面大胆探索，不断积累可复制推广的经验，其他新区积极复制推广成熟经验做法，结合自身实际，有序开展相关探索，提升贸易便利化水平。上海浦东新区推出“先进区，后报关报检”“十检十放”等创新举措，货物状态分类监管改革有序推进，自由贸易账户功能进一步拓展。重庆两江新区充分利用自贸区平台，积极推动内陆检验检疫改革创新示范区建设，采取“边查边放”、提前开具“通关单”等方式，提高跨境货物通关通检效率。广州南沙新区获批成为全国首个开展毛坯钻石保税进出口业务的自贸试验区，在全国率先推出“互联网+易通关”、检验检疫“智检口岸”、全球质量溯源体系2.0版、“智慧海事”系统等一批标志性改革，探索跨境电商“南沙模式”。福州新区率先复制推广自贸试验区“电子营业执照”“O2O办税模式”等60项改革创新举措，推出“建立对台原产地证书核查机制”等对台贸易便利化的创新举措。

第二，提高对外开放的水平和层次。各新区按照开放包容、互惠共赢

的开发理念，实行更加积极主动的对内对外开放政策，推进更深层次更高水平的双向开放，培育国际竞争合作新优势。天津滨海新区深入推进涉外经济体制改革，谋划建设更高能级的对外开放平台，在进口保税租赁、进境保税维修再制造等方面率先探索，开通运营首个海铁联运的综合性集装箱铁路枢纽——中铁天津集装箱中心站。青岛西海岸新区积极搭建高端国际节会平台，东亚海洋合作平台永久性会址落户，成功举办首届东亚海洋合作平台黄岛论坛等，发起成立东亚港口联盟，探索推进东亚海洋合作、工商合作、港口合作的长效机制；董家口港建成世界最大矿船码头，顺利获批国家一类开放口岸；设立了山东省首个跨境电商产业园。广州南沙新区跨境电商、市场采购、国际转口等外贸新业态迅速成长，对广州市外贸增长贡献度达62.7%。大连金普新区开通一站式通关服务，实现东北地区海关“六关如一关”。福州新区加强与福建自贸试验区、平潭综合实验区联动发展；陕西西咸新区与广州南沙新区深化中俄丝绸之路创新园“一园三地”的模式建设国际创新合作科技园区探索，共同推动“一带一路”建设战略实施。

图1.2 董家口港铁矿石码头

第三，军民融合深入发展。各新区把推进军民融合发展作为实现经济转型升级的重要抓手，加强军民互动，努力实现军工和民企在产品、技术、人才以及信息服务等方面的深度融合。浙江舟山群岛新区完善国家军民融合创新示范区创建工作体制机制，推进军民融合机构设置，做好舟山国家军民融合创新示范区建设总体方案编制相关工作。青岛西海岸新区率先探索创立“军地议事”工作机制，与驻港部队共同建立了军地双方共同参与、协商议事的联席会议制度，古镇口军民融合创新示范区规划建设日新月异，累计完成基础设施投资200余亿元，建设了军民融合装备技术保障、军地人才培养、军民科教产业发展、军队社会化保障“四大中心”，大批涉军涉海项目迅速集聚形成规模。四川天府新区创新军民融合机制，加快建设四川航天军民融合示范园，构建起“一只基金、两个园区、N个产业”的军民融合产业集群，促进了军民融合产业集约化、集群化发展。湖南湘江新区以长沙高新区为核心成功申报建设国防科技工业军民融合创新示范区，新区军民融合相关产业年产值超过350亿元。

5.集聚要素、夯实基础，不断增强新区发展的基本保障

第一，提升人才集聚水平。各新区牢固树立人才优先理念，破除制约人才发展的体制机制障碍，加大各类人才引进培育力度，强化持续焕发新区创新活力的人才保障。上海浦东新区推进海外高层次人才专家证、就业证、居住证（B证）和居留许可、绿卡申请“五证联办”试点；坚持依托市场、拓展渠道、分类保证，进一步加大人才公寓建设力度；深化完善临港地区新一轮“双特政策”，进一步吸引创新型企业和人才集聚。广州南沙新区实施“十百千万”工程，落实集聚高端领军人才和重点领域急需紧缺人才相关政策，设立规模5亿元的创业投资引导基金，开展公开招聘国（境）外人员试点。大连金普新区在大连市人才政策基础上，积极构建“3（规定）+8（实施办法）”人才政策体系。长春新区在东北地区率先启动“人才改革试验区”建设，在政策创新、人才集聚、成果转化、强化服务

等4大项19个方面进行实践探索，累计引进海外归国人员1000多人，设立东北首家“侨梦苑”侨商产业聚集区。青岛西海岸新区新引建高校10所，力争到2020年驻区高等院校达到20所，在校大学生30万人。

第二，多渠道强化资金保障。各新区立足当地实际，按照市场为主、政府支持的模式，采取多种举措筹集建设发展资金，满足新区基础设施、重点产业、生态环境、社会民生等领域投资需求。四川天府新区深入开展建立投融资平台、产业引导基金、创新创业基金和建设基金集聚区等探索，直管区打造的基金小镇已入驻包括深圳前海金控、纪源投资等机构53家，管理基金规模90亿元。浙江舟山群岛新区成立海投、交投、城投和普陀山发展集团四大国资平台，创新投融资方式，通过超短融、公司债、私募债等途径募集建设资金。湖南湘江新区设立新区产业发展基金和重大战略项目投资基金，吸引招募社会资本，加大对产业发展的资金投入。长春新区通过实施PPP融资、代建回购等市场化运作手段，全年累计投入基础设施建设资金140多亿元，促进了区域开发建设。江西赣江新区与国家开发银行江西省分行签订合作备忘录。福州新区建立完善银企对接长效机制，与国家开发银行签订支持福州新区建设发展开发性金融合作备忘录，设立马尾基金小镇，探索推出福建海峡银行周转贷等一系列融资渠道。

第三，加大基础设施建设力度。各新区坚持基础设施先行思路，积极运用PPP融资、代建回购等市场化运作手段，加大基础设施投资力度，构筑起开发建设的骨架。重庆两江新区2016年全年实施239个基础设施项目、投资650亿元，一大批涉及新区长远发展的功能性工程有序推进。广州南沙新区全面实施国际航运中心建设三年行动计划，南沙港区三期、粮食通用码头、汽车滚装码头已建成投产，南沙港区四期、深水航道拓宽工程、邮轮母港等项目加快推进。南京江北新区突出核心区建设，启动总投资约420亿元的22个重点城建项目，中心区“四横五纵”主干路网框架基本形成。福州新区按照“以重点区块率先崛起，带动新区整体建设发展”思路，集中力量推进滨海新城开发建设，同步推动三江口、江阴湾、琅岐岛等重点组团和区域建设。兰州新区深入贯彻“产城融合”发展要求，新建市政道路84条，开工建设综合客运枢纽，新老城区之间初步形成了铁路、高速公路、快速路紧密衔接的立体交通网络。青岛西海岸新区每年基础设施投资300亿元左右，实施轨道交通、疏港交通、地下综合管廊等一批重大项目，青连铁路和青岛西站计划于2018年建成投入使用。

6.生态优先、民生为本，努力建设宜居宜业绿色智慧城区

第一，注重提升城市规划管理水平。各新区按照国家赋予的功能定位要求，努力提高城市规划管理的科学化、精细化水平，逐步构建以人的需求为导向、贴近民生的城市规划管理机制。2016年，重庆两江新区完成总体规划、道路红线、基础设施近期建设、鱼嘴传统风貌区保护等规划，以及龙盛商业中心区等5项城市设计，重点推进“四大城市功能试点示范项目”。陕西西咸新区摒弃传统“摊大饼”式城市发展模式，按照“核心板块支撑、快捷交通连接、优美小镇点缀、都市农业衬托”现代田园城市格局，构建由“特大城市—中等组团城市—优美小镇—村落”组成的点状布局的市镇体系。湖南湘江新区明确“一主三副、两廊三轴”的空间结构，着力打造生态、智慧、人文、宜居的都市田园新区，形成可持续发展的城市形态。云南滇中新区着力推进产城融合发展，探索“产在城中、城在产中、产城互动”的新区发展模式，优化城市建设区、产业发展区、历史文化区、生态保护区等功能区布局，打造创新城、智慧城、生态城、田园城，促进园区与城区、现代服务与先进产业、工作与生活的均衡发展。

第二，积极推动新型城镇化建设。城镇化是我国全面建设小康社会的重要载体，也是未来中国经济增长和社会发展的强大引擎，国家级新区发挥自身体制机制和政策优势，在新型城镇化建设中率先开展探索实践，取得了一系列重要成果。陕西西咸新区积极探索村集体经济股份制改造，以合作制为基础，采取股份制的做法，由管委会、当地政府、企业、农民共同出资组建公司推动特色小镇建设，基本建成空港花园小镇、秦汉酒庄小

镇、泾河崇文重点镇和茯茶小镇等9个优美小镇。青岛西海岸新区按照以人为本、规划为先、设施为要、文化为魂、生态为基、产业为根、特色为重"七为"理念，进一步延伸、完善、改革、提升12个特色小镇，创业带动就业近万人，农民户均增收超万元，城镇部分土地增值翻番。大连金普新区"冠军小镇"入选全国首批100个特色小镇，航天小镇签约落地，"玻璃小镇""木艺小镇""满族风情小镇"等加快建设。江西赣江新区永修组团艾城镇作为第二批国家新型城镇化综合试点地区，逐步建立户口"一元化"登记管理制度；全镇所有的土地流转已进入农村产权流转中心，确保农民利益不受损失；多举措为农业转移人口提供全方位的职业技能培训服务。

第三，推进生态文明建设。各新区深入践行绿色发展理念，大力推进生态文明建设，全面促进资源节约，扩大生态产品供给，推动环境质量总体改善。上海浦东新区实施第六轮三年环保行动计划八大专项领域项目，全面推进重点区域环境综合整治工作。重庆两江新区深入实施环保"五大行动"，开展环评审批、环保设计备案等501件，全年无一例"三高一资"项目进入。陕西西咸新区积极推广地热能、干热岩技术等绿色能源，建成了全国首个小区干热岩供热PPP项目。贵州贵安新区严格实施生态文明建设"1+9"等系列制度，深入实施"五区八廊百园""十河百湖千塘"工程和"绿色贵安三年会战"。青岛西海岸新区投资100亿元在全国率先开展蓝色海湾整治行动，在282公里海岸线上实施"拆违建、清岸线、调项目、修慢道、植绿化、保文化"六大任务，打造碧海蓝天最美海湾。大连金普新区全面推进饮用水水源一、二级保护区内排污企业及排污口关闭工作，启动了饮用水水源保护区禁行区域和限行区域的划定工作。湖南湘江新区顺利推进海绵城市、智慧城市、绿色生态城市、地下综合管廊等试点建设，梅溪湖国际新城、洋湖生态新城分获联合国全球人居环境奖、中国人居环境范例奖。南京江北新区严守生态红线，扎实推进大厂地区工业布局调整，完成大厂地区50家中小工业企业搬迁关停。

图 1.3 贵州贵安新区月亮湖雨水收集项目

第四，促进人民群众共享发展成果。各新区牢固树立以人民为中心的建设发展思路，将保障和改善民生放在突出重要的位置，织密扎牢民生保障网，努力提高公共服务水平和质量，持续增强人民群众获得感。重庆两江新区地方财政安排教育、医疗、社保、市政等社会事务支出达52亿元。兰州新区实施就业服务专项行动，加大劳务输转力度。贵州贵安新区出台“1+10”政策实施高标准脱贫十大工程，建设“1+N+N”大数据精准扶贫运营管理云平台，探索“一云助力、多端协力、多方合力”大数据精准扶贫模式。青岛西海岸新区加强精准民生服务，实施了公共卫生服务中心、社会福利中心扩建、体育馆改造等工程，创新推行“大功能区+薄弱镇”等模式，全面推进城乡精准脱贫工程。大连金普新区深入推进区域学前教育优质普惠发展，8所幼儿园建成开园，有效解决“入园难、入园贵”难题，使全区公办园幼儿总数占在园总人数的77%。南京江北新区落实居住证制度，推进赋予持证人享受基本社会保险等与户籍居民无差别的市民待遇，加快推进主城区医疗、教育等优质资源重点向新区布局。

（二）发展成效

面对世界经济错综复杂和国内“三期叠加”的大环境，在各方共同努力下，2016年，国家级新区建设发展实现了“十三五”良好开局，各项工作取得了新进展，继续发挥经济增长新引擎、改革创新新示范的重要作用，向社会释放积极信号。

1.经济增长继续呈现新区速度

经济增速总体保持高位。2016年，18个新区地区生产总值近3.9万亿元，占全国经济总量的5.3%。12个新区地区生产总值实现两位数增长，绝大多数新区大幅领先所在省（市）平均水平。处在不同发展阶段的新区呈现出你追我赶、梯次推进发展格局。上海浦东和天津滨海新区进入全面优化发展阶段，经济发展引擎和改革开放窗口地位进一步发挥，天津滨海新区地区生产总值同比增长10.8%，经济总量首次突破万亿元；上海浦东新区地区生产总值达

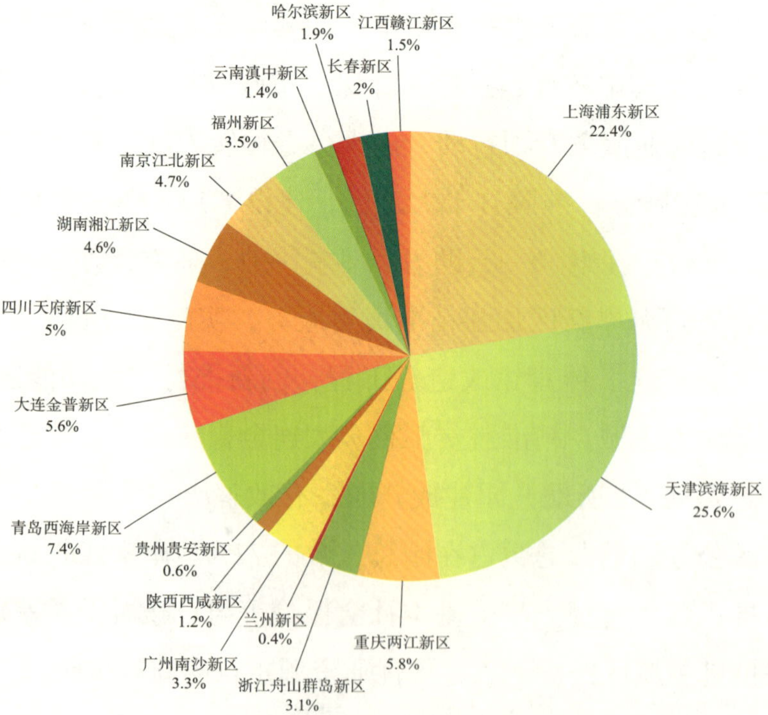

图1.4 2016年各国家级新区地区生产总值占比

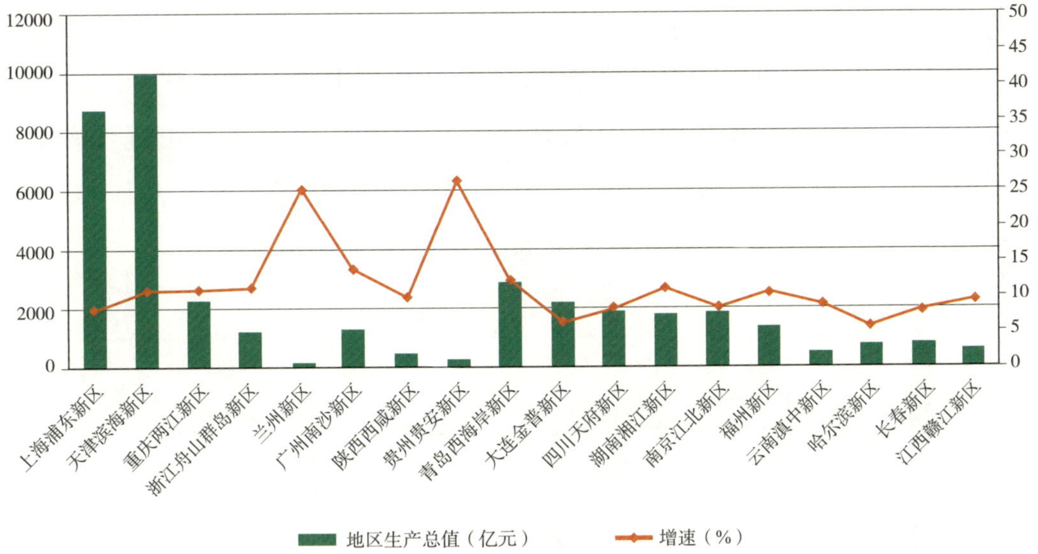

图1.5 2016年国家级新区地区生产总值及增速

8538亿元，同比增长8.1%。重庆两江、青岛西海岸、浙江舟山群岛、广州南沙、湖南湘江等新区进入快速成长阶段，地区生产总值同比分别增长10.9%、12.3%、11.3%、13.8%和11%，分别高于所在省（市）0.2个、4.7个、3.8个、6.3个和3.1个百分点左右；陕西西咸、贵州贵安、长春、哈尔滨、江西赣江、云南滇中、兰州等新区总体仍处于起步培育阶段，建设发展有序推进，呈现出不少亮点，贵州贵安、兰州新区地区生产总值在全部新区中增长最快，同比分别增长26.2%和25.1%，高于所在省15.7个和17.5个百分点左右。

固定资产投资和社会消费品零售总额均实现较快增长。2016年，18个国家级新区固定资产投资总量近2.5万亿元，占全国固定资产投资总值的4.16%。长春、云南滇中、广州南沙、贵州贵安新区等增速保持20%及以上，分别为21.5%、32.7%、31%和21.9%。三分之二的新区固定资产投资保持2位数增长，对社会投资总体保持较强吸引力，但也有个别新区投资增长出现波动，大连金普新区投资总额出现较大下滑，兰州、南京江北新区均出现投资增长乏力，面临困难加大。2016年，全国新区平均投资率（投资率=固定资产投资额/地区生产总值）约为127%，比2015年下降1.8个百分点，但仍高于全国平均水平。除上海浦东、天津滨海新区低于50%外，不少新区都保持在80%—90%的水平，约7个新区投资率在100%以上。这在一定程度上说明，投资对新区经济增长的拉动作用总体上正逐步减弱，但不少新区建设发展任务仍很重。与此同时，社会消费品零售总额等指标保持稳定增长态势，对新区经济增长的拉动作用不断提升。

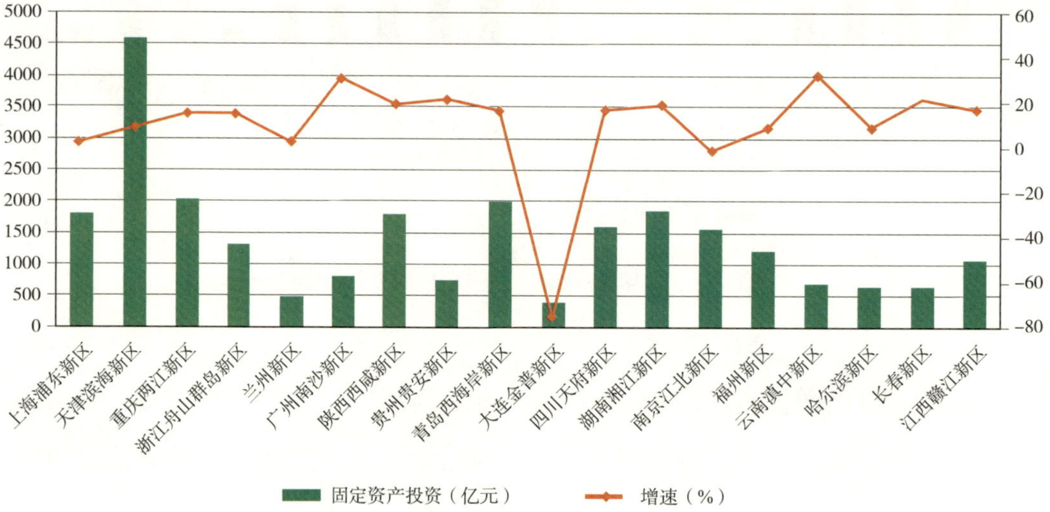

图1.6　2016年国家级新区固定资产投资总额及增速

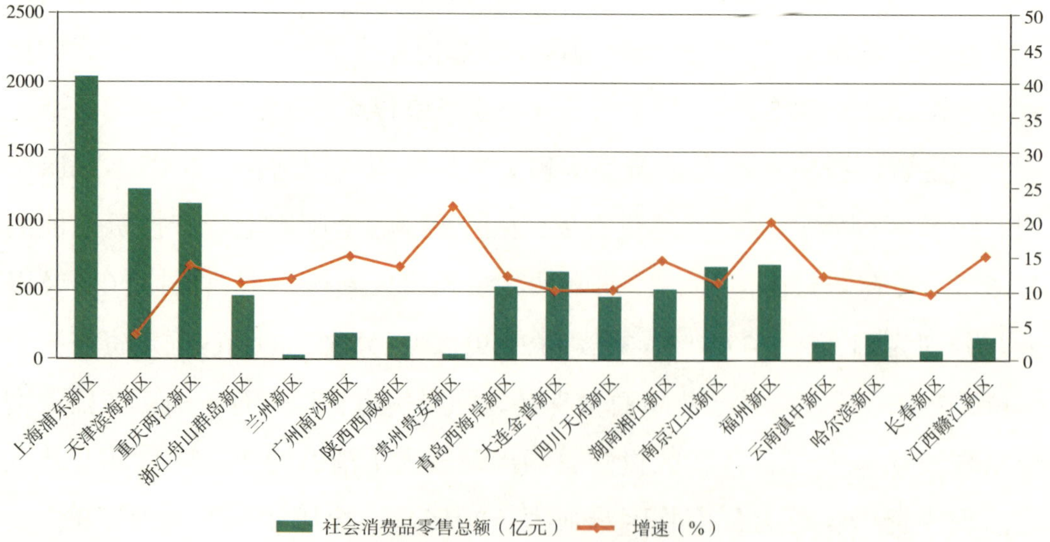

图1.7　2016年国家级新区社会消费品零售总额及增速

财政实力进一步增强。2016年国家级新区地方一般公共预算收入总量超过4000亿元，其中13个新区保持两位数以上增长，增长最快的是贵州贵安新区，直管区一般公共预算收入增长近1.2倍，云南滇中、陕西西咸、兰州新区增速超过50%。上海浦东新区在较高财政基数上实现22.3%的增速，全年地方一般公共预算收入达到964亿元。天津滨海新区地方一般公共预算收入总量达到1338亿元，并保持13.4%的增速。重庆两江、四川天府、哈尔滨新区地方一般公共预算收入增长势头总体不强，个别新区较去年有较大下滑。

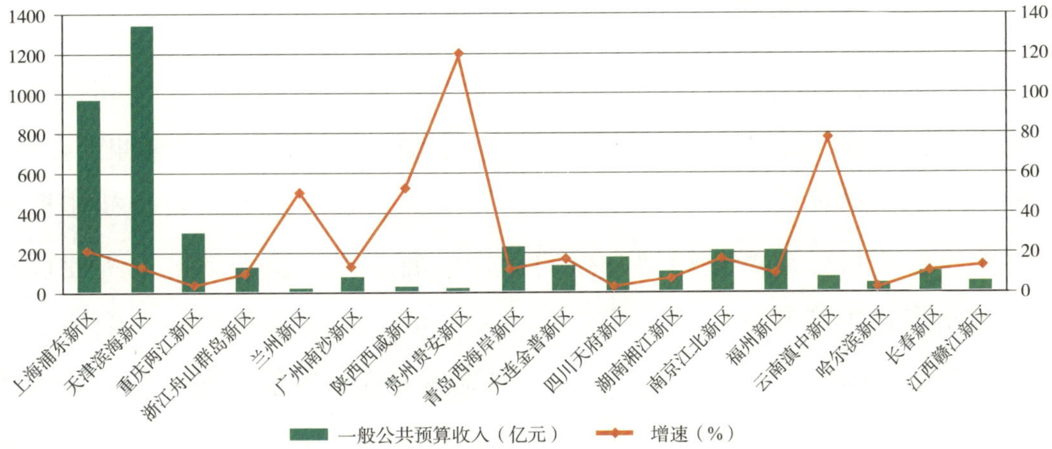

图1.8　2016年国家级新区一般公共预算收入及增速

2.产业结构转型升级步伐加快

产业结构不断优化。2016年，上海浦东新区第三产业增加值增长11.6%左右，占生产总值的比重达到75%，对经济增长的拉动作用明显大于二产。青岛西海岸新区第三产业对经济发展贡献率达到66%，是第二产业的1.7倍；南京江北新区达60.5%，比第二产业高出近7个百分点；重庆两江新区为53.9%，高出第二产业近8个百分点，连续两年对经济增长贡献超过第二产业；四川天府新区第三产业贡献率为51.6%，拉动增长4.3个百分点，贡献率和拉动作用比第二产业分别高出3.5和0.3个百分点。

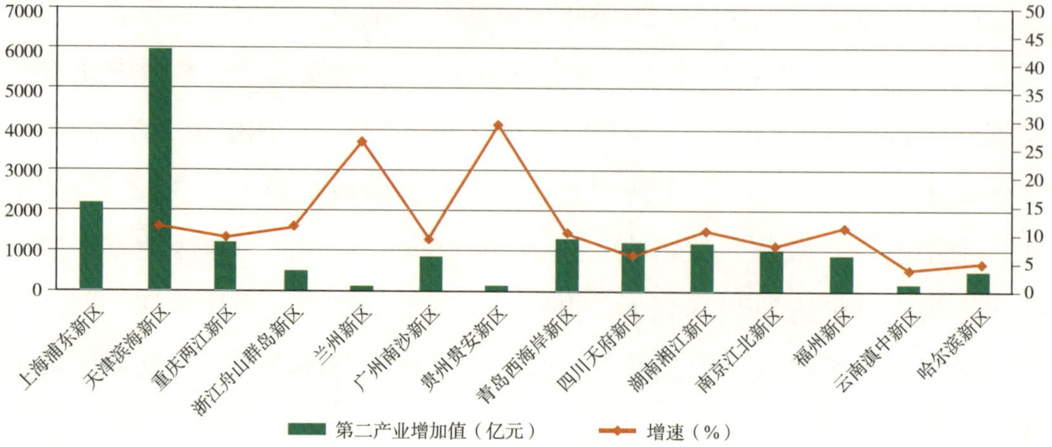

图1.9 2016年部分国家级新区第二产业增加值及增速

大项目、好项目引领作用明显增强。各新区落实生态环保和投资强度要求，瞄准区域产业导向和比较优势，积极引进培育能够延伸产业链、带动全局、增强后劲、产生重大拉动和深远影响的重点项目，初步形成大项目好项目带动产业转型升级的良好局面。天津滨海新区开工建设一汽大众华北生产基地、统一生产基地等300多个项目，东疆金融贸易中心、海星广场等200个项目竣工，中国能源工程、宝能控股、比亚迪新能源等1300个项目签约落户。浙江舟山群岛新区加快推进江海联运服务中心建设，江海联运公共信息平台上线运行，波音737完工和交付中心项目成功落户。兰州新区围绕“6+4”产业链强化精准招商，全年引进大数据产业园、人造蓝宝石生产线等产业项目37个，总投资337.25亿元。广州南沙新区已落户70个世界500强企业投资项目和70家总部型企业，形成了好项目、大项目加快集聚态势。陕西西咸新区加大招商引资力度，出台了27项优惠政策，促进一批重大项目签约落户。贵州贵安新区探索“核心+配套”“资本+股权”“基金+项目”“项目+总部”“政策+项目”等5种招商引资新模式，全年引进项目128个。青岛西海岸新区深入开展“项目攻坚年”和“项目提速双月行动”，双星轮胎智能化制造基地成为全球行业内第一个全流程“工业4.0”智能化工厂；中德生态园引进德国隐形冠军企业8家，海洋基因库等一批蓝色高端项目落户。四川天府新区建立重点项目储备库和目标责任制，117个重点项目完成投资近820亿元。湖南湘江新区紧盯世界500强、中国500强和行业领军企业，引进一大批高端制造和现代服务业项目，其中总投资100亿元以上项目4个、50亿元以上项目26个。

战略性新兴产业快速发展。各新区瞄准集约化、特色化、高端化方向，着力培育新产业、新业态，产业转型初见成效，战略性新兴产业逐渐成为拉动经济增长的新动力。2016年，上海浦东新区电子信息、汽车和成套设备制造业等产业达到千亿级规模，高技术产业产值率超过30%。天津滨海新区功能集成建设和产业集群发展取得显著成效，高端装备、航空航天、新一代信息技术等产业集群日臻完善，新产品产销两旺，轨道车辆实现零突破，节能与新能源汽车产量增长8倍。重庆两江新区十大战略性新兴制造业产值实现994亿元，增长19.6%，占规模以上工业总产值的32%。青岛西海岸新区全年实现海洋生产总值820亿元，同比增长15%，占GDP的比重达到29%。大连金普新区生物医药、电子信息、集成电路、新能源及储能装备等产业快速成长。浙江舟山群岛新区全年实现保税燃料油直供量106.4万吨，同比增长13%；中国（浙江）大宗商品交易中心有限公司成功注册，全年完成现货贸易额436亿元，增长28%。贵州贵安新区大数据产业规模达250亿元。

现代服务业水平进一步提高。各国家级新区以专业化、精细化、国际化为方向，加快发展生产性服务业和生活性服务业，不断释放服务业新需求，创造新供给，拓展新领域，发展新业态，培育新热点。2016年，上海浦东新区金融业占第三产业比重达27%左右，全年新增持牌类金融机构50家，累计达到950家，各类新兴机构新增1108家，累计达到7849家，外资法人银行、基金管理公司、保险资产管理公司占全国一半。重庆两江新区传统商贸加速向“互联网+”转型，新型金融增加值增长25%，软件及服务外包增长21%，企业线上销售增长32%。广州南沙新区创新金融蓬勃发展，新增全国首个军民融合项目投资基金、华南首个开放式数据交易平台、广东省首个专项航天产业投资基金等金融类机构820家，总量达到1473家，开展贸易融资项下跨境资产转让，落地全国首单“单船单试”船舶交易外币结算业务和首笔“跨境资产代客衍生品综合交易”业务，完成国内首只交易所市场熊猫债发行。贵州贵安新区大力发展教旅、工旅、农旅、文旅、会展、欢乐度假、休闲观光等“七型旅游”，打造“工农旅融合、产城景互动、山水田一体”的全域全景乡村旅游业态和“万水千山”山地旅游品牌。四川天府新区初步形成现代物流、科技和信息服务、商务会展、金融等高端服务业集群，规模以上服务业企业达310家，增加值达700亿元、增长12%。湖南湘江新区滨江商务新城被湖南省政府明确为唯一的省级金融中心，推动成立国内首批民营银行三湘银行，引进吉祥人寿、民生银行、广发银行、浦发银行、开源证券等14家金融机构总部入驻。

3.大众创业、万众创新取得积极成效

创新创业平台不断涌现。各国家级新区合理布局创新创业要素，着力培育和发展领军企业、研发机构和众创空间，打造创新创业聚集地。上海浦东新区加大创业集聚区引导建设，打造张江（中区）、张江传奇创业广场、长泰广场为核心的孵化器集聚区。重庆两江新区以照母山科技创新城和水土高新城为核心，加快推动联网产业园、互联网学院、留创园等平台建设，新建成孵化器7万平方米，累计达12万平方米，“创业咖啡+孵化营+专业孵化器+企业加速器”的创新平台体系初步形成。兰州新区累计引进孵化项目261个，培育省级众创空间4个、市级科技企业孵化器4个，建成产业化基地1个。大连金普新区“金普云创”服务平台投入运行，国家级众创空间备案3家、市级备案13家，大连艺术学院文化科技创意园等4家科技孵化器获市级认定，德泰创新创业基地等6家双创示范基地挂牌运营。长春新区联合区内光机所、吉林大学等“一院四所四校”组建创新

战略联盟，建设了占地7平方公里的长东北科技创新中心，全区建设各类孵化基地29个，先后建成10家新型孵化器。湖南湘江新区建设各类创客空间和基地70余家，新增市场主体2.3万余家（法人1.9万家）。

创新主体加快培育。各新区坚持走特色化的创新驱动路径，积极实施创新驱动发展战略，创新环境进一步优化，科技创新支撑力量不断提高，大众创业、万众创新成效显现。2016年，天津滨海新区建成各类众创空间48家，聚集创新创业企业1000多家，新增科技型中小企业4400余家，累计达到26000多家。广州南沙新区全年新增高新技术企业80家，新增市企业技术研发中心59家，引入了智慧城市联合研发中心、3D打印研究院、生物医药与精细化工研究院等新型研发机构。青岛西海岸新区重点实验室、工程技术研究中心等各类研发机构达到300多家，全区发明专利申请量和授权量保持全省首位，高新技术产业产值占全市的三分之一，新增孵化器和众创空间23家、其中国家级7家，在孵企业超过1000家、入驻创客团队超4000人。哈尔滨新区重点打造了2.85平方公里创新企业核心示范区，哈以国际高新技术孵化器、深港产学研基地、中小企业总部基地、海峡两岸育成中心等已建成投入使用，新引进科技企业415家，占新设立企业的45%，已有200余家国内外研发创新机构入驻。

4.开放合作步伐加快

对外开放稳步拓展。各地新区主动融入“一带一路”建设等国家重大战略，围绕促进投资贸易便利化，积极对接国际投资贸易通行规则，开发开放水平得以进一步提升。上海浦东新区自贸试验区改革示范效应进一步释放，上海市近半数新增外资项目落户自贸试验区；全年累计办结境外投资项目中方出资额预计达到240亿美元，占上海市70%以上；全年新增跨国公司地区总部15家，累计获得认定的达到261家。天津滨海新区自贸试验区151项制度创新举措落地实施，三个片区新增市场主体12159户，注册资金5300亿元，增长50%以上。广州南沙新区全年实现进出口总额

1694亿元，同比增长10.7%，对广州市外贸增长贡献度达63%；与港澳在科技创新、专业服务、人才交流、社会事务等领域合作不断取得新进展，粤港合作新载体建设积极推进，“粤港跨境货栈”在全省复制推广，粤港澳高校创新创业联盟和“粤港姊妹学校”成立。福州新区对台合作领域进一步扩大，努力吸引台湾优秀青年到新区创业就业，对台工作创造了多个全国率先。

示范带动作用突显。各国家级新区在加强自身建设的同时，积极参与区域共建，带动相关地区发展。天津滨海新区以天津港为龙头加快资源整合，统筹港口空间规划、产业布局、生产组织和集疏运体系建设等，提升天津港整体比较优势和服务辐射能力，促进天津口岸与25个内陆无水港一体化发展。南京江北新区主动服务宁镇扬一体化建设，大力推进宁滁一体化发展、宁淮和宁扬同城化发展，与盱眙签订区域融合发展合作协议，在产业协同、生态共建等方面取得阶段性成效。

5.新区面貌进一步改善

生态环境更加优化。各国家级新区按照高效集约理念，注重宜居宜业，着力推动绿色低碳发展，统筹生产生活空间与生态区域建设，积极开展生态环境综合整治工作，新区生态文明建设得到了有效推进。贵州贵安新区启动直管区88个可绿化山头共2.16万亩绿化建设，投入26亿元打造212公里城市道路绿廊，完成绿化4.2万亩，森林覆盖率提升6个百分点；停产或关闭48家位于饮用水源二级保护区的排污企业，完成农村“煤改气”工程1.4万户，率先在贵州省全面淘汰燃煤锅炉。湖南湘江新区绿色建筑示范推广在全国形成示范效应，核心区新建绿色建筑覆盖率95%，绿色建筑累计面积426万余平方米，约占长沙市的54%、湖南省的三分之一。青岛西海岸新区创新推行“绿强度”规划指标体系，加强生态廊道建设，绿化覆盖率50%。

社会民生稳步提升。各新区坚持以人为本，不断加大民生方面投入，基本公共服务能力持续提升，居民生活、生产条件得到稳步改善，民生福祉不断提高。2016年，上海浦东新区新开办学校26所，其中初中5所，小学3所，幼儿园18所；努力实现更高质量就业，启动职业技能培训“互联网+”试点，全年新增就业岗位超过14万个，参加职业技能培训4.2万人，共帮助1864人成功创业；全年开展各类救助帮困196.6万人次，发放各类救助帮困资金8.34亿元；加快推进为老实事项目，新增养老床位1200张，为5.8万多名老人提供居家养老服务。天津滨海新区“十大民生工程”建设取得重大进展，60个重点项目按计划进度实施，其中33个项目竣工。青岛西海岸新区2016年建设各类学校37所，建设保障性住房1950套，启动棚户区改造6317户。

（三）主要问题

2016年，面对复杂严峻的宏观环境，各国家级新区积极承担国家赋予的重要使命，所取得的成绩实属不易，但仍要看到，一些新区在实现自身快速发展的同时还存在着一些问题、瓶颈与短板，需要在下一步建设发展中进一步下大力气予以解决。

1.发展水平参差不齐，部分新区发展势头不强

由于设立时间、基础条件等存在差异，各新区发展水平也存在较大差别，上海浦东、天津滨海、重庆两江新区等在经济转型、产业升级、创新引领、社会建设等诸多方面都处于全国领先水平，较好地发挥了示范带动作用。但也有个别新区因区位、基础条件有限、建设发展时间不长等原因，目前发展面临较多问题，部分新区产业结构不均衡，缺乏高新技术产品自主研发和转化能力，创新能力有待进一步挖掘。此外，高层次人才不足，人才的行业、专业结构分布不尽合理，现有人才创新能力与科研开发转化能力较弱等也成为部分新区发展的重要制约因素。

2. 一些新区的功能特色不够突出、核心竞争力不强，发展动能转换方面存在欠缺

国家在东部、中部、西部和东北地区分别布局国家级新区，旨在探索与区域发展阶段和水平相适应的科学发展路径，取得了积极成效，但也有个别新区仍未突破传统思维，自身的功能特色不明显，具有支撑性的特色产业尚未形成，区域特色文化不够突出，千城一面的现象仍然存在。同时，有的国家级新区产业发展以传统产业为主，而这些传统产业新旧动能转换周期长、见效慢，使得发展动能不足，影响了新旧动能转化接续效率。

3. 有的新区管理体制尚不健全，改革探索力度还需加强

国家级新区的最大优势在于“先行先试”带来的改革红利，然而，有些新区在“先行先试”方面探索尚有不足，管理体制、产业体系、科技创新、社会管理等方面的改革红利还需要进一步发挥，内生制度创新能力不强。特别是在行政管理体制方面，新区的管理体制大致经历“领导小组（开发办公室）—管委会（政管合一）”阶段，条件成熟的进而形成一级政府。而一些新区与原有行政区域之间还存在一定交叉；有些新区与内部功能区之间的协调效率有待提升；大多数新区仍属功能区和经济区，其经济职能与社会职能的协调也是一个挑战。

4. 个别新区集约开发水平有待提升

国家级新区作为综合性功能区，与开发区相比承担使命作用更多，规划面积更大，加之有的新区处于开发初期，相关配套有待健全，区域面貌距主城区存在一定差距，特别是个别新区由于基础相对较弱，集约节约开发程度不高，有关问题引起各方面的广泛关注，这为新区加强科学规划管理、提高集约节约水平提出了更高要求。

二、国家级新区建设发展面临新环境、承载新使命

（一）新时期国家级新区建设发展面临新的形势和要求

2017年，我国发展面临着世界经济和贸易增速7年来最低、国际金融市场波动加剧、地区和全球性冲突多发的外部环境，同时面临着国内结构性问题突出、风险隐患显现、经济下行压力加大的多重困难，以及改革进入攻坚期、利益关系深刻调整、影响社会稳定因素增多的复杂局面。各国家级新区作为经济社会发展的先行者和排头兵，必须科学判断形势、准确把握形势，才能继续在贯彻落实新发展理念、引领经济发展方面发挥示范引领作用。

1.世界经济增长乏力为新区参与国际竞争带来压力和挑战

当前，世界经济低迷态势仍在延续，增长分化加剧，主要经济体政策走向和外溢效应变数较大；经济全球化遇到波折，“逆全球化”思潮和保护主义抬头；多边贸易体制出现瓶颈，全球范围内的贸易与投资自由化面临挑战，金融和大宗商品市场持续波动，国际政治经济格局正在经历深刻复杂变化，全球经济复苏还需要一个曲折缓慢的长期过程。一是全球增长动能不足，难以支撑世界经济持续稳定增长。短期性政策刺激效果不佳，深层次结构性改革尚在推进。世界经济正处在动能转换的换挡期，传统增长引擎对经济的拉动作用减弱，人工智能、3D打印等新技术虽然不断涌现，但新的经济增长点尚未形成。二是全球经济治理滞后，难以适应世界经济新变化。全球产业布局在不断调整，新的产业链、价值链、供应链不

断形成，而贸易和投资规则未能跟上新形势，机制封闭化、规则碎片化突出，全球金融治理机制未能适应新需求，难以有效化解国际金融市场频繁动荡、资产泡沫集聚等问题。国家级新区作为我国对外开放重要的战略支撑平台，将在招商引资、企业发展等方面受到不同程度影响，需要主动应对全球化和世界经济发展的新变化，坚持创新驱动和问题导向，主动参与国际竞争，抢抓新一轮科技革命和产业变革的历史性机遇，转变经济发展方式，积极培育对外开放新优势，拓展发展空间。

2.我国经济发展新常态对新区加速实现动力转换提出更高要求

我国经济发展进入新常态，增长速度要从高速转向中高速，经济发展方式要从规模速度型转向质量效率型，经济结构调整要从增量扩能为主转向调整存量、做优增量并举，发展动力要从主要依靠资源和低成本劳动力等要素投入转向创新驱动。这些新变化是我国经济向形态更高级、分工更优化、结构更合理阶段演进的必经过程。虽然近期经济运行的总体态势好于预期，并形成了一些亮点，但固有矛盾没有解决，一些新的问题又有所暴露。特别是地区经济发展出现分化，东北地区、部分西部省份经济运行比较困难，地区间的发展差距有扩大趋势。这些情况通过一定的传导机制都会对当地的新区发展带来较大影响。这些情况要求各新区充分认识新常态、适应新常态、引领新常态，深刻认识我国经济发展新特点新要求，着力解决制约经济持续健康发展的重大问题，发挥主观能动性、创造性地去工作，大力推进经济结构性战略调整，把创新放在更加突出的位置，继续深化改革开放，为经济持续健康发展提供强大动力，在新形势下取得更大成绩。

3.雄安新区的规划设立为新区建设发展树立新标杆

设立河北雄安新区，是以习近平同志为核心的党中央深入推进京津冀协同发展、有序疏解北京非首都功能作出的一项重大战略决策部署。雄安新区是继深圳经济特区、上海浦东新区之后又一具有全国意义的新区，是千年大计、国家大事。雄安新区的设立为各国家级新区建设提出了更高标准。经过25年的发展，新区已经成为引领带动区域经济发展的新引擎、推动产业转型升级的重要平台、新一轮创新创业的热土。现阶段，部分新批复的新区仍处于前期的开发建设阶段，而部分批复较早的新区已经完成初创期，正进入“二次创业”的新阶段，各新区要主动对标雄安新区，坚持世界眼光、国际标准、区域特色、高点定位，按照国际领先的标准去谋划去设计，要用先进理念和技术来推进基础设施和公共服务建设，要按照国际化市场化规范化的要求打造营商软环境，还要充分依托并体现新区自身发展特色，既要成为本区域最有实力、富有特色的代表性功能区，在全国有影响、有实力，还要能够代表国家水平参与国际竞争和合作。

4.新发展理念的深入贯彻落实为新区先行示范提供了新的指引

新发展理念着力破解发展难题、增强发展动力、厚植发展优势。创新发展注重的是解决发展动力问题。把创新摆在国家发展全局的核心位置，使创新成为引领发展的第一动力、人才成为支撑发展的第一资源，就能实现发展动力转换，提高发展质量和效益。协调发展注重的是解决发展不平衡问题。牢牢把握中国特色社会主义事业总体布局，正确处理发展中的重大关系，就能在协调发展中拓展空间，在加强薄弱领域中增强发展后劲，形成平衡发展新结构。绿色发展注重的是解决人与自然和谐问题。加快形成人与自然和谐发展现代化建设新格局，推进美丽中国建设，就能既要绿水青山，也要金山银山，从根本上解决资源环境问题。开放发展注重的是解决发展内外联动问题。发展更高层次的开放型经济，积极参与全球经济治理和公共产品供给，就能构建广泛的利益共同体，形成深度融合的互利合作格局，实现中国发展与世界发展的更好互动。共享发展注重的是解决社会公平正义问题。坚持发展为了人民、发展依靠人民、发展成果由人民共享，就能使全体人民在共建共享中有更多获得感。国家级新区必须深入贯彻落实新发展理念，发挥比较优势，用创新思路培育新产业、用创新办法激发新动能、用创新举措创造新模式，让新区“先行先试”的示范作用真正落地生根，使新区成为创新发展试验田、协调发展新样板、绿色发展示范区、开放发展先行者和共享发展之典范。

5.供给侧结构性改革的深入推进为新区提升发展质量和效益提供了新机遇

我国发展正处在爬坡过坎的关键阶段，当前中国经济发展面临实体经济结构性供需失衡、金融和实体经济失衡、房地产和实体经济失衡三大结构性失衡，这些经济发展面临的问题，供给和需求都有，但矛盾的主要方面在供给侧，必须从供给侧、结构性改革上想办法，努力实现供求关系新的动态均衡。推动供给侧结构性改革，是当前我国经济发展的主线，重点任务就是去产能、去库存、去杠杆、降成本、补短板，创新供给体系，扩大有效供给，提高全要素生产率。这是当前和今后一个时期我国发展的总要求和大趋势，新区有好的战略区位、产业结构、人才队伍，无论从历史经验，还是从现实基础看，完全有责任也有能力在推动供给侧结构性改革等方面发挥示范引领作用，着力优化现有生产要素配置和组合，着力优化现有供给结构，着力优化现有产品和服务功能，切实提高供给体系质量和效率，为经济持续健康发展打造新引擎、构建新支撑。

6.国家重大发展战略的深入实施为新区深度参与区域合作提供了新空间

“一带一路”建设、京津冀协同发展、长江经济带发展三大战略的提出和实施，将我国发展重点从沿海地区为主逐步转向陆海统筹、东西联动发展，逐渐形成全面开放的新格局，促进各地区协调发展、协同发展、共同发展，为承担重要历史使命的各国家级新区经济发展带来很多新机遇。各新区要紧扣自己的功能定位，发挥对外开放合作的比较优势，抓住机遇、创新发展、积极作为，加强与“一带一路”沿线国家、地区和城市在国际产能和装备制造等优势领域合作，跨境电子商务、大数据、智慧城市、低碳发展等前沿领域合作，促进生产要素有序流动、资源高效配置、市场深度融合。培育新产业、新业态、新模式，挖掘增长新动力，努力在国家对外开放和区域发展新格局中发挥更大作用，作出更大贡献，谋求更好发展。

（二）国家级新区建设发展承载的新使命

站在新起点，面对新形势，国家级新区必须适应新变化，牢固树立和落实新发展理念，适应把握引领经济发展新常态，增强责任意识、使命意识，把握时机、抓住机遇、不断创新，化机遇为动力、变慢步为快跑，突出体现落实国家重大改革发展任务和创新体制机制的试验示范作用，加快集聚特色优势产业，推动产城融合和新型城镇化建设，提高资源利用效率，改善生态环境质量，实现健康可持续发展，为促进国民经济发展作出新贡献。

1.深化改革创新的试验田

当前，改革已经进入攻坚期和深水区，面临很多重大问题和敏感问题，涉及深层次的利益关系调整，同时，国内外环境也发生了深刻变化，各种诉求相互碰撞，改革的复杂性、艰巨性和挑战性前所未有。只有深化改革、创新体制机制，才能推动我国经济社会的持续发展。国家级新区要用好国家赋予的改革试验功能，坚持以推进供给侧结构性改革为主线，紧紧围绕率先全面深化“放管服”改革、大力发展实体经济、主动融入国家重大战略、推动全方位对外开放、实施创新驱动发展、构建市场化规范化法制化体制机制和发展环境等方面，立足各自发展阶段和比较优势，坚持目标导向和问题导向相结合，因地制宜、精准发力，先行先试，以新思路、新视角、新方法在一些改革难点和重点问题上率先取得突破，破除制度障碍，进一步释放改革的红利，充分发挥市场在资源配置中的决定性作用，为国家改革发展探索新途径、积累新经验，同时，要注重推动以科技创新为引领，持续优化创新创业环境，大力推动大众创业、万众创新，发展新经济、培育新动能，在增强国家自主创新能力方面发挥支撑引领作用。

2.带动区域经济发展的重要增长极

各国家级新区设立的背景不同，但最终的目的只有一个，那就是通过对特殊区域的定位，在整合现有资源的基础上，充分发挥这一区域的比较优势和竞争优势，吸引各类要素集聚，全盘优化产业布局，全面提升产业能级，不断培育新的经济增长点，带动相关区域的可持续发展。新区发展必须坚持世界眼光、国际标准、区域特色、高点定位，按照国际领先的标准去谋划去设计，大力营造国际化市场化规范化的营商环境，积极创造新消费、增加新投资、培育出口新优势，发挥新消费、新投资和新出口对经济增长的拉动作用，不断拓展经济增长新空间。

3.扩大对外开放的新高地

面对国际环境新变化和国内发展新要求，各新区要深刻把握世界经济格局变化的新趋势，坚持开放带动战略，以开放促改革、以开放促发展，充分利用国际国内两个市场和两种资源，进一步完善对外开放战略布局，率先营造国际化、法制化、便利化的营商环境，推进国际贸易和投资自由化便利化。促进国际国内要素有序流动、资源高效配置、市场深度融合，主动融入全球分工体系，加快构建开放型经济新体制，推动更深层次更高水平的对外开放。

各新区要以“一带一路”建设为依托，继续发挥新区在国家全方位扩大对外开放的窗口和支点作用，继续加强与自贸试验区的深入融合，推进新区站在更高的开放平台上深度融入全球经济、参与国际分工和优化资源配置，深化与“一带一路”沿线国家和地区之间国际产能合作，带动我国装备、技术、标准、服务走出去，实现优势互补，同时加强教育、文化、旅游等领域交流合作，积极主动代表国家在优势领域参与全球经济治理。

4.产业转型升级的新样板

把握全球新科技革命和新一轮产业变革的趋势，新区要全面落实《中国制造2025》和“互联网+”行动计划，结合现有的产业基础，注重产业创新、融合、集约、绿色发展，加快培育新经济，着力打造新兴产业集群，以新经济引领带动传统产业转型升级和战略性新兴产业培育，构建创新能力强、品质服务优的高端现代产业体系，实现质量好、速度快、效益高的目标。

以创新引领实体经济转型升级，瞄准国内外科技前沿形成集聚一批重大创新成果并着力推进产业化，全面实施战略性新兴产业发展规划，发展高端高新产业，积极吸纳和集聚创新要素资源，加快新材料、人工智能、集成电路、生物制药、第五代移动通信等技术研发和转化，做大做强产业集群，推动工业化和信息化深度融合，促进三次产业融合发展，培育壮大以新技术、新产业、新模式、新业态为主要特征的新经济。努力构建科技含量高、资源消耗低、环境污染少的产业结构，加快发展环保产业、清洁生产业、绿色服务业等绿色产业，形成经济社会发展新的增长点，实现经济效益、生态效益、社会效益有机统一。

5.生态文明建设的新范本

各新区要以生态文明建设为引领，以环境质量改善为核心，以解决突出环境问题为重点，促进资源节约利用，加大生态环境保护力度，倡导绿色生产生活方式，统筹推进绿色城市、海绵城市、森林城市和智慧城市建设，努力打造环境优美、舒适宜居、低碳环保的现代城区，形成人与自然和谐发展的新格局。

树立“既要金山银山，也要绿水青山”的理念，正确处理经济发展同生态环境保护的关系，牢固树立保护生态环境就是保护生产力、改善生态环境就是发展生产力的理念，坚持绿色低碳集约高效开发利用资源，大力促进发展模式从低成本要素投入、高生态环境代价的粗放模式向创新发展和绿色发展双轮驱动模式转变，能源资源利用从低效率、高排放向高效、绿色、安全转型，构建绿色产业新体系。更加自觉地推动绿色发展、低碳发展、循环发展，绝不以牺牲生态环境为代价换取一时的经济增长。倡导和践行勤俭节约、绿色低碳、文明健康的生活方式与消费模式。

三、2017年国家级新区建设发展的重点任务

2017年是我国实施“十三五”规划的重要一年，是供给侧结构性改革的深化之年。各新区要深入学习认真贯彻落实党的十九大精神，以习近平新时代中国特色社会主义思想为指导，统筹推进“五位一体”总体布局，协调推进“四个全面”战略布局，牢固树立“四个意识”，坚定“四个自信”，坚持贯彻新发展理念，坚持质量第一、效益优先，在供给侧结构性改革上下功夫，在持续改善营商环境上下功夫，在全面提升开放水平上下功夫，激发内生发展动力，大力培育发展新动能，促进集约节约和可持续发展，努力建设现代化经济体系，推动形成你追我赶、竞相发展局面，不断探索积累可复制可推广的经验，更好地发挥新区引领示范带动作用。

新区建设要尊重城市发展规律，坚持高标准规划，经得起历史检验，坚持高质量建设，不搞盲目扩张，严格按照新区总体方案和土地利用总体规划、城乡规划要求，做好规划引领、科学开发工作。统筹考虑产业发展、人口集聚与城市建设布局，促进产业与城市融合发展、人口与产业协同集聚。节约集约利用土地、水、海域等资源，切实提高资源利用效能。充分考虑区域资源环境承载能力，科学确定主导产业，促进优势产业集聚发展，增强规模效益。

新区建设要注重深化改革创新，建立高效运转的行政管理机制，构建现代社会治理体系，营造良好营商环境。建立鼓励改革创新的机制，在符合中央全面深化改革部署要求的前提下，赋予新区更大自主发展权、自主改革权、自主创新权，鼓励先行先试，创造可复制、可推广的经验。

新区建设要坚持新发展理念，以推进供给侧结构性改革为主线，适度

扩大总需求，坚定推进改革，妥善应对风险挑战，引导形成良好社会预期，提高政府公信力。要把防控金融风险放到更加重要的位置，着力防控资产泡沫，提高和改进监管能力，确保不发生系统性金融风险。要坚持社会主义市场经济改革方向，坚持扩大开放，稳定民营企业家信心。突出抓好生态文明建设，着力打造美丽新区。要坚持以人民为中心，按照守住底线、突出重点、完善制度、引导舆论的思路，深入细致做好社会托底工作，不断提升广大人民群众的获得感和幸福感，维护社会和谐稳定。

（一）因地制宜，突出抓好重点任务，切实发挥示范引领作用

在认识新常态、适应新常态、引领新常态的过程中，各国家级新区需要找准着力点，积极发挥主观能动性、创造性地开展工作，扎实推进各项重点工作任务。

1.开发开放优势明显的新区，要勇于探索、敢于创新

上海浦东、天津滨海、重庆两江、浙江舟山群岛、广州南沙、陕西西咸、四川天府、福州等新区，要积极发挥与自由贸易试验区“双区叠加”优势，勇当改革创新的先行者，着力在开发开放、土地制度、投融资体制、生态文明建设、社会管理等方面先行先试，力争率先在供给侧结构性改革上取得实质性进展。加快推进行政管理体制改革，成为“放管服”改革的样板，始终保持改革创新的领先地位。

2.基数较低、相对远离中心城区依托的新区，要不等不靠、加快积累

贵州贵安、兰州、云南滇中等地处西部地区的新区，底子薄基数低，相对远离老城区的依托，对此，要自己创造发展条件，不等不靠、埋头苦干，因地制宜，“宜工则工，宜商则商”，打造高水平的现代制造业和现代服务业，加快汇聚人流、物流、资金流。杜绝低层次造城运动，大力推动

生产、生活和生态功能的有机结合。

3.发展困难较大的新区，要积极主动、敢闯敢拼

开展新区工作，要敢于直面困难，坚持迎难而上。深受东北地区经济形势影响的哈尔滨、长春、大连金普等新区，当前经济下行压力大，对此，要对照问题研究破解办法，抓实抓紧抓好各项工作，力争逆势前行。要敢闯敢拼，狠抓改革创新，力争实现“三个突破”。实现创新上突破，加快科技创新平台建设，促进科技成果本地转化，提升区域创新创业水平；实现产业发展上突破，依托信息技术、互联网等新兴产业，创造大量就业，调整优化产业内部结构，转变经济发展模式和路径依赖；实现人才聚集上突破，留住、聚集高水平人才，提升人才服务水平，充分调动创新者、企业家、基层干部等关键群体的积极性。

4.新近设立、刚刚起步的新区，要保持定力、谋而后动

长春、江西赣江等新批复的新区要坚持高水平科学规划，积极推进“多规合一”试点，切实做到一张蓝图干到底。要坚持谋定而后动，勇于并善于突破起步阶段的主要矛盾和困难，做好起步核心区建设、项目招商等重点工作，切记急于求成、全面开花，要分步骤、讲阶段，积极稳妥、重点明确、循序渐进、由小而大。

（二）攻坚克难，率先突破重要领域和关键环节，形成可复制可推广经验

国家级新区要结合落实深化改革各项重点任务，积极推进新区体制机制创新工作，支持新区围绕重点方向开展体制机制先行探索，力争形成可复制、可推广经验。

1.探索创新运营管理体制机制

不断完善以国家层面统筹指导、以国家级新区所在地省级政府为主导、新区所在地地方政府和新区管委会为主体、各方面分工合作、多元参与的国家级新区综合管理模式。国家层面应根据国内外形势，结合地方实际，加强对新区发展的指导。省级政府要加强对新区的具体指导和管理，综合运用法律、经济和行政手段，统筹考虑产业发展、人口集聚与城市建设布局，促进产业与城市融合发展、人口与产业协同集聚。新区所在地地方政府和新区管委会作为新区发展的直接管理主体，要切实履行相关职责，适度控制开放强度，加强公共服务设施建设，不断改善区域环境质量，保持生态功能稳定。充分利用新区管理机构精简、体制机制新、历史包袱轻等方面优势，以新区管委会为载体，深化行政审批制度改革、进一步简政放权，加强事中事后监管，推进政府职能转变。探索行政区与功能区融合发展的体制机制，根据需要赋予新区地市级和部分省级经济社会管理权限，支持新区在改革创新中先行先试，赋予新区更大的自主发展权、自主改革权、自主创新权。着力整合区域内各类行政资源，进一步理顺内部行政管理体制，适时实施行政区划调整，努力破解制约发展的体制机制障碍。

2.紧扣重点不断深化“放管服”改革

紧紧围绕处理好政府与市场关系，按照使市场在资源配置中起决定性作用和更好发挥政府作用的要求，不断深化“放管服”改革。降低就业创业门槛，以进一步减证和推进“证照分离”为重点大幅放宽市场准入，全面推行清单管理制度，把不该有的权力坚决拦在清单之外。为各类市场主体减负担，全面落实结构性减税政策，切实减少涉企收费，不折不扣落实已出台的企业减负措施。为激发有效投资拓展空间，破除制约投资特别是民间投资的各种羁绊，下决心彻底打破各种互为前置的审批怪圈，着力推动压减工业产品生产许可，除涉及安全、环保事项外，凡是技术工艺成熟、通过市场机制和事中事后监管能保证质量安全的产品，一律取消生产许可。落实95%以上外商投资项目实行备案管理的开放、便利措施，吸引更多外资。为公平营商创条件，放管结合并重推进。明规矩于前，明确市场主体行为边界特别是不能触碰的红线；寓严管于中，充实一线监管力量；施重惩于后，把严重违法违规的市场主体坚决清除出市场，严厉惩处侵害群众切身利益的违法违规行为。为群众办事生活增便利，大刀阔斧砍掉各种“奇葩”证明、循环证明、重复证明，大力提升与群众生活密切相关的水、电、气、暖等公用事业单位及银行等服务机构的服务质量和效率。打破“信息孤岛”，提高政务服务便利化水平。

3.围绕重点领域有针对性地推进体制机制创新

结合各自优势和特点，每年围绕2—3个重大问题开展试验探索，增强内生发展动力，为其他地区改革发展提供示范借鉴。支持上海浦东新区推进各类功能平台融合联动、协同互促，力争在深化自由贸易试验区改革创新、推进科技创新中心建设和推进社会治理创新上有新作为，持续在构建高标准开放型经济新体制上发挥引领示范作用。支持天津滨海新区着力在深化“放管服”改革、培育壮大新动能、扩大双向开放等方面先行先试、率先突破，全面提升开发开放水平和能级，进一步发挥在京津冀协同发展中的示范带动作用。支持重庆两江新区以深化内陆开放领域体制机制创新为重点，以战略性新兴产业为抓手，探索开放型经济运行管理新模式，推动建立质量效益导向型外贸发展新格局，进一步发挥在“一带一路”建设和长江经济带发展方面的引领作用。支持浙江舟山群岛新区依托舟山港综合保税区和舟山江海联运服务中心建设，开展自由贸易港区建设探索，推动建立与国际接轨的通行制度。支持兰州新区探索促进产业集聚和科技创新的新机制，打造务实高效的政务服务环境，充分激发社会投资动力和活力。支持广州南沙新区深化粤港澳深度合作探索，推动建设粤港澳专业服务集聚区、港澳科技成果产业化平台和人才合作示范区，引领区域开放合作模式创新与发展动能转换。支持陕西西咸新区深化城市发展方式创新和特色化产业发展路径探索，进一步发挥国家创新城市发展方式试验区的综合功能和在“一带一路”建设中的重要作用。支持贵州贵安新区依托大数据产业发展集聚区、南方数据中心示范基地和绿色数据中心建设，探索以数字经济助推产业转型升级，促进新旧动能顺畅接续的供给侧结构性改革路径。支持青岛西海岸新区深入推进军民融合创新示范区和蓝谷海洋经济发展示范区建设探索，持续深化军民融合体制机制和海洋科技发展创新。支持大连金普新区进一步创新管理体制，探索以科技创新和双向开放促进产业转型升级的有效途径，加快形成创新发展的内在动力。支持四川天府新区突出“全面加速、提升发展”两大重点，加快全面创新改革，全力破解体制机制难题，进一步提升产业和区域整体竞争力。支持湖南湘江新区深化要素市场创新，持续推进生态文明建设体制机制改革探索，在推进绿色集约高效发展与产城融合、城乡一体化发展等方面有所突破。支持南京江北新区以科技创新培育发展新动能，以新技术助推行政管理体制改革，努力打造优良创新环境，积极发挥辐射带动作用。支持福州新区积极对接国家“一带一路”建设，建立健全特色化综合服务平台，推进各类功能区深度融合。支持云南滇中新区围绕建设面向南亚东南亚辐射中心的重要支点战略定位，进一步理顺管理体制，健全要素保障机制，夯实开发开放基础。支持哈尔滨新区以优化发展环境为载体，以招商引资、产业集聚、对俄合作为重点，探索促进老工业基地转型发展新路径。支持长春新区构建科技创新平台，培育经济新动能，探索深化面向图们江区域合作开发新路径。支持江西赣江新区围绕完善管理体制机制、创新发展平台、促进产城融合发展等方面进行探索，在促进中部地区崛起方面发挥积极作用。支持河北雄安新区探索人口经济密集地区优化开发新模式，打造全国创新驱动发展新引擎。

（三）勇挑重担，扎实推进供给侧结构性改革，促进产业转型升级

新区要以新发展理念为指导、以供给侧结构性改革为主线，引导经济朝着更高质量、更有效率、更加公平、更可持续的方向发展。要贯彻稳中求进工作总基调，保持战略定力，坚持问题导向、底线思维，发扬钉钉子精神，一步一个脚印向前迈进。

1.扎实推进供给侧结构性改革

新区要在巩固改革成果基础上，结合各自实际，针对新情况新问题，完善政策措施，努力取得更大成效，使新区成为率先推进供给侧结构性改革的先行者。抓住处置“僵尸企业”这个牛鼻子，严格执行环保、能耗、质量、安全等相关法律法规和标准，创造条件推动企业兼并重组，妥善处置企业债务，做好人员安置工作。防止已经化解的过剩产能死灰复燃，同时用市场、法治的办法做好其他产能严重过剩行业去产能工作。坚持分类调控，因城因地施策，要把去库存和促进人口城镇化结合起来，提高区域间基础设施的互联互通，提高新区教育、医疗等公共服务水平，增强对农业转移人口的吸引力。支持企业市场化、法治化债转股，加大股权融资力度，加强企业自身债务杠杆约束等，降低企业杠杆率。要规范政府举债行为。在减税、降费、降低要素成本上加大工作力度。要降低各类交易成本特别是制度性交易成本，减少审批环节，降低各类中介评估费用，降低企业用能成本，降低物流成本，提高劳动力市场灵活性，推动企业“眼睛向内”降本增效。完善跨部门的统筹机制，加强对财税、金融、土地、城镇化、社会保障、生态文明等基础性重大改革的推进，既制定方案又推动落实。

2.全力振兴实体经济

实施创新驱动发展战略，既要推动战略性新兴产业蓬勃发展，也要

注重用新技术新业态全面改造提升传统产业。建设法治化的市场营商环境，加强引进外资工作，更好发挥外资企业对促进实体经济发展的重要作用。深化国企国资混合所有制改革，加快形成有效制衡的公司法人治理结构、灵活高效的市场化经营机制。加强产权保护制度建设，加强对各种所有制组织和自然人财产权的保护。保护企业家精神，支持企业家专心创新创业。重视优化产业组织，提高大企业素质，在市场准入、要素配置等方面创造条件，使中小微企业更好参与市场公平竞争。树立质量第一的强烈意识，开展质量提升行动，提高质量标准，加强全面质量管理。引导企业形成自己独有的比较优势，发扬“工匠精神”，加强品牌建设，增强产品竞争力。

3.推动产业集成集约集群发展

加强对产业布局的统筹规划和科学管控，支持国家级和省级重大产业项目优先向新区集中。鼓励新区依托现有的国家级和省级经济技术开发区、高新技术产业园区、海关特殊监管区域等，建设产业集聚区，打造一批特色鲜明的专业园区，不断壮大产业集群，发挥产业集聚优势，提高新区产业综合竞争力和企业经济效益。

4.构建现代产业体系

深入对接《中国制造2025》，结合功能定位和区域优势，支持新区编制产业发展规划和行动方案，以新产业、新业态为导向，大力发展新一代信息技术、生物、高端装备制造、高端服务、现代物流等战略性新兴产业和高新技术产业。相对高端的新区要依托人力资本、土地、资本等优势，优化资源配置，着力补齐创新短板，大力发展新兴产业，增加有效供给，形成更具有竞争力的现代产业体系。

5.增强新区人才与科技支撑能力

人才资源是促进新区发展的重要要素资源。积极把握国家“千人计划”“万人计划”等重大人才工程实施机遇，加大人才引进力度，引进一批国内外领军型科技创业人才。推动新区人才管理部门简政放权，减少对用人主体和资源配置的直接干预，凡是市场能够发挥作用的，新区人才管理部门就要充分放权松绑，提供服务保障。鼓励新区推进人才发展体制改革和政策创新，着眼于最大限度激发人才创新创造创业活力，完善新区的人才发展体制机制。鼓励新区与高等院校和科研院所加强合作，着力培养既懂科技又懂市场的复合型创新创业人才。完善人才支撑服务体系，完善新区的待遇、税收、保险等激励政策，健全有利于人才向新区集聚的政策体系。围绕信息、空间、海洋、能源安全等重大创新领域，依托新区的科研院所和高等院校，加快建设以国家实验室为引领的创新基础平台，开展具有重大引领的协同攻关与创新。积极推进科研成果产业化进程，发挥科技创新在推进新区发展中的引领作用。支持新区内云计算、大数据、物联网、电子商务等领域技术创新平台建设，加快突破新一代信息通信、新能源、新材料、航空航天、生物医药、智能制造等领域的核心技术，形成若干战略性技术和战略性产品，培育新型产业。

（四）迎难而上，千方百计力促招商引资和项目建设，夯实产业发展基础

新区发展要抓住国家大力促进民间投资的机遇，大力推动新区项目建设。要持续不断地构建良好的政商关系，创新招商引资模式，提高引进项目的水平，以项目建设夯实产业发展基础，提升区域竞争力。

1.探索招商引资新模式

注重新区品牌营造，树立对外招商的良好形象。通过搭建各类招商引资平台，积极开展富有实效的招商活动。统筹整合招商资源，实行招商引资信息共享。通过园区招商、以商招商，创新招商选资、引智模式，积极

吸引社会投资，实现合作共赢。支持新区按照国家区域和产业发展战略开展合作，引导产业有序转移。

2.创新金融服务

加强金融服务体系建设，鼓励金融机构在风险可控的前提下创新金融产品和服务，开展供应链融资、海外并购融资、应收账款质押贷款、仓单质押贷款、融资租赁等业务。支持新区符合条件的企业通过发行企业债券、中期票据、保险信托计划等多种融资方式筹集建设资金。鼓励开发性金融机构通过提供投融资综合服务等方式支持新区发展。完善投融资体系，鼓励央企、省属国有企业和民营企业等各类投资主体参与新区建设发展。

3.提高贸易便利化水平

鼓励新区建立和完善与服务贸易特点相适应的口岸通关管理模式。鼓励新区在人员流动、资格互认、标准化等方面开展国际磋商与合作，为专业人才和专业服务“引进来”和“走出去”提供便利。推动新区建立贸易自由、投资便利、金融服务完善、产业高度集聚、法制运行规范、监管透明高效、辐射带动效应明显的综合改革创新区。

4.规范竞争秩序

坚持改革引领，完善市场准入，规范竞争秩序，优化发展环境，全面释放创新活力和市场能量。维护公平的市场竞争环境，发挥市场在资源配置中的决定性作用，避免造成非良性竞争。

（五）统筹兼顾，优化提升整体环境和公共服务水平，建设宜居宜业美丽城区

按照生存空间集约高效、生活空间宜居适度、生态空间山清水秀的原

则，合理规划新区用地结构，统筹推进新区基础设施和公共服务设施建设。加大城乡统筹力度，让本地居民、外来务工者、投资者和游客共享新区发展成果。划定生态保护红线，实施生态功能分区控制，构筑绿色生态安全屏障。促进产业发展与城市功能同步提升，形成以产兴城，以城促产，产城有机融合的发展格局。

1.建设绿色智慧与安全新城

将绿色发展的理念贯穿到新区建设之中。大力发展节能环保产业和绿色循环经济，推进新区清洁化、循环化、生态化改造，加快构建覆盖全社会的资源循环利用体系。加快建设绿色低碳园区，绿色生态工业示范区、生态街道，积极推动绿色社区、绿色家庭等创建活动，共建共享生态文明成果，增强生态文化活力。建立垃圾分类回收利用体系，倡导绿色出行、推广绿色建筑，鼓励消费者购买并使用节能环保产品，注重培育生态文化，倡导勤俭节约、绿色低碳、文明健康的消费方式和生活习惯，鼓励使用清洁能源和可再生能源，把新区建设成为全国绿色发展示范区。新区建设要把安全放在第一位，把住安全观、质量关，把安全工作严格落实到新区规划建设的各个环节、各个领域。

2.统筹城乡发展

要坚持以创新、协调、绿色、开放、共享的发展理念为引领,以人的城镇化为核心，更加注重提高户籍人口城镇化率，更加注重城乡基本公共服务均等化，更加注重环境宜居和历史文脉传承,更加注重提升人民群众的获得感和幸福感。要遵循科学规律，加强顶层设计，统筹推进相关配套改革，鼓励各新区因地制宜、突出特色、大胆创新，积极引导社会资本参与，促进新型城镇化持续健康发展。坚持以人民为中心、注重保障和改善民生。坚持城乡统筹，支持新区加快推进户籍制度改革，建立城乡统一的户籍管理制度，引导农业人口市民化。深化农村产权制度改革，明晰农村集体产权归属，赋予农民更加充分的财产权利。统筹推进农村土地征收、集体经营性建设用地入市、宅基地制度改革试点。要继续探索推进城镇新增用地指标与农业转移人口落户数量相挂钩。要继续探索在剩余内统筹解决耕地占补平衡的方法与途径。要继续探索租赁、作价入股等土地有偿使用方式。统筹民生改善与经济发展，进一步织密扎牢民生保障网。建立健全城乡一体的社会保障体系，逐步提高城乡基本公共服务均等化水平。

3.打造优美生态环境

要按照中央城市工作会议精神，逐步落实“精明增长”“紧凑城市”理念，科学划定城市开发边界，防止城市建设无序扩张。优先划定水体保护线、绿地系统保护线、基础设施建设控制线、历史文化保护线、永久基本农田红线，确保生态安全。实施最严格的水资源管理制度，明确制定水资源开发利用控制红线、用水效率控制红线和水功能区限制纳污红线，严格控制发展耗水型产业。加强新区内河流、湖泊、湿地、地下水的保护和生态修复，构建完整的水生态系统。大力推进建设自然积存、自然渗透、自然净化的“海绵城市”，节约水资源，保护和改善生态环境。将生态环境质量逐年改善作为新区发展的约束性要求，加强新区生态管治，严格生态空间用途管制，统筹处理好经济发展和生态建设的关系。科学编制新区环保规划，严把环境准入条件，保障环境质量不下降。坚持城乡环境治理并重，加大环境执法和监管力度，做到源头严防、过程严管、工作严查、责任严究、损害严惩。

4.科学编制新区规划，保护弘扬传统文化

不断创新规划理念和方法，增强规划的科学性和权威性。不断增加规划编制的开放性，增加规划编制单位、新区建设方、新区管理方、新区内居民等多个主体的参与度，是新区规划既能彰显特色，又能最大限度地体现当地多元主体的合理诉求。新区规划编制要将科学合理与可操作性有效

结合，实施要将树立权威与严格执行有效结合，坚决防止出现换一届领导改一次规划的现象。新区规划建设要注重传承优秀历史文化，突出新区特色风貌，使新区在延续传统特色的基础上增添新元素，拓展新空间。要慎砍树、禁挖山、不填湖、少拆房，加强对历史文化古迹的保护，留住新区传统的地域环境、文化特色、建筑风格等特色。

分报告
新 区 巡 礼

2

创新发展成效篇

——2016 年各国家级新区创新发展成绩和 2017 年工作展望

一、上海浦东新区

图 2.1 上海陆家嘴

（一）2016年发展成效

1.经济发展总体平稳

上海浦东新区2016年地区生产总值增长8.2%，高于全市平均增幅约1.4个百分点。一般公共预算收入完成964亿元，增长22.3%。全社会固定资产投资达1826亿元，增长2.9%。实际到账外资达到70亿美元，增长8.9%。结构质量效益持续优化。第三产业增加值增长11.6%左右，占生产总值的比重达到75%，对经济增长的拉动作用明显大于第二产业。第三产业中金融业贡献最大，占比27.5%。工业总产值全年增长2.7%。信息传输、软件和信息技术服务业产值保持两位数增长。工业投资近几年首次出现正增长。

2.产业转型升级进一步提速

（1）金融功能更加强化

金融机构持续快速集聚，新增持牌类金融机构63家，累计达到963家，各类新兴机构新增849家，累计达到7563家。全年新区中外资银行本外币存贷款余额分别增长11.2%和0.5%。证券市场实现成交额270万亿元左右。面向国际的金融交易平台有序推进，黄金交易所国际板正式上线运行，上海保险交易所挂牌成立。促进金融服务实体经济，累计为1303家企业落实83.06亿元贷款，为973户小微企业授信获批贷款20.89亿元。

（2）航运功能持续拓展

港口集装箱吞吐量和浦东国际机场货邮吞吐量保持增长，洋山港集装箱水水中转量占比50%。集疏运物流体系不断完善，洋山港四期已完成基建工程。搭建浦东与国际航运界交流平台，举办上海航运保险创新发展国际论坛、波罗的海航运公会（BIMCO）2016年全球大会。中国远洋海运集团、国际保赔协会等一批重要航运功能性机构入驻。全力打造亚太航保中心，以陆家嘴区域为核心的航保中心已有7家。

（3）商业贸易总体平稳

全年商品销售总额和社会消费品零售总额分别达到32361亿元和2037亿元，均增长8%以上。迪士尼乐园正式运营，推动旅游业发展，旅游业直接收入170亿元，增长17%；接待游客4360万人次，增长20%。外贸进出口逆势增长，预计全年外贸进出口17000亿元，增长0.6%。总部经济持续发展，全年新增跨国公司地区总部15家；新增亚太区总部6家；累计获得认定的跨国公司地区总部达到261家。

（4）产业能级不断提升

产业结构调整超过年初400家的预定目标，累计分流安置12000人。

开展镇产业园区转型方案研究。持续推动土地减量化工作，新区共完成“198”区域减量化任务立项审批293件，面积为173公顷。

3.城市建设管理水平不断提升

（1）重大基础设施顺利推进

全年重大工程完成投资167.4亿元。旧区改造和保障房建设工作积极推进，截至目前全面完成年度旧区改造4500户的目标，完成8个“城中村”项目安置房地块动迁任务。开工区保障性住房（筹措）住宅项目143万平方米，完成在外过渡居民回搬3000户。信息基础设施建设水平进一步提升，推进了400个基站的建设，新区4G深度覆盖率达到95%。

（2）生态环境建设力度加大

实施第六轮三年环保行动计划八大专项领域项目。全面推进“4+11+X”重点区域环境综合整治工作。新区39个考核断面，实现达标个数不低于未达标断面数的35%。取缔125台经营性小茶炉和小炉灶。完成300家工业企业的挥发性有机物（VOCs）的治理工作，治理或关停177家VOCs排放企业。建设领域完成建筑工地、拆房工地、拆违工地、混凝土搅拌站等扬尘污染在线设备安装277个。完成51家汽修行业的整治或关停。

（3）城市管理安全高效

人口综合管理服务工作有序推进，加大对“无合法稳定居住，无合法稳定就业”来沪人员的调控力度。继续保持“五违”整治的高压态势，新区整治总量2200万平方米，其中，拆除违法建筑1507万平方米，整治违法用地694万平方米。全力推进国家土地例行督察整改工作，已完成整改862宗4980亩。食品监督抽检合格率达到95.7%，食品安全水平稳步提升。

4.社会民生切实改善

（1）重点社会事业加快发展

新开办学校26所，其中初中5所，小学3所，幼儿园18所。推进学区化集团化办学试点，持续开展“新优质学校”创建工作。启动深化浦东新区医药卫生体制综合改革试点，全面推进社区卫生“1+8”综合改革。

（2）就业和保障工作平稳有序

优化离土农民等重点群体的就业服务质量，启动职业技能培训“互联网+”试点。预计全年新增就业岗位超过14万个，参加职业技能培训4.2万人，共帮助1864人成功创业。全年开展各类救助帮困196.6万人次，发放各类救助帮困资金8.34亿元。

（3）文化内涵和活力逐步提升

支持推进上海大歌剧院、上海图书馆东馆、上海博物馆东馆等项目。持续推动36个街镇社区文化活动中心的标准化建设，1181个村（居）委全部设置了标准化的基层综合文化服务中心。国家博物馆“文创中国”项目落户自贸试验区。

（4）社会治理格局持续优化

村级招商考核率先全面取消，村级经费保障、村干部薪酬规范等工作同步推进，村居台账电子化升级优化为社会治理综合信息服务平台，基层群众自治机制继续深化，成功创建20个居委会自治家园市级示范点。11个街镇启动筹建社区基金会建设，社区多元主体活力不断激发。

5.“三农”工作取得实效

浦东国家现代农业示范区建设全力推进，在全国153个示范区中综合测评得分名列全国首位。家庭农场、农民合作社、农业龙头企业等新型农业经营主体大力发展，全区45%水稻种植面积实现由500家家庭农场经营。村庄改造长效管理GIS信息系统全面建成启用，初步实现村庄改造长效管理信息化。农村集体“三资”管理进一步完善，全区农村土地承包经营权确权登记颁证工作完成。

（二）体制机制创新进展

2016年上海浦东新区积极推动各有关部门加大改革力度，各项改革有序推进实施，“证照分离”改革、法定机构改革、金融创新、社会信用体系等重点改革任务稳步推进。

1.自贸试验区建设取得阶段性成效

全面实施外商投资和境外投资备案管理制度，推动内、外资企业准入“单一窗口”建设。全市近半数新增外资项目落户自贸试验区。全年累计办结境外投资项目中方出资额预计达到240亿美元，占全市70%以上。创新“一线放开、二线安全高效管住、区内自由”监管制度，海关、国检等部门推出“先进区、后报关报检”“十检十放”等创新举措，通关效率有效提高。货物状态分类监管改革有序推进。国际贸易“单一窗口”2.0版建成上线，货物申报数据项和船舶申报数据项分别减少30%和80%。自由贸易账户功能进一步拓展，47家金融机构直接接入自由贸易账户监测管理信息系统，开立自由贸易账户超过6万个。人民币跨境使用领域进一步扩大，区内人民币跨境结算总额占全市42.3%。积极推进落实市场、业界、社会、政府“四位一体”的综合监管格局。加强社会信用体系建设，建立和完善企业年度报告公示和经营异常名录制度。

2.自贸试验区金融制度创新继续深化

贯彻落实“金改40条”意见，国家层面发布实施《进一步推进中国（上海）自由贸易试验区外汇管理改革试点实施细则》等3个细则后，已有19项政策通过出台细则或推出创新实例的方式取得突破。加快建设面向国际的金融市场，上海保险交易所获国务院批准揭牌设立，上海黄金交易所推出“上海金”定价机制，上海国际金融资产交易平台已正式上线测试运营。推动设立小微“双创”增信基金和小微企业成长基金。

3.推进“证照分离”改革试点

逐一制定形成具体改革方案，明确审批办理程序，调整标准化审批格式文本，更新办事指南，并推出了“双告知”“双随机”“互联网+信用监管”等相配套的一批事中事后监管措施。

4.开展法定机构改革试点

2016年8月，陆家嘴金融贸易区管理委员会撤销，陆家嘴金融城理事会和陆家嘴金融城发展局成立，以“业界共治+法定机构”为基础的公共治理架构正式组成。在全国成立首个科技和经济委员会，推动以“大部制”创新科技产业管理体制。

5.深化监管模式创新，破解高新技术产业化瓶颈

张江园区出台《张江高科技园区上市许可持有人药物合同生产试点风险保障资金实施意见》及《张江高科技园区上市许可持有人药物合同生产试点风险保障资金细则》，目前正梳理并落实试点企业。张江跨境科创监管服务中心如期竣工，硬件建设基本完成，各项运营准备正加快推进。

6.深入推进建筑领域专项改革

逐项推进落实工程招投标改革、推广工程总承包制、建立建筑领域认可人士制度、探索建筑师负责制、建设工程质量潜在缺陷保险、建筑信息模型（BIM）技术应用推广等20项具体任务。建筑师负责制试点方面，6个项目按建设时间进度已分别开展试点工作；工程招投标改革方面，改革范围和覆盖项目进一步扩大；认可人士审查制度方面，已有5个项目开展试点并通过认可人士审查。

7.推进政务云和信息资源共享体系建设

政务云数据中心一期运行效果明显，浦东政务云体系已经覆盖全区绝大多数部门、街镇和园区，支撑政务大厅、综合监管平台和其他几十个行业综合性平台的有效运转。政务云体系归集数据从初始的几百万条迅速增长到目前的六七千万条并继续快速增长，近20个应用系统基于数据中心开发和运行。

8.人才创新创业环境不断改善

制定深化人才发展体制机制改革，建设国际人才试验区实施方案，明确转变政府人才管理职能，实施更加开放的海外人才集聚制度，构建与国际接轨的人才跨境创新创业体系，优化人才创新创业生态环境。

（三）2017年工作展望

1.以开放促进改革，进一步深化自贸试验区战略

全面深入推进自贸试验区建设，深化投资领域创新，完善便利化最优的贸易监管制度创新，推动金融开放创新试点与金融中心建设联动，切实守住金融风险底线。深入推进重点领域综合配套改革，完善与开放型经济相适应的一级政府治理体系，推进政府行政权力公开透明运行，深化国资国企改革。

2.以创新驱动发展，进一步聚焦科创中心核心功能区建设

加快推动张江从科技园区向科学城转型，聚焦张江综合性国家科学中心建设，全面提升张江园区形态与功能，积极推进临港科技创新中心主体承载区建设。进一步优化科技创新综合环境，持续深化科技管理制度创新，改革财政科技投入机制，构建完善的科技综合服务体系，推进国家人

才改革试验区建设。

3.以功能带动转型，进一步提升“四个中心”核心功能

提升“四个中心”功能辐射带动作用，进一步推进“4+4”重点区域开发建设，推动金融、航运、贸易等核心功能持续提升。突出战略招商和精准招商，注重功能创新、高成长性和区域贡献等标准，围绕产业链、价值链、创新链进行精准招商。加大产业结构调整力度，大力发展高端制造和智能制造，实施“互联网+”行动计划，推进产业高端高效发展。

4.以城镇带动乡村，进一步促进城乡发展一体化

全面推进城镇建设，加快编制郊区各新市镇总体规划、土地利用总体规划，以“一线、一带、多点”为重点，系统推进具有浦东特点的特色城镇及美丽乡村示范村和区块创建。进一步完善基础设施，加快推进地铁18号线、区区对接道路等项目建设，完善区域供排水管网和郊区雨污水处理系统。不断提升社会事业水平，优化教育、卫生、文化、民政、体育等公共资源配置，提升服务能力。深化郊区产业转型，聚焦都市现代农业、特色农业发展和镇产业园区转型，加快提升郊区产业发展能级。进一步完善社会保障和治理体系，推进实现更加充分、更高质量就业，完善综合社会保障体系，健全社区治理体系和机制。

5.以补短板提升品质，牢牢守住城市运行底线

促进土地集约高效利用，完成低效建设用地减量化150公顷，根据规划科学合理利用减量化后土地。进一步加强人口综合管理和服务。加大生态建设和环境保护力度，全面推进中小河道整治，力争新增绿地350公顷、林地1.05万亩。努力保障城市安全运行，实现全区网格化综合管理全覆盖，以更高的标准构建食品药品安全体系。

6.以改革促发展，进一步提升发展内生动力

加大重点改革事项的协同推进力度，加快推进实施供给侧结构性改革，抓紧修订完善《浦东新区加快推进供给侧结构性改革的实施意见》，努力发挥示范带动作用。尽快启动编制新一轮浦东综改三年行动计划。抓紧启动编制第五轮浦东综改三年行动计划，加强浦东综改与自贸试验区、科技创新中心建设的联动，进一步明确今后的改革方向和重点任务。

二、天津滨海新区

图 2.2 天津滨海新区东疆港完成国内首单空客 A380 融资租赁引进业务

（一）2016年发展成效

1.经济运行总体平稳

2016年新区地区生产总值达10002亿元，增长10.8%；区属规模以上工业总产值9400亿元，增长3.3%；一般公共预算收入1338亿元，增长13.4%；全社会固定资产投资4609亿元，增长9.6%；商品销售总额17150亿元，增长2%；社会消费品零售总额1150亿元，增长0.3%；实际利用外资71亿美元，增长12%；实际利用内资1150亿元，增长15%；外贸出口285亿美元，下降12%。

2.创新创业加快推进

在自贸区聚集效应的推动下，新区新增市场主体30283户，注册资金8126.6亿元，增长13%和56%。创新创业有序推进，建成各类众创空间48家，聚集创新创业企业1068家。新增科技型中小企业4441家，累计26477家。中心商务区获国务院批准为国家级双创示范基地，已有超过70家在京大型央企和知名民企在商务区设立了100多家各类机构，阿里云+优客工场天津项目以及国安创客天津中心进入试运营阶段。

3.服务业发展态势良好

营利性服务业保持快速增长，营业收入增长36%左右。金融业增长较快，增加值增长15%。航运物流平稳运行，天津港货物吞吐量50735万吨，集装箱吞吐量1334万TEU，分别增长2.9%和4.1%；机场旅客吞吐量1554.6万人次，货邮吞吐量16.1万吨，分别增长18.8%和6.2%。楼宇经济、总部经济发展迅速，新增亿元楼宇7座，总部企业达400余家。

4.项目建设有序推进

投资结构进一步优化，第三产业投资增长29.9%，占全区投资的87.6%。一汽大众华北生产基地、统一生产基地、万达广场等364个项目开工建设；东疆金融贸易中心、海星广场等200个项目竣工；在建项目约900个，总投资规模近8000亿元。中国能源工程、宝能控股、比亚迪新能源等1300个项目签约落户，投资规模达到1万亿元。

5.国际化生态型新城区建设加快

与北科建联手打造中加低碳示范区，建设国际低碳科技创新及国际化教育培训等功能载体。吸引国电鲁能、新兴际华等来生态城建设产业园区和城市综合体。积极打造全国市长研修学院培训基地和“市长班”培训基地。

（二）体制机制创新进展

1.电子市民中心建设工作完成阶段性目标

“电子市民中心”是落实国家“互联网+政府服务”开展信息惠民总体要求，方便市民企业足不出户便捷办事的重大改革创新。全力推进电子市民中心建设，以部门权责清单为基础梳理政府服务事项，实现民政、人社、卫计、教体服务事项全部网上办理，开发完成“i滨海”系统和通用办件和绩效考核系统，创新设立“综合一窗”，形成线上线下一体化的互联网+政务服务体系。一期系统已于年底前上线试运行。

2. 全面落实京津冀协同发展等国家战略

坚持把贯彻落实京津冀协同发展重大国家战略贯穿于加快开发开放全过程，主动对接非首都功能疏解，深入开展与京冀地区合作。1021个来自北京的项目签约及注册，注册资本总额1354亿元。与北京市共建天津滨海—中关村科技园，与河北省合作组建渤海津冀港口投资发展有限公司。京津冀首个海铁联运综合性集装箱铁路枢纽开通运营，启动天津港“一港八区”管理体制改革，以天津港为龙头加快资源整合，统筹港口空间规划、产业布局、生产组织和集疏运体系建设等，形成天津港整体比较优势和服务辐射能力，促进天津口岸与25个内陆无水港一体化发展。

3.金融改革创新着力推进

建设金融改革创新示范运营区，与中国船舶重工集团签署全面合作协议，打造中船重工金融资本总部。成功运营天津第一家法人银行设立的金融租赁公司——天银金融租赁有限公司。天交所正式设立自贸创新板，为自贸区内优秀中小微企业提供全面的综合金融服务。京津冀产业结构调整引导基金正式揭牌。

4.涉外经济体制改革成效显著

民生租赁与中国外运长航签约开展海上风电安装船进口保税租赁业务。首家金融租赁公司总部中铁建金租落户东疆并入区办公。中铁装备入区开展进境保税维修再制造业务。首个海铁联运的综合性集装箱铁路枢纽中铁天津集装箱中心站正式开通运营。天津市首单跨境电商全流程实单操作在东疆完成。自贸区效应释放，自贸试验区151项制度创新举措落地实施，三个片区新增市场主体12159户，注册资金5300亿元，增长50%以上。对外开放进一步扩大，新批外商投资企业超过800个，实际利用内资项目超过1000个。

5.科技体制机制改革创新加快

首推“创新创业通票”制度，建立综合服务平台，集聚了路浩科技、中企鸿阳等一批优质服务机构。实行政策预兑现创新模式，支持今日头条、奇思科技等北京企业实现了爆发式增长。与中国电子信息产业集团等单位在自主可控信息系统领域开展合作，推进飞腾CPU芯片等重点研发项目。建成浙江大学滨海产业技术研究院、军民融合创新研究院等高水平创新平台，市级以上研发机构410家。科技型中小企业达到2.2万家，小巨人企业1150家，国家级高新技术企业1160家。中国驰名商标31件，天津市名牌产品161个。

6.社会领域改革创新效果明显

“十大民生工程”建设取得重大进展，60个重点项目按计划进度实施，其中33个项目竣工。积极引进优质教育资源，天津一中滨海学校和南开中学生态城学校投入运营，耀华中学滨海学校前期工作加快推进。大力发展社会福利事业，第一、第二老年养护院及一批民办非营利性养老机构相继建成，第三老年养护院、汉沽河西托老所启动建设。城镇登记失业率控制在3.3%以内，城乡居民人均可支配收入保持较快增长。职工五险参保率达到96%以上，城乡居民医疗保险参保率达到98%以上。加强公共交通建设，新开提升公交线路23条，新建公交中途站50对。

（三）2017年工作展望

1.建设电子市民中心，打造全面深化“放管服”改革的新平台

构建新型“互联网+政务服务”体系，制定政务服务清单和标准化操作规程，构建群众和企业“一号”认证体系，开发线上线下一体化便民服务系统，实现政府各类服务事项全流程网上运行。构建服务于民的政务数据共享机制，高效整合各部门数据资源，建立统一的法人和个人基础数据库，推进跨部门电子证照库建设，实现政府部门间数据互联互通和交换共享，切实打破“信息孤岛”。构建公正高效的智能监管体系，充分运用大数据、云计算、物联网等信息技术，完善政务服务电子监察系统，形成“宽进、严管、重罚”的事中事后监管体系。

2.实施“加减乘除”战略，探索从产业端发力推动供给侧结构性改革

推进制造业供给侧结构性改革，加快培育新兴产业（加法），大力推进节能减排（减法），创新驱动动力转换（乘法），逐步去除低效产能（除法），在产业领域率先形成推进结构性改革的“组合拳”“连环计”。推动传统产业合理布局、转型升级，推进石化产业在南港集聚，探索产业布局调整和城市空间优化的共赢路径。以产业园区为载体，加快培育新技术、新产业、新业态，大力培植产业联盟，提升产业聚集度和产业链黏性，探索有效应对国际产业梯度转移和冲击的产业固本之策。

3.建设“精明城市”，探索宜居城市发展新路径

构建绿色低碳的生产生活方式和城市建设运营模式，将资源利用与城市开发有机结合，科学划定城市发展边界，推动城市发展由外延扩张式向内涵提升式转变。推进城市地下综合管廊和“海绵城市”建设，建设中新生态城“海绵城市”示范区。大力推进新型城镇化，鼓励有能力在新区稳定就业和生活的外来人员举家落户，同等享受教育、就业、医疗、保障性住房等基本公共服务。推动管理重心下移和服务资源下沉，完善社情民意表达和反馈机制，加强街镇、村（居）委会等基层组织建设，提高基层治理和服务水平。

4.建设创新创业示范基地，营造创新创业新生态

推动中心商务区创新创业示范基地建设。聚集创新创业资源，探索与国际通行规则相衔接的体制机制。加强引进和培养创新型领军企业，推动建立创新创业联盟，培育创客空间、创业咖啡、创新工场等众创空间。为创新创业企业提供优质的金融服务环境。重点发展跨境金融、科技金融、互联网金融等金融业态，重点引进商业保理、融资租赁、私募基金等金融机构，为区内企业提供高品质、低成本的资金支持。完善创新创业激励机制。鼓励高等院校、科研院所创办经济实体，支持科技人员离岗创业，扶持大学生自主创业。完善专业化公共服务体系。加强科研服务平台建设，建立重点科研院所、实验室、工程技术中心等开放共享机制。

5.建设国家绿色发展示范区，探索绿色发展新模式

建设亚太经合组织绿色供应链合作网络天津示范中心，完善绿色供应链体系，推动绿色设计、采购、制造、消费、回收和再制造，形成绿色标准体系，打造国际绿色商品交易中心。统筹考虑产业发展、人口集聚和城市建设，坚持生产、生活、生态联动，加快建设宜居生态新城区，推广中

新天津生态城开发建设经验做法。与京冀及周边地区建立水污染防治上下游联动协作机制，共同做好流域、近岸海域污染治理和水环境保护；推动建立区域环境信息共享机制，推进大气污染联防联控和水环境协同治理。以节水、节地为重点，推动全社会资源节约，推行合同节水管理等市场化新机制，在生产、流通、消费各环节实现绿色低碳循环发展，加快建立循环型全产业体系，建设国家循环经济示范城市。

6.建设国家自主创新示范区，打造具有国际竞争力的产业创新中心

开展产业关键共性技术攻关，解决一批“卡脖子”技术难题，推动滨海新区产业加快向中高端发展，构建以先进制造业为主导的现代产业体系。推动制造业与“互联网+”跨界融合，推进开放式技术产品研发、生产流程优化再造，探索放宽对“互联网+”以及其他融合性产业的准入限制。完善股权激励、收益分配、科研经费使用等创新激励机制，赋予创新主体更大的自主权，充分调动科研人员积极性。加强知识产权保护，构建有效的知识产权保护和服务体系，保障创新成果，降低创新成本，提高创新收益，推进企业拥有自主知识产权和核心关键技术。

7.建设国际航运核心区，探索港产城互动融合发展新模式

强化港产联动。推动天津港向自由贸易港、集装箱港、商港、邮轮母港等高层次港口转型。推进港口与自贸试验区联动发展，探索在货物流通、人员流动、资金流转等方面建立“区港绿色通道”。建设港城分离的集疏运体系。推动港城在功能上互动支撑，建设集疏港货运铁路环线，提升港口公路集疏运能力，加强运输车辆管理，降低交通成本。发展海洋化工、海洋油气开采等产业。以临港经济区为重点培育壮大海工装备、海水淡化等新兴产业，扶持发展海洋旅游、海洋文化等现代服务业，培育一批科技型涉海企业。

三、重庆两江新区

图 2.3 重庆两江新区夜景

（一）2016年发展成效

2016年重庆两江新区实现地区生产总值2261亿元，增长10.9%；规模以上工业总产值4892亿元，增长6.7%；规模以上工业增加值997亿元，增长8.7%；固定资产投资2043亿元，增长15.1%；社会消费品零售总额1129亿元，增长13.3%；一般公共预算收入302亿元，增长4.1%；进出口总额1544亿元，实际利用外资32亿美元。

1.稳增长调结构效果明显

一是持续加大固定资产投资，充分发挥政府主导类投资“压舱石”作用。面对宏观经济持续下行压力，开展逆周期调节，7月份将直管区全年基础设施投资从166亿元上调34%到223亿元，上马一批重大基础设施项目，加快建设产城融合的现代都市新区，直属6个平台公司自有投资超过300亿，直管区政府主导类投资增长24%实现580亿元。二是稳定工业投资，着力发挥重大产业项目“增压器”作用。直管区工业完成投资424亿元，占两江全域工业投资的80%以上。开工工业项目45个，投资459亿元，建成后可新增产能474亿元；投产工业项目40个，完成投资212亿元，形成产能374亿元。三是加快培育战略性新兴产业，着力发挥新兴产业的动力转换“催化剂”作用。十大战略性新兴制造业产值实现994亿元，增长19.6%，占规模以上工业的32%。服务业新兴业态发展迅速，传统商贸加速向“互联网+”转型，新型金融增加值增长24.6%，软件及服务外包增长21%，企业线上销售增长32.4%。“互联网+”科技产业蓬勃发展，高新技术、软件及信息服务营业收入分别达495亿元和640亿元。

2.招商引资取得新成效

积极推进“五资”（资本、资产、资源、资金、资助）招商，直管区签约项目479个，投资1438亿元，占两江全域84%；开工项目231个，投资721亿元，占两江全域91%；投产项目211个，投资409亿元，占两江全域83%。一是工业方面，新引进项目117个，投资619亿元。新引进福特林肯汽车、京东方1000万台整机智能制造、长安汽车新能源汽车电池电机、联创电子新型触控显示一体化模组、特来电充电终端、航空钛合金等10亿元以上项目14个，全球机器人“四大家族”中的发那科、库卡、ABB三家落地，北京现代、天骄航空动力、长安全球研发中心、浪潮数据中心等建设顺利推进，奥特斯电路基板、超硅半导体、川崎机器人、移动数据中心等竣工投产。金泰等3个智能产业园建设顺利，共入驻企业（项目）35个、投资34亿元。二是服务业方面，新引进项目362个，投资819亿元。广汇、庞大等平行进口汽车项目，药友制药、华能集团、重庆轨道投资等总部项目，国瑞天街、西部奥特莱斯二期等商贸项目相继落户；落户全国首家信用保证保险“阳光渝融信用保证保险”，直属企业发起成立的“三峡人寿保险”、中西部第一家民营银行“富民银行”正式营业；际华园、丰树两江物流园、金叶国际珠宝城等项目顺利竣工或开业；金科亿达科技健康城、美国IA高中、南开中学、国际妇儿医院等项目顺利开工。阿里巴巴一达通等42家企业落户服务贸易产业园。三是科创方面，新引进规模以上重点项目36个，投资总额76亿元。落户完美影视、海云科技、浪潮、思建科技、宝信、网宿科技等先导性项目。互联网学院首批入驻9个重点项目、12家合作机构；金山意库开园运营，海王星创意岛引入雅昌等一批文创企业；10家重点合建众创空间新入驻中小微企业312家，累计入住中小微企业547家。

3.现代都市新区建设取得新进展

一是围绕中心工作开展规划。完成道路红线、基础设施近期建设、鱼嘴传统风貌区保护等规划，以及龙盛双溪片区等2项城市设计。二是大力完成基础设施。直管区基础设施投资完成274亿元，复盛高铁站及配套道路、横一路延伸段、鱼嘴水厂、3座变电站、7座立交节点等竣工投用，六号线支线二期、水土嘉陵江大桥主桥及南引道、3座变电站等开工建设，一大批涉及新区长远发展的功能性工程有序推进。三是着力补市政设施短板。以人行过街系统、道路综合整治、公园、湖库及次级河流整治等为重点，全年实施市政工程项目127项，完成投资7.58亿元。四是重点推进“四大城市功能试点示范项目”。悦来新城海绵城市试点，累计完成投资22亿元，完成建设5平方公里、开工建设10平方公里，在建项目29个、完工项目20个，悦来海绵生态展示中心、生态城中心广场、国博中心海绵改造工程等重点项目推进顺利；悦来绿色生态示范城区，张家溪（悦来段）环境综合整治、悦居隧道等即将开工，生态城滨江公园、桥湾公园等正在开展前期工作；可再生能源示范项目，促成“二片一点”可再生能源建筑应用示范，集中供冷供热能力达400万平方米、应用面积达188万平方米；智慧城市试点，智慧规划、智慧公租房、城建管理系统、龙兴总部基地智慧新城等项目推进顺利。五是全力推进生态文明建设。深入实施环保“五大行动”，通过了中央第五次环保大督查。

4.创业创新生态不断完善

获批全国首批双创示范基地和国家自主创新示范区，已集聚国家产业基地10个，市级以上研发平台173家，高新技术企业187家，院士工作站5个，博士后科研工作站17个，柔性引进院士6名，每万人发明专利拥有量达8.8件。一是创新平台体系不断完善。以照母山科技创新城和水土高新城为核心，建成投用互联网学院、金山意库、水土云计算配套服务中心、大地企业公园、联东U谷、天海星等一批重要载体，加快推动联网产业园二期、留创园等平台建设，形成27个众创空间、100万平方米企业加速器、15万平方米孵化器，初步形成“创业咖啡+孵化营+专业孵化器+企业加速器”的创新平台体系。二是科技金融服务体系持续发力。初步建成“产业扶持+债权融资+股权投资+改制上市”的科技金融服务体系。三是公共服务体系日益健全。推动知识产权综合改革，中国重庆（汽车摩托车）知识产权快速维权中心获批，两江新区知识产权法庭受理案件2200余件，引进国家知识产权局专利局重庆代办处、重庆联交所知识产权交易分所和重庆专利云平台为企业提供“一站式”服务。举办2016创响中国巡回接力重庆站、“国创杯”创业创新大赛等活动。

5.对外开放水平不断提高

一是开放平台及口岸拓展迅速。积极推进自贸区规划、定位、功能研究等工作，为承接项目、扩大开放打下了基础。大力推进中新合作项目，中新多式联运物流示范基地已基本形成合作框架方案，2017年一季度可签约实施，普洛斯金控、美集物流、中新互联互通基金等项目签约落户，宗申—环球石油融资租赁、中新（重庆）空港国际快件等项目正式启动，完成鱼复园区现代物流业发展等策划规划。金伯利进程国际证书制度认证，进口粮食、苗木指定口岸申报工作进展顺利，大批物流分拨企业入驻口岸，进口肉类、水果大幅增长。中韩、中德产业园建设顺利。二是服务贸易快速发展。总部贸易增长16%达到780亿元；保税商品展示交易领域新设立7个特色国别馆，交易额增长40%达15亿元；跨境电商领域新引进邮政EMS、鑫海供销等项目，启动“跨境电商进农村工程”，交易额增长39%达5.6亿元；整车进口领域引进10家龙头企业，实施整车进口786辆；转口贸易领域开业了咖啡交易中心，实现以咖啡豆为代表的转口贸易进出口额52亿元。三是监管模式持续创新。积极推动内陆检验检疫改革创新示范区建设，出台进境指定口岸开放、跨境电商新兴业态通关便利化等新举措，提高跨境货物通关通检效率。

6.重点领域改革取得阶段性成效

一是完成体制调整优化。机关内设机构、直属事业单位分别减少2/5和1/3，对原两区50余项重叠工作规则和制度进行整合，初步实现了“大部制”和精兵简政，强化了统筹能力和行政效能。二是实施了以“十增十降五补五防”为主要内容的供给侧结构性改革。增有效供给方面：创新企业融资模式，促进金融与战略性新兴产业的有机结合，与社会资本共同创立机器人、通用航空、新能源汽车等融资租赁公司，全国首创“银行资金实缴到位同股同权分收益”方案，撬动社会金融资本18亿扶持战略性新兴产业，推动企业装备水平提高，降低企业融资成本。降成本方面：在全国率先实施售电侧改革，改革模式受到国家有关部委充分肯定，110家在建企业签订意向协议、12家新增用电企业签订正式合同，每度电价下降15%以上，优化电费计收方式后最多可降低电费35%；在果园港寸滩港实施

“铁公水”多式联运降成本系列改革，降低物流费1.8亿元。

（二）体制机制创新进展

1.加快优化结构，推动贸易方式转型升级

创新贸易和产业融合发展机制，在开放“深度”上作文章，推动货物贸易向服务贸易，一般贸易、加工贸易向转口贸易、总部贸易拓展。

（1）优化货物贸易结构

保持一般贸易稳定增长，培养加工贸易竞争优势，调整产品结构，延长产业链条，推动由生产制造环节向物流中心、维修中心、结算中心等高端环节延伸，探索形成“产业链+价值链+物流链”的内陆加工贸易发展新模式。

（2）创新发展服务贸易

认真推进服务贸易创新发展试点，积极探索信息化背景下服务贸易发展新模式，建立口岸监管、外汇结算、投融资、信息平台等服务贸易开放发展的体制机制，提升服务贸易实力。

（3）大力发展总部贸易、转口贸易

依托区位优势和开放大通道，吸引云南及东南亚咖啡经重庆中转运抵欧洲，形成集电子交易、跨境电商、融资增信、结算和大数据为一体的咖啡交易中心，预计全年实现交易额30亿元。

2.突出互联互通，建设内陆国际物流枢纽

充分发挥水、空、铁枢纽口岸功能，创新高效便捷内陆通关和口岸监管模式，提升物流枢纽辐射功能。

（1）打造多式联运综合枢纽

参与国际市场的物流通道体系，打造水港、空港、铁路港、保税港、信息港“五港交汇”网络。加快推进多种运输方式的自由换装、中转、集

拼、配送，构建以水港为节点，航空、铁路、公路、水路无缝连接的全程综合多式联运枢纽

（2）推进通关便利化

围绕通关流程优化、手续简化、服务标准化，出台进境指定口岸开放、跨境电商新兴业态通关便利化等10余项创新举措，推进国际贸易“单一窗口”建设，打造口岸数据交换平台，优化多式联运监管方式，着力构建低成本、高效率的通关环境。

（3）构建开放型物流体系

坚持项目带动，引进美国安博空港物流中心、新加坡丰树、德国劳士领、百世汇通等项目，逐步形成以仓储运输为重点的生产型物流、以大宗商品中转分拨为重点的货运枢纽型物流、以城市配送为重点的商贸服务型物流。

3. 利用国内国际资源，创新金融服务

充分应用中新（重庆）战略性互联互通示范项目、中国（重庆）自由贸易试验区的各类改革开放政策，推动金融服务领域对外合作和制度创新。

（1）开展跨境融资

推动重庆两江新区企业及项目在新加坡发行债券和开展跨境贷款，已发行境外人民币债券2亿元，募集商业贷款3000万美元，资金票面利率分别为4.5%和4.4%，分别比同期中国人民银行基准利率低0.25和0.35个百分点，实现境外融资零突破。

（2）扩大金融要素市场开放

通过市场化、国际化运作，加快集聚各类金融机构，积极发展新型金融业态。比如，成立全国首家信用保证保险“阳光渝融信用保证保险”和中西部第一家民营银行“富民银行”；推动新加坡企业投资设立普洛斯金融控股（重庆）公司，依托产业链提供管理、融资租赁、经营租赁、商业保理、小额贷款、产业投资基金、综合信息服务等门类齐全的金融产品和服务；推动设立全牌照合资证券公司。

（3）强化资本运作

着眼于提高直接融资比例，大力推进股票市场融资，扶持7家企业成功上市。多渠道推进股权融资，采取金融资本与产业资本结合的方式，两江新区成立了总规模达200亿元的战略性新兴产业发展基金，与三峡电力集团联合发起100亿战略性新兴产业基金和50亿新能源产业基金，积极参与由国家发展改革委、财政部、工业和信息化部联合牵头发起的国投基金，主要投向两江新区十大战略性新兴产业等领域，初步建立了结构完整、功能完善的多层次资本市场体系。

4.助推实体经济发展，深化供给侧结构性改革

按照“减负”“解难”“放活”三个原则，采取综合措施，为实体经济减负担、降成本，取得了积极成效，累计为辖区企业直接节约成本20亿元以上。

（1）推进售电侧改革试点

两江投资集团与长江电力、涪陵聚龙电力、中涪热电联合组建两江长兴电力公司，帮助工业企业降低用电成本。两江长兴电力公司直接向企业供电，企业电度电价成本下降15%；代理企业参与重庆市经信委组织的直供电交易，企业电度电价下降18%；对用电负荷率较低的企业采用“需量法”代替“容量法”计收基本电费，企业基本电费最多可降低35%。

（2）降低企业经营性成本

合理控制人工成本，推动劳动密集型企业以机器人替代人工，安排机器人融资租赁补助资金3000万元，支持两江新区机器人融资租赁公司开展机器人融资租赁业务，代替1800个人工岗位，提高50%的工作效率。降低租金成本，两江产业集团对产业楼宇实施“一停一降”政策，2016年8月1日至2017年12月31日期间，暂停执行出租物业的租金递增条款，为辖区企业减少租金5000万元。放宽公租房准入条件，降低企业员工租房成本。

（3）打造良好营商环境

规范清理行政审批事项，将国务院和重庆市下放的422项行政审批事

项精简整合为208项，取消214项。压缩审批时限，208项行政审批办理平均时限由24个工作日缩减到9个工作日，提速61.8%。开展清理中介服务事项专项整治工作，对60项行政审批中介服务事项进行分类处置，其中取消17项、降费9项、规范34项。

（三）2017年工作展望

1.探索开放型经济运行管理新模式

深入推进简政放权、放管结合、优化服务，做到既放开放活，又管住管好。进一步扩大企业自主权，最大限度精简行政审批事项和环节。加大政务公开力度，实现权力清单和责任清单全覆盖。加强政务信息化建设，依托云计算大数据平台，推进“互联网+政务服务”，建立一口受理、同步审批和高效运作的服务模式，实现信息跨部门、跨行业互通共享和协同管理。加快构建事中事后监管体系，健全集中统一的市场监管综合执法体系和社会信用体系，充分发挥行业协会及评估、检验检测机构等作用，积极鼓励社会公众参与市场监督。加强知识产权保护和服务，完善知识产权管理和执法体制以及信息检索、纠纷调解、维权援助、仲裁等服务机制。

2.探索构建开放型产业新体系

减少和取消对外商投资准入限制，重点选择汽车、电子信息、装备制造等先进制造业和金融、物流、商贸、专业服务、文化服务、社会服务等现代服务业领域扩大对外开放。推动全产业链融合，大力发展研发设计、检验检测、物流配送、采购结算等战略性新兴产业上下游配套的生产性服务业。搭建加工贸易转型升级的技术研发、工业设计、知识产权等公共服务平台，探索“产业链+价值链+物流链+信息链+资金链”的内陆加工贸易发展新模式，打造内陆战略性新兴产业集聚区。

3.探索科技创新服务新机制

加快建设国家双创示范基地，建设一批双创示范工程、打造一批双创支撑平台、扶持一批科技创新类企业，充分发挥双创和“互联网+”集众智汇众力的乘数效应，发展新技术、新产业、新业态、新模式；传播双创理念、打造双创热点、持续营造浓厚双创氛围、释放全民双创潜能，推进大众创业万众创新向更大范围、更深程度、更高层次发展，把两江新区建设成为有特色、高水平的国家双创示范基地。

4.探索促进国际投资合作新方式

按照准入前国民待遇加负面清单的要求，完善外商投资管理制度。改革对外投资管理方式，探索完善境外投资活动的真实性核查制度，支持投资者通过在境外新设、并购、参股等方式设立企业。以中新、中韩等国别产业合作为基础，创新专业化、精准化、集群化招商模式，促进研发中心、营运中心、结算中心、销售中心等总部机构集聚，争取更多的世界500强企业投资落户。支持区内企业扩大对外投资，支持与“一带一路”沿线国家、地区共同建设国际产业合作试验区，探索共同出资、共同受益的资本运作模式。

5.探索金融服务开放型经济新举措

大力集聚金融总部机构，大力培育特色金融要素市场，支持传统金融机构向“多牌照”“全牌照”发展，进一步提升消费金融、融资租赁、信用保险等新兴金融业规模和质量；建立金融结算中心，改善金融生态环境，提升金融服务水平和辐射力，提高金融创新能力和扩大对外开放，探索离岸金融、跨境人民币、电子商务、跨国公司本外币结算等国际金融结算新业务；打造资本运作高地，多渠道推进股权融资，规范发展债券市场，加快建立结构完整、功能完善的多层次资本市场体系，建设成为国内重要功能性金融中心核心区。

四、浙江舟山群岛新区

图2.4　浙江舟山群岛新区中心城区

（一）2016年发展成效

2016年新区地区生产总值1229亿元，增长11.3%，海洋经济总产出2959亿元，增长12.3%，海洋经济增加值862亿元，增长11.9%。规模以上工业增加值增长14.2%；固定资产投资增长15.5%；财政总收入增长8.3%，一般公共预算收入120亿，增长10.1%；社会消费品零售总额增长11.2%；港口货物吞吐量增长12.3%；旅游接待人数和旅游总收入分别增长18.9%和19.8%，地区生产总值、固定资产投资、规模以上工业增加值等经济指标增速位居全省第一。

1.全面落实三大战略

加快推进舟山江海联运服务中心、绿色石化基地、自由贸易试验区三件影响新区持续发展的重点工作。

（1）边谋边干推进舟山江海联运服务中心建设

舟山江海联运服务中心和《总体方案》获国家批复，制定舟山实施方案。加快重大港口项目招引建设，梳理出50个江海联运重大项目，鼠浪湖矿石码头一期一阶段等项目开港投用，实华原油二期等项目加快推进，举办北京、武汉、上海等地招商对接会，与三峡集团等央企签订合作协议。着力提升服务功能，完成2万吨级江海直达散货船概念船型设计，江海联运公共信息平台上线运行。

（2）超常规推进绿色石化基地建设

基地总体规划获批，用海审批、项目环评等获得突破性进展。一期16平方公里场地工程加快推进，截至12月底，累计完成土石方开采量2688万方，陆域工程完成吹填量2390万方，分别完成全部工程量的83.9%和89.0%。35千伏的输变电工程建成通电，岱山至鱼山输水管道全线贯通，1000吨级的鱼山车客渡码头建成投用。

（3）全力谋划申报中国（浙江）自由贸易试验区

集全区之力全力谋划申报中国（浙江）自由贸易试验区。2017年3月15日，国务院批复《中国（浙江）自由贸易试验区总体方案》。主要任务是落实中央关于“探索建设舟山自由贸易港区”的要求，就推动大宗商品贸易自由化，提升大宗商品全球配置能力进行探索。

2.攻坚重大项目，增强新区持续发展能力

切实加强项目综合管理和投资监测分析，确保全新区有效投资任务分解到位、责任落实到位、计划执行到位。2016年，全新区157个市重点建设项目完成投资370.8亿元，新增30个项目开工率达到96.7%；57个省重点项目完成投资178亿元，新增12个省重点项目开工率达到92.9%，均超额完成年

度计划目标。全新区完成固定资产投资1311.14亿元，同比增长15.5%，增速继续保持全省领先。波音737完工和交付中心项目成功落户舟山，中澳现代产业园（舟山）场地基础处理工程完成招投标。国家远洋渔业基地组建完成舟山国家远洋渔业基地建设指挥部，成立集团公司，累计完成投资19.96亿元，2016年完成远洋水产品交易量26.8万吨；千岛中央商务区签订战略协议、控制性详规初步编制完成；观音文化园、新奥LNG等项目加快建设。

3.加大产业培育扶持，做强做优海洋经济

2016年，实现保税燃料油直供量106.4万吨，同比增长13%。中国（浙江）大宗商品交易中心有限公司成功注册，2016年中心完成现货贸易额436 亿元，增长27.9%。成功举办2016国际海岛旅游大会。谋划智慧海洋示范工程建设，成为浙江省国家级信息经济示范区中8个试点市之一。中国电信卫通公司在舟山设立运营中心。中信海洋等企业已实现卫星通信终端产品量产，并在渔船、公务船装船试用达到200余套。中船工业、海兰信股份已完成舟山公司注册工作。

4.坚守底线，推进经济社会均衡协调发展

继续抓好“五水共治”“三改一拆”等重点工作，扎实推进民生社会事业发展，牢牢守住民生、生态、平安底线，使群众共建共享新区发展成果。舟山新区企业信用综合指数（ZECI），成为全国首个以反映海洋经济信用状况的综合指数。完善国家军民融合创新示范区创建工作体制机制，推进军民融合机构设置，推动编制《舟山国家军民融合创新示范区建设总体方案》。

（二）体制机制创新进展

1.完善新区高效运行体制机制

创新实施“项目中心制”，以“一个领导、一个指挥部、一个支撑平

台、一个政策体系”等“四个一”管理运作机制为核心，以项目审批、责任倒逼和联动督考等机制为支撑，清单管理、挂图作战，比学赶超，形成大抓项目、抓大项目的浓厚氛围。制定出台实施方案，加强决策、执行、监督等关键环节创新，建立新区发展联席会议、市党政联席会议制度。建立“县（区）、功能区核心制”和要素保障机制；出台创新完善招商管理体制的意见，实行全市招商工作统一统筹，招商项目（信息）统一管理与共享。建立以督考为中心，比选、绩效、督查、容错、问责、舆论监督“六位一体”联动机制，常态化对重大决策和重要工作部署落实情况开展巡查督导。完善四级联动服务机制，实现主要行政权力事项一站式网上运行，2016年已办结事项11.09万余件。打造政务云平台，汇集44个市级部门240个应用系统，被国家信息中心授予“政务云最佳实践奖”。推进政府职能转移，制订出台政府职能向社会组织转移目录、政府购买服务指导目录以及具备承接政府职能转移和购买服务资质的社会组织目录。深化行政审批机制改革。按照“少环节、少评审、少材料、少收费、少僵化、少跑腿”的“六少”要求，打造全省行政审批“环节最少、速度最快、效率最高”的“三最”城市。实施投资项目分层分类审批协调机制、容缺预审机制和行政审批层级一体化，市级86%行政许可事项下放县区。目前，项目审批服务环节缩减至35项，全流程办理期限缩短至48个工作日，走在全省前列。

2.深入推进新型城镇化试点

金塘、六横小城市试点建设顺利实现第一轮小城市培育试点三年行动计划确定的目标。全力推进省级特色小镇建设，先后制定出台关于加快特色小镇规划建设的实施意见、特色小镇创建导则等系列政策文件，组建舟山市特色小镇规划建设联席会议及其办公室。把沈家门渔港小镇、朱家尖禅意小镇、定海远洋渔业小镇三个省级特色小镇作为重大项目，纳入“三重”项目推进机制，推动实行“镇长制”，由市四套班子领导出任“镇长”，统筹协调小镇规划建设工作。启动海洋经济创新发展示范城市建设工作。

3.深化项目审批制度改革

深化核准目录外企业投资项目不再审批改革试点，深入完善“零审批”制度，发布《政府核准的投资项目目录（2016年本）》。2016年，全市有近30个项目依申请进入“零审批”程序，其中15个项目已验收投产。深化工业企业“零土地”技改项目审批方式改革，优化备案、项目准入和事中事后监管制度，开通“零土地”技改备案“绿色通道”，办结时间从十多个工作日提速到最快一个工作日。2016年，全市实施“零土地”技术改造项目100余项。推进省土地管理有关审批权限委托下放改革扩面试点，积极推进行政审批事项下放，最大限度减少行政审批事项，不定期对下放审批事项办理情况进行案卷检查指导。

4.推进产业转型升级试点

推进定海区“浙江制造”品牌培育试点县，制定完成《定海区“浙江制造”品牌培育试点工作方案》，帮助金鹰公司等3家企业完成“浙江制造”标准制订。推进普陀区省级外贸转型升级试点示范区建设，编制完成外贸转型升级试点工作实施方案，制订外贸转型升级专项资金管理办法。推进普陀经济开发区省级循环改造示范试点园区建设，编制完成浙江普陀经济开发区循环化改造示范试点实施方案，获得了省级园区试点改造补助资金，正进行项目资金管理办法制定。

5.深化投融资体制机制改革

深化国资国企和财政体制改革，组建海投、交投、海城和普陀山发展集团四大国资平台，开展市属44个部门所属企业清理整合工作，组建新区财金投资基金（50亿元）。探索创新PPP等投融资模式，鼓励社会资本进入岛屿整体开发等13个领域，发布首批20个PPP项目。引导支持企业利用债务、仓单、排污权等融资工具，对接多层次资本市场，累计通过各类债券等工具实现直接融资66.87亿元。优化要素资源管理机制，探索海域、无居民海岛、岸线、关联陆域“四位一体”资源要素配置改革，实施海陆资源统一收储、联合出让，探索由海转陆的高效审批路径。制定出台《舟山市海域使用权、国有建设用地使用权联合招标拍卖挂牌出让管理暂行办法》，通过实行“一次挂牌、一次取得海域使用权和土地使用权”的出让模式，为企业提速审批时限半年以上。

（三）2017年工作展望

1.积极落实国家重大战略，加快建设中国（浙江）自由贸易试验区

按照国务院批复的中国（浙江）自由贸易试验区总体方案，迅速转入建设实施阶段，争取在较短时间内初见成效。强化自贸区落地的制度保障。制定实施细则，加快建立权责明确、管理高效、运转协调的自贸区行政管理体制，加快推动相关政策落地。以项目化的方式推进落实建设任务。点攻坚形成示范带动效应，做大海上保税燃料油供应，拓展物资配送、船员培训、海事保险等衍生服务，加快建设国际海事服务基地。加快黄泽山油品储运基地建设，发挥中国（浙江）大宗商品交易中心平台作用，推进大宗商品贸易。

2.以项目中心制为核心，全力推进重大项目谋划招引建设

深化“项目中心制”，创新“比学赶超”现场会等活动载体，推动重大项目建设不断取得新成果。落实舟山江海联运服务中心建设三年行动方案，重点抓好鼠浪湖矿砂中转码头一期二阶段等项目，推动江海联运信息资源整合提升。全面落实波音完工和交付中心项目建设的时间节点要求，确保2017年全面正式开工。继续推进绿色石化基地建设，实现炼化一体化

项目全面开工建设。以澳牛进境加工项目为突破口，全力推进中澳现代产业园建设。全力谋划招引一批重大项目，努力保持投资的可持续性和稳定性。提高项目建设要素保障水平。

3.攻坚产业转型，培育现代海洋产业集群

谋划布局新的主导产业，重点加强石化产业、航空产业、海洋旅游产业三方面的产业研究谋划。整合提升传统产业，坚持把稳存量作为保持经济平稳增长的当务之急，抓好船舶白名单企业和龙头、特色企业的稳定运行，鼓励中小船企向船配产业转型，拓展军民融合等新领域，发展高技术特种船舶、高端船配等；强化舟山江海联运服务中心建设的功能牵引作用，培育扶持龙头航运企业，促进航运业解困转型；加快建设国家远洋渔业基地，推进远洋渔业全产业链发展；大力发展新兴产业，推进智慧海洋舟山示范区和智慧海洋产业基地建设，培育海洋大数据及应用产业。培育发展海洋新能源、海洋新材料等战略性新兴产业，推进国电海上风电、海洋耐腐蚀材料等项目建设。

4.坚持改革创新，优化新区发展环境

适应自贸试验区建设要求，坚持以开放倒逼改革，大力营造国际化、法治化、透明化、现代化的环境。接轨国际通行做法，加快建立完善自贸试验区的基本机制框架，尽快形成制度创新成果。全面扩大合作开放，推进义甬舟大通道规划建设，实质性推进“宁波—舟山港一体化探索区域港口合作开发新模式”。加强与上海合作，推进小洋山北侧的开发建设和大洋山的前期规划工作。依托舟山江海联运服务中心，加强与长江沿线港口与城市的战略合作，构建“船、港、货”联盟。发挥好舟山港综保区平台作用，主动融入“一带一路”战略，加强战略性资源进口、海岛旅游等方面的互利合作。

（四）强化城乡统筹，建设海上花园城

强化城乡规划建设管理，加快城乡一体化发展，提升海上花园城品质。按照省委省政府打好转型升级组合拳的总体部署，认真落实小城镇环境综合整治和治危拆违专题会议精神，加快提升城市功能，完善中心城区功能配套，加强城市形态设计，推进千岛中央商务区等重点区块建设，提升城市国际化服务水平，推进美丽海岛建设。

五、兰州新区

图2.5 兰州新区综合保税区

（一）2016年发展成效

1.经济增长持续向上

新区全年完成生产总值151.66亿元，增长25.1%。其中，第一产业增加值3.62亿元；第二产业增加值113.86亿元，增长26.1%；第三产业增加值34.18亿元，增长25%；一般公共预算收入13.9亿元，增长51.2%；完成固定资产投资491.26亿元，增长3.14%；社会消费品零售总额完成29.41亿元，增长12%。

2.产业发展迈出新步伐

围绕“6+4”产业链强化精准招商，引进大数据产业园、上海瑞华电气、北京蓝天城、海南同盟药业生产线等产业项目37个，总投资337.25亿元，累计引进项目318个，总投资4220亿元。全力抓好项目协调服务，48个项目建成投产，190个项目加快建设。全年实现工业产值274.95亿元，同比增长55.09%。建立PPP项目储备库，入库项目4项，总投资57.52亿元。制定出台加快推进现代农业发展扶持办法，重点扶持发展企业35家。兰石集团龙头作用显现，丝绸之路西北大数据产业园一期建成投产，甘肃省大数据产业基地、双创中心、研究院以及公司和交易中心获批落户新区。

3.城市服务功能日趋完善

基础设施方面。新建市政道路84条，其中23条建成通车，开工建设综合客运枢纽。第一给水厂二期工程、第四污水处理厂、职教园区分布式污水处理厂等顺利推进。姚家川、魏坪、源泰等变电站建设顺利推进。兰秦快速通道、兰州至中川城际铁路开通运营，新老城区之间初步形成了铁路、高速公路、快速路紧密衔接的立体交通网络。公共服务设施方面。兰炼一小、兰州十一中新区分校正式招生，自建5所公办幼儿园正式开园，新区一中、实验小学等6所学校开工建设。甘肃省人民医院新区分院等医院加快建设，5家民营医院运营良好。彩虹城、兰石等5大商圈初步形成，13个大型商贸项目正式运营。生态建设方面。完成生态造林4.34万亩，累计完成生态绿化18.27万亩，纵贯东西、南北宽400米的防风林带已经成型。

4.对外开放水平进一步提升

搭建对外开放平台。进口肉类指定查验场所、铁路口岸海关监管场所、兰州中川铁路口岸先后获批。与新郑、连云港港口等12家海关特殊监管区及企业签订了战略合作协议，上海自贸区14项创新制度中已有10项在综保区内复制推广。综保区内入区注册登记企业突破200家。推进国际产能合作。开工建设中韩产业园、中德产业园，引进项目10个，总投资15.6亿元。提高互联互通能力。开通运营兰州至中亚、欧洲、南亚、白俄罗斯的国际货运班列和兰州至迪拜国际货运包机，兰州新区始发至白俄罗斯中白工业园的国际货运班列是国内首条点对点国际货运专列，也是国内唯一直接通往“中白工业园”的大通道。拓展对外交流合作。成功举办了丝绸之路（敦煌）国际文博会新区文化产业论坛、丝绸之路经济带（兰州新区）发展高层论坛等系列节会。

5.人民群众的获得感和幸福感日益增强

就业方面，开展就业技能等各类培训5100余人次，实现新增城镇化就业1.03万人，登记失业率控制在4%，发放“万企计划”小微企业创业贴息贷款累计1000余万元。社会保险方面，新增城镇职工社会保险2762人，累计9323人，新增被征地农民养老保险2302人，累计2.1万人，城乡居民养老、医疗保险参保率分别达到95%和98.69%，养老金平均提高13.13%。社会救助方面，城市低保标准提高了10%，农村低保一、二类标准分别提高了3.6%和6.3%，农村五保供养补助标准提高了15%，农村孤儿基本生活年补助标准提高了45%，医疗救助、临时救助实现应救即救。教育医疗方面，率先在全市实施普通高中免费教育政策，免除学费、住宿费80.5万元。

（二）体制机制创新进展

1.加快科技创新与战略性新兴产业发展

依托兰州新区产业发展基础，以先进装备制造、生物医药、信息技术、新材料、新能源、节能环保等重点领域为主，制定战略性新兴产业发展实施意见。推进产业孵化大厦建设，引进一批科技含量高、具备产业化条件的孵化企业。推进产学研合作，与甘肃省科技厅、教育厅等单位联合，以理事会的方式在新区设立“兰白试验区联合创新研究院”。进一步调整科技经费支出预算，每年为联合创新研究院配套1000万元的项目经费。加强与西安交通大学战略合作，建设西安交通大学技术转移中心。

2.推进供给侧结构性改革

大力推进货币化安置政策，打通拆迁安置房与商品房购买通道，落实团购政策，筹建房产超市，消化商品房库存37万平方米。设立城市建设发展基金，已投放近90亿元。建成科技金融结合服务平台，设立4亿元兰白试验区兰州新区科技创新投资基金，帮助中小企业融资2亿元以上，辅导11家企业在前海股权交易中心挂牌。推出中小企业融资风险补偿机制，设立5000万元中小企业风险补偿金。

3.突破重点领域和关键环节改革

对在新区范围内投资建设的企业备案项目，探索推行“承诺制”，对涉企行政事业性收费，试点实行“零收费”。全面实施“五证合一、一照一码”。推进政府购买服务改革，向社会力量购买服务项目24项，预算金额1.36亿元，实际采购金额1.03亿元，节约率达24.09%。建立涵盖专利、商标、版权三合一的知识产权管理和服务机构，探索民营服务机构的运作新机制整合生产力中心、知识产权评估担保机构、金融机构的职能和资源，建立集认定、评估、抵押、贷款和交易于一体的知识产权服务平台。

4.出台一系列政策措施

支持高层次人才创新创业，出台《兰州新区高层人才创新创业项目扶持办法（试行）》，对高层次人才项目按照产业化、中试、研发、资质奖励等方面给予扶持。出台《兰州新区科技计划项目管理办法》，以项目为抓手，重点推动一批重点项目技术研发或开展产学研合作。出台《兰州新区鼓励孵化器和众创空间实施办法》，对经过国家、省、市认定的孵化器、众创空间给予奖励，支持孵化器、众创空间等创新创业平台建设，为人才创新创业搭建平台。

（三）2017年工作展望

1.着力推动产业集聚发展

抓好招商引资。重点对接珠海银隆、益海嘉里、未来新影等产业链项目招商。抓好项目建设。加快正威集团、西部药谷、长城影视、西部恐龙园等重点项目建设。抓好配套体系建设。加快各产业园区水、电、气、暖、污等基础配套。加快检验检测园区等生产性服务业配套。建立中小企业贷款风险补偿资金池，创新政银企对接合作模式，解决企业资金瓶颈的短板问题。

2.着力提升城市综合承载力

抓好公共服务体系建设。加快引进省市优质教育医疗资源，加快在建学校、医院和公共服务设施建设。抓好科教园区建设。完成省属“三校一区”建设，同步推进公交枢纽站、景观绿化、综合管廊、商业配套等设施建设。加快公共配套建设。加快同城化发展步伐，协调推动景中高速、中通道等项目建设，进一步畅通新区外部交通网络。推进土地资源集约利用。加大低丘缓坡未利用地整理开发力度，做大土地增量。加大土地清理收回和土地闲置费征收力度，做活土地存量。

3.着力建设区域创新创业中心

抓好创新平台建设。加快以产业孵化中心等七大孵化器为主的创新一条街建设，打造全省创新创业高地。推进科技成果产业化。支持兰石、科天等企业建设创新中心，探索总结新区扶持科技型企业快速成长的经验模式并逐步推广。完善科技服务体系。积极落实知识产权强省战略，建立涵盖专利、商标、版权三合一的知识产权管理和服务机构。加快聚集科技人才。放眼全国引进国家“千人计划”专家、“领军人才”、拥有重大科技成果的教授和海外博士创业团队来新区创新创业，吸引省内科研院所、高等院校在新区建设分院、分校，吸引企业高管人才和大学毕业生来新区创新创业，着力打造全省创新创业的人才高地。

4.着力打造向西开放战略平台

构建开放平台。提升综保区运营水平，加快推进跨境金融结算中心、跨境电商平台建设，力争保税区注册登记企业达到300家，实现进出口额10亿美元。推进国际产能合作。加快申报粮食进口特殊口岸、进口药品指定口岸，使新区真正成为开放的洼地。畅通国际物流通道。整合提升兰州至中亚、欧洲、南亚国际货运班列及兰州至迪拜国际货运包机常态化运营水平，打造国际货运班列集散地。

5.着力深化改革

推进行政审批制度改革。试行企业投资项目“零审批”承诺制，积极探索政府投资项目“零审批”改革路径。探索企业投资项目承诺制试点，行政审批局作为首家受理单位，“一站式”受理、“全流程”服务。推进干部人事制度改革。积极推进干部全员聘任（用）制度、全员绩效考核制度、全员绩效工资制度，创造能者上、平者让、庸者下的良好干事创业氛围。试行推进集聚人气机制改革。引导省属公司总部搬迁到新区，落实国家、省市关于支持农业转移人口市民化等政策办法，研究制定新区聚人气的购房、就业、就学、就医等相关配套政策。

六、广州南沙新区

图 2.6　广州国际航运中心核心区——广州港南沙港区

（一）2016 年发展成效

1.经济保持持续高速增长势头

2016年广州南沙新区实现地区生产总值1278.75亿元，同比增长13.81%，增速连续12个季度排名全市第一；实现规模以上工业产值3055.63亿元，同比增长8%；第三产业增加值同比增长28.6%，对GDP增长的贡献率达到53.2%。固定资产投资813.14亿元，同比增长31%；一般公共预算收入69.17亿元，同比增长1.7%；税收总额386.53亿元，同比增长15.5%；商品销售总额1277.99亿元，同比增长46.28%。

2.全方位对外开放水平显著提高

进出口保持良好增长势头。跨境电商、市场采购、国际转口等外贸新业态迅速成长，全年实现进出口总额1694.3亿元，同比增长10.7%，对广州市外贸增长贡献度达七成左右。招商引资成效显著。目前已落户70个世界500强企业投资项目和70家总部型企业，中远海运散货总部、中交区域及国际业务总部等一批龙头项目进展顺利。与港澳合作不断深化。积极推进粤港合作新载体建设，“粤港跨境货栈”在全省复制推广，创新CEPA食品检验监管模式，成立粤港澳高校创新创业联盟和“粤港姊妹学校”，推动与港澳在科技创新、专业服务、人才交流、社会事务等领域合作不断取得新进展。积极对接“一带一路”战略。深化与汉堡、不莱梅等欧洲港口城市枢纽型合作关系，与马来西亚巴生港自贸区、韩国仁川港湾公社签订合作框架协议，与迪拜机场自贸区、东盟中小企业经济贸易发展委员会签订战略合作备忘录，与陕西西咸新区、贵州贵安新区建立战略合作关系，与国家发展改革委国际合作中心共同设立南方（南沙）国际产能和技术合作中心，打造“一带一路”沿线国家国际产能合作新平台。

3.国际航运中心建设迈出新步伐

全面实施国际航运中心建设三年行动计划，增强综合服务枢纽功能。国际大港建设加快推进。南沙港区三期、粮食通用码头、汽车滚装码头已建成投产，南沙港区四期、邮轮母港等项目加快推进。新增11条国际班轮航线，2条内贸航线及9个“无水港”业务点。开通3条国际邮轮航线，邮轮出入境29万人次，居全国第三位。南沙港区全年实现货物吞吐量3.04亿吨，集装箱吞吐量1262万标箱。航运服务业集聚发展。启动国际航运服务业集聚区建设，新落户航运物流企业1277家，完成全国首单第三方跨境资金结算。国际贸易功能不断提升。工程塑料、粮食、钢铁等大宗商品交易中心建设稳步推进，成为亚太地区最大的进口工程塑料集散地，获批为全国首个开展毛坯钻石保税进出口业务的自贸试验区。实现平行进口汽车4500台以上，超去年总数的2倍。建立跨境电商“南沙模式”，新增跨境电商备案企业245家（目前达1007家），网购保税进口业务交易额同比增长223%。首创市场采购出口商品监管新模式，推动旅游购物出口77.4亿美元。

4.创新金融蓬勃发展

加快金融领域开放创新，积极构建创新金融服务体系，提升金融国际化水平。金融机构快速集聚。新增金融和类金融机构820家（目前达1473家），包括规模302亿元的全国首个军民融合项目投资基金、华南首个开放式数据交易平台、全省首个专项航天产业投资基金等。设立广州商品清算中心，成为全国首个商品金融综合服务平台。金融业务不断创新。开展贸易融资项下跨境资产转让，落地全国首单“单船单试”船舶交易外币结算业务和首笔“跨境资产代客衍生品综合交易”业务，已办理30笔人民币跨境贷款备案，涉及金额约62亿元。发行全国首张“自贸通”卡，推出“自贸通跨境直汇”业务。完成国内首支交易所市场熊猫债发行。融资租赁迅速发展。率先在全省开展内外资融资租赁统一管理试点，融资租赁企业从挂牌前30余家增加到284家，业务规模超千亿。落地18架SPV飞机。实现南沙首单跨境船舶融资租赁，完成广东自贸试验区首单跨境飞机资产包交易。

5.现代化滨海新城建设加快推进

加快推进城市重点功能组团建设。明珠湾起步区已形成146万平方米在建规模，蕉门河中心区已建成740万平方米，在建623万平方米，56个重点项目有序推进。区域交通枢纽建设不断加强。着力推进总投资2006亿元的84个重大交通基础设施项目建设，加快构建南沙区内、与广州市区、与周边地区紧密联系的大交通网络。

（二）体制机制创新进展

以自贸试验区建设为契机深入推动改革开放和体制机制创新，市场化国际化法治化营商环境不断完善，积极探索建立与国际投资贸易通行规则相衔接的制度框架，形成了209项创新成果，56项在全省复制推广，29项在全市推广实施。其中，“企业专属网页”政务服务新模式入选商务部第二批4个“最佳实践案例”。

1.以负面清单为核心的投资管理制度进一步完善

率先将“一照一码”改革拓展至8个部门，实现1个工作日内“十三证三章”联办。搭建企业专属网页政企互动的综合服务平台，截至12月底，南沙自贸区企业专属网页开通量超59000家，开通率达100%，企业激活有5万余家，激活率达九成。开启商事服务“香港通”，港人港企足不出港即可享受在南沙投资落户所需的商事登记、外资备案、筹建落地等“一站式”商事服务。

2.以智能化为导向的大通关体系建设取得新突破

国际贸易“单一窗口”2.0版上线运行，现边检、海事、港务申报业务全部通过“单一窗口”申报；在全国率先推出“互联网+易通关”，实现自助报关、自助缴税等8种功能，共有344家企业64万票货物通过自助报关完成报关业务，占总报关单量的95.4%；深度应用“智检口岸”模式，全流程无纸化网上办事大厅，现系统全面覆盖所有进出口贸易方式和业务类型，日均处理数据37万次，进出口商品平均通检速度提升80倍，共2463家进出口企业通过“智检口岸”网上办事大厅报检。实施境外旅客购物离境退税政策、全球质量溯源体系2.0版、“智慧海事”系统等一批标志性改革，形成了南沙“智慧口岸”品牌。

3.以激活市场主体活力为重点的政府职能转变深入推进

深化行政审批制度改革，启动“证照分离”改革，分类推进132项行政许可事项审批方式改革，试运行“一颗印章管审批”；创新“互联网+税收服务”模式。建设“大数据”管税体系，率先推出国地税“全业务通办”，联合推出“一网通办”平台、自助办税“国地通”，推行“快捷退税绿色通道”服务，成为全国出口退（免）税无纸化管理首批试点单位；创新国际贸易信息化监管体系。推动进口商品全程溯源，实行“境外预检、口岸快放、智能跟踪、多方共治”；推进法定机构试点，正加快推进明珠湾管理局和产业园区管理局等两个法定机构建设；创新探索区域产城融合发展的开发建设新模式。通过公开招标引入具有雄厚综合实力的社会资本方与区属国企合作开发建设，一批金融产业项目正式运作。

4.法治化营商环境进一步优化

在全国率先推行港澳籍人民陪审员参审案件，建立涉港澳案件行业协会先行调解机制，健全国际仲裁和商事调解机制，创新采用普通法、大陆法和中国法三大法系的庭审模式。制定实施建设廉洁南沙自贸试验区的意见，建立自贸试验区廉政建设评价指标体系。

5.区域创新体系不断健全

创新环境日趋完善。成立科技支行和科技金融综合服务中心，成立创业投资引导基金，新增7家新三板挂牌企业,获批为全省首个科技服务体系建设试点。创新主体加快培育。企业创新主体地位进一步巩固，现有高新技术企业76家，高新技术产业产值比重提高到55.4%。新型研发机构稳步发展，引入智慧城市联合研发中心、3D打印研究院、生物医药与精细化工研究院等新型研发机构。创新载体建设不断加强。广州超算中心南沙分中心建成运行，穗港数据传输线路投入试运行，完成国家物联网标识平台南沙根节点建设。全区孵化面积已达26万平方米。创新人才加快集聚。实施“十百千万”工程，落实集聚高端领军人才和重点领域急需紧缺人才相关政策，设立规模5亿元的创业投资引导基金，目前已集聚14名“千人计划”人才和2个省创新科研团队。

（三）2017年工作展望

1.加快打造“三中心一体系”核心功能区

加快建设国际航运中心，推进重大港口基础设施建设，加快建成海铁联运的港口综合交通网络，积极开拓国际班轮、邮轮航线，大力发展现代航运服务业，推进实施启运港退税、离境退税和游艇自由行等政策。加快建设国际物流中心，打造国际汽车物流综合服务枢纽及汽车进出口大通道。加快建设国际贸易中心，打造临港国际大宗商品交易中心和全球市场采购进出口商品集聚区。加快建设和创新金融服务体系，打造南沙现代金融服务区，推进“南沙金改15条”等国家政策落地，加快形成千亿级融资租赁产业集聚区。

2.努力打造现代产业新高地

高端高质发展现代服务业，重点发展高端商贸、航运物流、特色金融、专业服务、文化创意、健康旅游等现代服务业，加强与国际邮轮旅游业合作，推动邮轮游艇产业链延伸发展，做大做强先进制造业，培育发展新产业新业态，加快建设国家自主创新示范区核心功能区。

3.完善“智慧通关”体系

完善高效便捷的大通关体系，进一步拓展国际贸易“单一窗口”功能，深化口岸通关“三互”合作机制，推动建设全领域、全流程“线上海关”。实施全球质量溯源体系2.0版，打造“一码通检、全系风控”出入境商品质量溯源风险管理体系，开展船舶登记管理试点，推进国际检验检疫标准互认、结果采信合作。建立完善第三方检验检测机构资质标准、监管验证、准入退出等管理机制。

4.创新行政管理体制

深化相对集中行政许可权改革，成立行政审批局，实行“一颗公章管审批”。继续推进法定机构改革试点，开展自贸试验区综合行政执法体制改革。实施“互联网+政务服务”工程，深化政务服务自助服务平台建设。优化企业专属网页，推进实体政务大厅与网页服务平台融合。

5.优化法治环境

推动设立自贸试验区检察院，在全市开展首家检察机关内设机构改革试点工作，鼓励和支持更多穗港律师事务所在南沙开展合伙联营，进一步深化港澳籍人民陪审员参与案件审判和调解机制。全力推动“互联网+可信身份认证技术试点推广应用示范基地”建设，争取华南网络身份认证中心落户南沙。

6.推动粤港澳深度合作

重点推进粤港深度合作区建设，落实CEPA及补充协议，加强与港澳在资讯科技、专业服务、金融及金融后台服务、航运物流服务、研发及科技成果转化、科技创新、专业服务、国际教育培训、商贸服务、休闲旅游及健康服务等八大产业领域的合作。全面建设粤港澳人才合作示范区，吸引一批专业人才落户南沙。

7.推进“一带一路”战略枢纽建设

扩大与“一带一路”沿线国家和地区在金融、港口、产业、经贸、检验检疫等方面合作。推进与国家发展改革委国际合作中心战略合作，共建国际产能和装备制造合作南方基地。搭建境外投资“一站式”综合服务平台。拓展与泛珠三角地区合作，加强与陕西西咸新区、贵州贵安新区等国家级新区和内陆重点地区合作。

8.全力打造区域综合交通枢纽

加快港口基础设施建设，重点加快南沙港区四期、邮轮母港、南沙港铁路、深水航道拓宽工程等一批重大港口基础设施建设，完善海港口岸功能，打造水陆并举、公铁并用、货主客辅的航运基础设施体系。加快轨道交通建设，重点布局快速直达港澳及周边城市的轨道交通线路。加快高快速路建设，推进“三高三快”高快速通道建设。强化区内市政道路桥梁建设。

9.着力打造高品质现代化滨海新城

强化规划战略引领，全力推进自贸试验区各区块建设，把自贸试验区各区块作为未来五年建设的重点。提升城市品质和管理，培育生态核心竞争力。

七、陕西西咸新区

图 2.7 陕西西咸新区保税物流中心

（一）2016 年发展成效

1.主要经济指标实现较快增长

2016年陕西西咸新区地区生产总值达470亿元，同比增长9.5%。完成固定资产投资1807.16亿元，同比增长19.5%，其中房地产投资189.26亿元，同比增长44.3%。实现地方一般公共预算收入24.87亿元，同比增长53%，其中税收收入22.65亿元，占91%。全年实现限额以上批发和零售业商品销售额512.99亿元，同比增长11.8%；实现限额以上批发和零售业商品零售额171.85亿元，同比增长13.3%。

2.招商引资呈现新亮点

新区加大招商引资力度，出台了27项优惠政策，先后有西工大无人机产业化基地、宝能集团西安航空商务港等一批重大项目签约落户，与海航集团达成了全面战略合作，将在实业、物流、旅游等方面开展全方位合作。完成招商引资到位资金291.6亿元，外资到位资金1.08亿美元。

（二）体制机制创新进展

1.优化城市形态，构建点状布局的市镇体系

陕西西咸新区按照“核心板块支撑、快捷交通连接、优美小镇点缀、都市农业衬托”现代田园城市格局，构建由特大城市—中等组团城市—优美小镇—村落组成的点状布局的市镇体系。强调城市的高密度开发和功能复合，形成“开敞田园、紧凑城市”的“大开大合”城市空间布局。在城市组团核心板块建设上，集中建成1平方公里左右的城市成熟板块或产业区，形成城市规模和产业聚集效应，核心板块中的市镇各有明确的边界，市镇周边是法定的永久农田和城市的生态功能区。在核心板块建设中注重优化生态环境实现土地资源的集约节约高效利用，推行亩均投资强度、税收为主要标准的项目用地准入评估制度，严格实施土地招拍挂出让，优先保障重点工程、新兴产业和民生项目用地。通过置换、回购旧工矿企业用地等方式，近四年累计盘活存量建设用地约3.44万亩。

2.建设优美小镇，推动农民就地城镇化

新区核心板块外围依托都市农业，规划建设商业贸易、工业旅游、文化旅游、文化教育等类型优美小镇35个，目前，基本建成空港花园小镇、秦汉酒庄小镇、泾河崇文重点镇和茯茶小镇等9个优美小镇。在优美小镇建设中，新区积极探索村集体经济股份制改造，以合作制为基础，采取股

份制的做法，由管委会、当地政府、企业、农民共同出资组建公司改造建设小镇；将城市工商资本引入农村，因地制宜发展产业，通过“一村一品、一户一业”形式，引导广大农民围绕特定产业发展经济，在“家门口”进行自主商业经营；围绕茯茶文化、关中民俗文化和生活文化，发展商业、服务业、都市农业等产业，规划建设茯茶文化园，发展茯茶产品生产、研发、体验及文化展示，形成以茯茶为核心的文化产业链条，目前以茯茶注册营业执照的商户达102家，累计招商600余户，初步形成茯茶生产、销售、文化展示、体验一条龙服务。引入专业培训机构，开展专业茶艺、商业经营技能、物业管理、导游解说等各项职业技能培训，帮助农民掌握茯茶文化、制作、品尝与销售等经验与技巧，提高农民的综合素质。

3.推行绿色城市集成创新

新区规划建设遵循自然山水格局、遵循历史文脉、遵循现代规划理念，优先建设新区生态格局。将渭河、泾河、沣河建设为三条生态长廊，利用104平方公里的大遗址保护区、河湖水系和基本农田构建城市绿色基底，农业和生态景观建设用地占到规划控制范围的三分之二，让城市融入大自然，让居民望得见山水、看得见田园、记得住乡愁。试点建设海绵城市。针对地处西北的自然条件和传统城市在暴雨时出现内涝等问题，以雨水综合利用为重点，在“海绵城市”建设中通过实现“建筑与小区对雨水应收尽收、市政道路确保绿地集水功能、景观绿地依托地形自然收集”的三级雨水综合利用系统，将调蓄设施与城市既有绿地、园林、景观相结合，构建海绵城市雨水利用体系。获批全国首批海绵城市试点，并入选《2015年应对气候变化中国在行动》国家主题宣传片。

4.“一带一路”建设

采取一园多地方式建设中俄丝路创新园，通过“请进来、走出去”战略，促进中俄双方企业互到对方国家投资发展，积极推动中俄企业资源共享，实现互利互惠。强化国家级新区之间合作，与广州南沙新区携手合作，洽商依托中俄丝绸之路创新园,按照“一园三地”的模式建设国际创新合作科技园区，目前已就共建产业合作基地、联合招商机制、共建创新型孵化器、共同加强对国际投资贸易规则研究等达成一致。此外，西咸新区还在中俄丝路创新园基础上，洽商与韩国等国家的“一园多地”合作，搭架跨国园区共建和产业孵化新途径。

5.以文化促发展

以项目为抓手做大产业，规划丝绸之路风情城、汉唐帝陵等项目，陆续推出秦咸阳博物院、际华园项目、大秦文明园区和梦回大秦视觉光影秀项目。成立国际文教园区，建设“西咸国际医疗教育先行区”，稳步推进西咸国际医学城、陕西西咸耀华国际教育学校等项目。以“互联网+”为契机做强文化，打造“数字西咸”。以文化惠民生、做旺人气，泾河新城科技文化产业园以“文化+科技+旅游”为内核，重点发展科技互动体验、影视动漫等文化创意产业，推动科技与文化的融合发展。

（三）2017年工作展望

1.重点抓好项目建设，保持经济平稳增长

加大项目包装策划和储备力度，在确保今年目标责任考核任务顺利完成的情况下，为明年的经济建设打下坚实的基础。

2.抓招商推双创，加快新区产业发展

聚焦招商引资分解任务，推进全面落实产业培育计划和优惠政策制定等工作。同时，狠抓重大项目落地，确保海航合作项目和赛峰起落架大修等一批项目尽快开工。在双创方面，进一步放宽社会资本准入领域，出台有含金量的扶持政策，全面激活市场“双创”主体。

3.抓配套提品质，强化大西安新中心城市功能

加快打通连接西安、咸阳主城区的“五路四桥”关键节点，实施城市环境景观综合提升行动，重点推进海绵城市、综合管廊、优美小镇、都市农业和公交、供水等25项城市建设工作。与西安交大协商组建教育产业集团，合作建设新区中小学教育体系，加快交大二附院、交大口腔医院和陕西中医药大学西咸新区附属医院等建设，打造高品质的城市服务配套。

4.抓改革优服务，打造一流投资环境

做好涉企服务工作，集中设立新区与各新城办事服务机构，实现两级管委会的服务事项在一个大厅办结。研究制定新区的权力清单、责任清单和负面清单。落实“首问负责制”“限时办结制”和“超时默认制”，进一步提升政务服务水平。

5.继续扩大有效投资

鼓励和引导民间资本积极参与新区各领域投资建设。支持民营资本投资项目申请中、省政策支持，申报中、省预算内资金及专项建设基金支持，发挥政策性投资“四两拨千斤”的引领示范效应，不断优化西咸新区投资来源结构。

6.加强政策落实力度

加大落实陕西省委省政府出台的《陕西省扩大有效投资考核奖惩办法》《关于工业稳增长促投资21条措施》《促进民间投资健康发展的若干意见》等文件，促进工业投资、民间投资加快发展，确保在建项目实施进度和资金到位率，未开工项目尽快落地建设，保证项目投资的连续性，为促进工业增长，扩大有效投资等奠定坚实基础。

八、贵州贵安新区

图 2.8 贵州贵安新区田园新农村

（一）2016 年发展成效

1. 开发建设取得实效，实现“十三五”良好开局

2016年贵州贵安新区完成地区生产总值245.3亿元，同比增长26.2%（其中直管区全年完成地区生产总值113.2亿元，同比增长33.1%）；全社会固定资产投资750亿元，同比增长21.9%（其中直管区全社会固定资产投资615亿元，同比增长50%）；直管区财政总收入17.85亿元，同比增长101.3%（其中一般公共预算收入12.56亿元，同比增长89.7%；一般公共预算支出22.86亿元，同比增长27.8%）；直管区城镇、农村居民人均可支

配收入分别为25317元、11327元，同比分别增长10%、15%。

2.大力发展现代产业，初步实现高端化起步

推进大数据战略行动，华为云数据中心、三大运营商数据中心等一批引领性、标志性项目快速落地，累计注册相关企业400多家，大数据产业规模总量超250亿元，实现了快速发展、高质增长。推进大数据应用，大力探索“大数据+服务贸易”新业态，积极推进“互联网+政务”，在环保、旅游、地下空间、服务民生等方面建成云管理平台，率先建成全国首批云社区。打造高端产业发展强劲引擎，以高端装备制造产业园为核心，重点发展航空航天产业、智能装备制造、汽车零部件制造、环保设备及医疗器械制造等产业，华为、微软、IBM、华强方特、现代、百度、腾讯、五龙汽车等知名企业落户新区。围绕全域开发做实做强文旅产业，打造全域全景乡村旅游业态和山地旅游品牌，加快打造以屯堡历史文化及特色民俗民间文化等为代表的文化产业。

3.坚持强功能完善城市配套，人气商气加速聚集

新建续建城市道路总长近180公里、总投资300多亿元，启动建设与周边城市连接的加密路网和轨道交通，启动地下综合管廊建设。全面启动贵安高铁站、贵安中心、市民中心、总部基地、绿色金融港等重大项目，贵安云谷综合体、影视城等功能性设施一批高端服务设施投入使用。大力推进国家双创示范基地建设，探索“大学城+大学生+大数据+大创意”发展模式，助推花溪大学城向现代化城市转型升级，全力打造大学城产城整合样板工程，投资近18亿元的贵安数字经济产业园项目有序推进。

4.坚持抓招商深化交流合作，开放步伐明显加快

探索“核心+配套”“资本+股权”“基金+项目”“项目+总部”“政策+项目”等5种招商引资新模式，全年引进项目128个，招商引资实际到位资金207亿元，实际利用外资2.9亿美元。复制推广上海自贸区经

验，基本建成投资项目审批、企业设立注册两个“单一”窗口，新瑞安、纽戴尔、天津东丽精准医疗等28家企业入驻综保区。获批国家服务贸易创新发展试点，围绕落实八项试点任务加快打造5大服务贸易产业集聚区和20个服务贸易特色基地。成功举办世界酒店与旅游教育论坛、绿色数据中心论坛、虚拟现实峰会、民博会、跨境投资与贸易洽谈会等重大开放活动。

（二）体制机制创新进展

1.加快统筹发展步伐，开拓城乡融合新道路

科学规划城乡发展空间，初步建立“多规融合”的规划体系。健全城乡一体化保障机制，率先普及15年免费教育，实施升学奖励，城乡居民医疗、养老和最低生活保障制度全面并轨，深入推进征收安置工作，确保直管区无线网络全覆盖。探索“美丽乡村”新路径，实施美丽乡村建设“六大工程”，探索“美丽乡村+N”的发展新路径，建设宜居、宜业、宜游的新型美丽乡村，20个升级版美丽乡村示范点建设加快推进。落实大扶贫战略，积极探索大数据精准扶贫模式，实现村集体经济和贫困户高标准脱贫的“双提升”，全面推进“资源变股权、资金变股金”的征收安置模式，大力实施“小康六项行动”探索出“村+村，户+户，党支部来引路”的扶贫新路。

2.突出生态文明理念，加快海绵城市建设

严格实施生态文明建设“1+9”等系列制度，建立完善河长制考评体系，深入实施“五区八廊百园”“十河百湖千塘”工程和“绿色贵安三年会战”，打造城市道路绿廊，全面淘汰燃煤锅炉。围绕“打造山地海绵城市规划建设贵安样本”的目标，编制完成海绵城市总体规划和中心区海绵城市建设专项规划，将海绵城市建设内容纳入项目基本建设管控流程。抢

抓项目建设，全力推进海绵型建筑与小区建设、海绵型道路与广场建设、城市排水防涝设施的达标建设，全力推进海绵型公园和绿地建设，加强对坑塘、河湖、湿地等水体的保护，加强河道系统整治，建立贵安新区海绵城市监测系统及信息化综合管理平台。建立成绩管理体系，自上而下组成管委会层面、中心区层面、落实层面、实施层面的四级建设管控体系，各管控主体按各自职责，共同推进贵安新区海绵城市试点建设。

3.坚持提高政务服务水平，优化创新发展环境

完善专家咨询、风险评估、集体决策等重大行政决策机制，制定一批政府权力清单、责任清单。全面推进“互联网+政务服务”，率先实施“一号申请、一窗受理、一网通办”政务服务改革试点，公共资源交易项目全部集中公共平台交易。突出“一降一补”积极推进供给侧结构性改革，在全国率先推进配售电侧改革试点。率先开展国家相对集中行政许可权试点，走出“一章审批、一网审管、一单规范”改革新路，审批集中率达95%，审批提速80%，并将行政许可精简为94项，率先探索“六个一批”证照分离改革新模式。推进开投公司向投、融、建、产、管、运“六位一体”城市综合开发运营商发展。获批国家首批双创示范基地，集中建设贵安云谷、电商科创园等孵化基地，实施培育企业上市“春雷行动计划”。

（三）2017年工作展望

1.突出“三城联动”，推动城市尽快出形象

加快建设大学城，建成中影贵安国际影视城、贵州医科大学大学城医院提升工程等项目，基本完成大数据小镇、知行创客新天地主体工程，推进贵州理工学院等四所高校建设。加快建设生态城，提高中心区集聚度和承载力，建成市民中心、同济医院等项目，加快贵安高铁枢纽站、规划与

建筑艺术馆、贵安中心、国际会议会展中心、企业总部基地等一批功能性项目，开工建设中央商务区、体育公园、体育小镇，推进高铁站前广场、地下环路等配套设施建设。加快建设产业城，坚持以产带城、以城促产、产城融合，加快完善综保区（电子园）、高端装备园基础设施，建成贵安云谷、富贵安康小镇及商业综合体、高端装备制造产业园南部公租房、贵州电子科技职业学院、外国语实验学校等一批配套服务项目，大力推进新建标准厂房建设。强力推进生态文明示范区建设，着力实施“十河百湖千塘”生态景观工程，加强公园体系建设，深入实施生态文明“1+9”制度措施。

2.聚焦“五大产业”，推动产业跃上新台阶

大数据电子信息产业方面，制定完善政策措施，加快建设数据中心基地和集成电路产业园、数字经济产业园、大数据孵化园、智能端产品产业园、大数据综保区、贵安云谷等大数据园区，围绕构建“研发+孵化+制造+融合+平台+应用”形成闭合的产业生态圈。加快发展高端装备制造产业、大健康医药产业、大生态文化旅游产业，加快新能源高科技产业园、新能源汽车零部件配套产业园、生物科技产业城等项目落地实施，推动宁方、骏驰黔江等项目投产达产，基本建成樱花风景区一期、方特主题乐园一期、民博城等旅游示范项目。现代服务业方面，建成绿色金融港一期、建材城、汽车城等项目，引导总部经济集聚，确保全年服务业增加值占GDP比重比2016年提高3个百分点以上，社会消费品零售总额同比增长40%以上。

3.推动招商引资大突破，着力扩大有效投资

坚持高端、外资、质效、产业链四大导向，聚焦新区五大主导产业，主攻国内外上市公司和成长性好的新兴产业项目。推进招商合同审查和优惠政策兑现分级决策，建立招商引资和产业统筹联席会议制度。实施“百

企千户”服务贸易企业引进培育计划，大力引进服务贸易企业。强化投资抓手，瞄准国家稳增长、调结构、惠民生政策“工具箱”，积极谋划储备项目，建好新区项目库，切实提高项目建设效率。在完善交通、通讯等基础设施建设的同时，加强用地、用水、用电等各项保障，确保投资落得下、用得好、有成效。

4.推进供给侧结构性改革，提升创新驱动发展能力

全面深入供给侧机构性改革，细化落实“降成本”重点任务。以信息化培育作为新动能，用新动能推动新发展，做大做强数字经济。加快推进国有企业转型升级，突出主业、做强主业，做优资产，完善资产管理机制，加快政府投资项目“投转固”，支持企业不断壮大资产，实现可持续发展。强化企业创新主体地位和主导作用，实施创新型企业培育计划，完善科技企业孵化育成体系，加快设立双创示范基地建设专项资金、创业投资引导基金，引导企业加大创新投入。

5.着力深化关键性领域改革，增强内生发展动力

精准有效地实施财政金融政策，制定财源存量挖潜清单和新增税源清单，探索构建有利于稳健发展的财税收入体系，加强财政监管和财政风险防控。深化放管服改革、行政管理体制改革、大部制改革，优化整合部门职能，不断提高政务服务水平。着力推进农村“三变”改革，全面完成土地确权，积极探索“两权”抵押试点。创新服务贸易监管机制，推行负面清单、准许清单、监管清单“三单”管理模式。建设贵州国际贸易运营中心，加强与“一带一路”沿线节点城市运输合作。深化投融资体制改革，大力推广应用PPP模式，引导社会资本投向基础设施建设。

九、青岛西海岸新区

图 2.9 青岛西海岸新区城市风貌

（一）2016年发展成效

1.经济社会发展保持良好势头

全年完成地区生产总值2871亿元，增长12.3%；三次产业比由上年的2.4∶48.1∶49.5优化为2.2∶45.4∶52.4；完成固定资产投资2008.6亿元，增长17.2%；实现社会消费品零售总额533.4亿元，增长11.9%；完成公共财政预算收入223.3亿元，增长11.3%；实现进出口总额1337.7亿元，增长7.8%；实现居民人均可支配收入36428元，增长8.8%；港口货物、集装箱吞吐量分别达5亿吨和1810万标箱，服务外包离岸执行额、在岸执行额分别实现7亿美元和1亿美元。

2.海洋经济发展势头强劲

深入实施“海洋+”行动计划，制定实施产业发展十大政策，总投资3300亿元的200余个海洋经济项目加快推进，海洋基因库等一批蓝色高端项目落户，以海洋经济为引领的产业体系逐步完善。围绕海洋科技自主创新领航区建设，加快引进高端涉海研发机构，推行“持股孵化”等新型孵化模式，创新科技金融合作方式，推行新的科技创新计划，加速科技成果产业化，实施科技创新券试点。率先探索海水淡化体制机制创新经验，建立海淡水规划统筹机制运营调度机制、长效快速反应机制，探索建立海水淡化工业循环供水模式，积极构建海水淡化产业“研发+中试+创新公共服务”的创新研发体系，加强产学研合作，创新融资海水淡化项目的PPP模式，完善海水淡化标准体系。

3.特色小镇建设实效显著

通过特色小镇建设平台公司投资16余亿元，撬动社会资本200多亿元，为12个特色小镇新引进项目200多个。在特色小镇建设过程中，注重农民就业和生产方式的引导，发放创业贷款贴息资金4万元，实现政策性扶持创业数千人，农民户均增收超万元，城镇部分土地增值翻番。

4.开放发展创造新局面

积极搭建高端国际节会平台，东亚海洋合作平台永久性会址落户，成功举办首届东亚海洋合作平台黄岛论坛，建立了推进东亚海洋合作、工商合作、港口合作的长效机制。成功举办了全球大数据应用与研究峰会、世界海洋大会、海洋国际高峰论坛、国际基因科技高峰会议等高端会议。加快金融改革，推动驻区银行机构开展中韩货币互换项下韩元贸易融资试点，开展国开行开发性金融试点，发展蓝色金融，重点投向海洋经济发展重点产业和项目。发起成立了东亚港口联盟，与10个国内外港口开展务实合作，打造“一带一路”双向开放枢纽港。董家口港建成世界最大矿船码头，顺利获批国家一类开放口岸。

（二）体制机制创新进展

1.军民融合发展取得较大突破

古镇口军民融合创新示范区累计完成基础设施投资200余亿元，建设了军民融合装备技术保障、军地人才培养、军民科教产业发展、军队社会化保障“四大中心”。规划建设了军民融合产业研发集聚区和军民融合科教发展集聚区，大批涉军涉海项目迅速集聚形成规模，已引进哈工程青岛船舶科技园、海洋资源勘探研究院等120个军民融合项目，总投资过千亿元。成功举办军民融合高端论坛。率先探索创立“军地议事”工作机制，新区与驻港部队共同建立了军地双方共同参与、协商议事的联席会议制度。

2.创新发展活力十足

推行“五证合一、一照一码”、电子营业执照等试点。深入实施创新驱动战略，出台创新创业十条政策，全区重点实验室、工程技术研究中心等各类研发机构达到300多家，全区发明专利申请量和授权量保持全省首位，高新技术产业产值占全市的三分之一，新增孵化器和众创空间23家、其中国家级7家，在孵企业超过1000家、入驻创客团队超4000人。加大高等院校和高端人才的引进力度，复旦大学青岛研究院、中国科学院海洋学院、哈尔滨工程大学青岛校区等6所高校先后签约入驻建设，获批国家引进国外智力示范区。

3.供给侧改革深入推进

开展降低实体经济企业成本行动计划，出台降成本政策，破除制约民营经济发展的准入难、用地难、融资难等突出问题。加强行政审批标准化建设，全面落实营改增、阶段性降低“五险一金”等政策措施，健全完善社会诚信体系。深化投融资体制改革，综合运用PPP、组合融资、基金投资等多种方式进行基础设施融资。深入推进农村改革试验区建设，164个村居完成农村集体产权股份合作制改制，725个村居启动改制。

4.发展环境持续优化

加强生态环境整治，投资100亿元开展蓝色海湾整治行动，在海岸线上实施“拆违建、清岸线、调项目、修慢道、植绿化、保文化”六大任务，打造碧海蓝天最美海湾。加强精准民生服务，实施了公共卫生服务中心、社会福利中心扩建、体育馆改造等工程，加快中小学、幼儿园建设。启动分级诊疗试点。创新推行“扶贫专项资金购置经营商业资产”“大功能区+薄弱镇”等多种模式，全面推进城乡精准脱贫工程。

（三）2017年工作展望

1.坚持投资拉动，增强经济发展动力

发挥项目拉动作用，集中推进200个重点项目建设，年内确保全部开工，实现竣工投产项目80个以上，完成投资700亿元以上。继续推进27个百亿级项目及新引进的高等院校、医疗卫生项目建设，力促尽快开工建设、尽早竣工投产。加大政府投资力度，实施好总投资360亿元的区财力投资建设项目，推动新区水、电、路、气等市政设施和管网配套建设，年内累计完成基础设施配套投资100亿元以上。创新投融资体制，发挥政府投资引导资金作用，采用PPP、专项基金等融资模式，吸引社会资本参与新区建设，年内重点推进PPP项目4个。积极落实国家、省、市出台的促进民间投资政策，力促民间投资稳定增长。

2. 坚持提质增效，促进经济稳增快转

加快发展海洋特色产业和海洋特色产业园区建设，推动一批蓝色经济项目建设，年内海洋生产总值占比提高1个百分点以上。推进海水淡化产业发展，完善海水淡化产业发展专项规划，在海淡水价格调控机制、产水补偿机制、海水淡化输水管道、海水淡化标准体系建设等方面开展深入探索。深化服务业综合改革试点，培育董家口港口物流园区等现代服务业集聚区，推进灵山湾影视文化区、藏马山文化旅游度假区等特色功能区建设。大力发展蓝色金融、软件信息等现代服务业，推动华海证券、中储粮、中棉等总部项目落户，加快中铁世界博览城、国家航运中心等高端项目建设，年内现代服务业增加值增长15%以上。推进唐岛湾、灵山湾商圈建设，建成海上嘉年华、红树林度假等特色商业街区。加快培育战略性新兴产业，鼓励新一代信息技术、新能源汽车等新兴产业发展，创建国家大数据综合试验区，力促战略性新兴产业产值增长15%以上。

3. 坚持创新驱动，提升发展核心竞争力

培育科技型企业梯队，年内发掘培育领军企业10家以上，培育30家“瞪羚”企业。出台高新技术企业认定管理办法，年内培育100家区级高新技术企业，高新技术产业产值占比达45%以上。加快建设众创平台，推进海洋大数据等十大科技创新中心建设，加快华大海洋基因库等重大项目建设，年内推动哈工程青岛科技园等10个项目投产运营，优化提升3个国家级高新技术产业化基地和国际科技合作基地，规划建设传感器、石墨烯、机器人3个新兴产业园区和科技创新中心。加快“中国国际人才市场青岛分市场”建设，做好海洋人才创业中心工作，年内引进各类人才2万名以上。

4. 坚持开放发展，持续扩大发展优势

加大招商引资力度突出抓好定向招商、产业链招商、以商招商。推进

国际合作交流，高标准举办东亚海洋合作平台黄岛论坛、全球大数据论坛等国际活动，积极申办国际海事防务展。支持赛轮、海信等优势企业到“一带一路”沿线国家和友好城市开展产能合作，培育境外产业集聚区。依托外贸发展基金，提高出口商品的技术含量和科技附加值，年内高新技术出口占比提高5个百分点。加快建设青岛跨境电子商务产业园、国际海运快件中心，引进跨境电子商务企业，推进保税物流中心（B型）申报及建设。

5.坚持深化改革，推动体制机制创新

深化审批服务改革，建立区级行政审批中介超市，开展建设项目区域化评估评审；完善“双随机、一公开”监管机制，探索建立部门事中事后监管信息平台。开展“一址多照”、集中注册等企业住所登记制度改革和企业简易注销试点，探索推进注册登记全程电子化。落实国家税费减免政策，实行企业经营服务性收费目录清单管理制度。深化军民融合体制机制创新，完善融合发展政策机制。力争尽快获批国家级军民融合创新示范区，推进产业融合、科技融合、人才融合、保障融合，加快基础设施配套建设。推广工业用地弹性出让机制，做好房价稳控工作。优化科技资金管理办法，推广实施科技创新券试点。完善社会信用体系建设，健全联合惩戒机制。深入推进全国农村改革试验区建设，探索建立农村土地“三权分置”运行机制。

6.坚持统筹协调，加快建设美丽新区

深化“多规合一”试点，优化“主城区—特色城市组群—特色小镇”新型城镇化格局，科学划定城市开发边界，稳步推进老城区有机更新。加快特色小镇建设步伐，完善提升特色小镇品质，力促泊里、海青等6个镇列入省级特色小镇，建成20个美丽乡村示范村、180个美丽乡村达标村。加快国家智慧城市建设，开展新型智慧城市标准体系评价，推进公共服务

智慧应用。加强生态建设，推广“绿强度”指标体系，探索开展碳排放权交易试点。健全生态文明绩效评价考核和责任追究办法，完善多元化生态补偿机制，创建国家级生态文明试验区。开展环境整治集中行动，推进蓝色海湾治理，启动海岸线慢行系统及景观建设。

十、大连金普新区

图 2.10 大连金普新区英特尔工厂

（一）2016年发展成效

2016年大连金普新区实现地区生产总值2177亿元，增长6.3%；公共财政预算收入132亿元，增长16.9%；固定资产投资413亿元；实际利用外资9.175亿美元；实际利用内资430亿元；出口总额128.8亿美元，下降4.7%；社会消费品零售总额643亿元，增长10%；城区城镇常住居民可支配收入增长5.6%；万元生产总值能耗降低3.52%。

1.重点政策全面落实

积极推进跨境电商综合试验区暨经贸合作区建设，引进阿里巴巴、韩国EBAY等800多家企业登记注册，注册资本60亿元。沈大国家自主创新示范区完成“1+6”科技创新政策，即《金普新区促进科技创新的若干措施》，以及《金普新区加强孵化平台建设推进大众创新创业实施办法》等6个配套文件，“金普云创”服务平台投入运行。构建开放型经济新体制综合试点试验，开通一站式通关服务，实现东北地区海关“六关如一关”，在东北率先启动“政银合作”新模式。深入推进自由贸易试验，全面复制推广上海自贸区经验和商务部8个最佳实践案例。

2.产业结构持续优化

新兴产业逐步壮大。生物医药、电子信息、集成电路、新能源及储能装备等产业快速成长。成立了保税港跨境电商产业园、双D港跨境电商产业园、普湾跨境电商产业园、临空港跨境电商产业园，跨境电子商务方兴未艾。现代服务业快速成长。加快建设金石滩国家旅游度假区、金渤海岸服务业发展区、小窑湾国际商务区和渔业加工园区4个服务业集聚区；规划建设金州古城文化产业示范区、博物馆群等项目，引进辽宁出版集团等知名企业。

3.城乡统筹扎实推进

编制完成以主体功能区和三大空间为基础的《“多规合一”空间发展战略规划》和《大连金普新区发展规划》等。《城市总体规划》编制工作基本完成，实现新区一个空间统一规划、统筹考虑、协调发展的目标。完成省市规划纲要年度执行监测评估工作。投资近300亿元的大连湾跨海交通工程开工条件基本完备。继续加强大气治理，全年城市空气质量优良比率达到82.3%，比上年提高9.4个百分点。完成植树144万株，荒山造林5000亩，全区林木绿化率达到36%。

4.社会事业不断改善

惠民工程全面实施。总投资2.4亿元的22个“惠民实事”重点惠民项目基本完工。开展30余场区级文化惠民活动、276场街村（社区）级活动。社会保障事业稳步推进。完成了20个职种4160人的职业技能培训。全区实现实名制就业15517人，创业就业4184人，其中稳定就业率85%，全区城镇登记失业率控制在2.83%以内。

（二）体制机制创新进展

1.深化管理体制改革

新区管理体制改革圆满结束。建立大部制、扁平化，实现综合、精简、高效。新区设6个党工委部门、15个管委会部门，7个功能区，其中正局级功能区4个、副局级功能区3个。相对于原金州新区，新区管委会机构数量和人员编制分别减少30%以上。实施“双向选择”，实现干部资源的高效配置。完善运行机制，实现新区、功能区和街道配合有力运转协调。制定实施《金普新区行政管理运行机制的指导意见》，按照统分结合、联动发展的原则，建立了“新区统领，功能区和街道各有侧重、互为补充、运转协调”的管理运行机制。

2.探索综合执法体制改革

在充分借鉴上海、深圳等先进城市管理经验的基础上，将多个行政部门的执法事项向综合执法局集中，进而向街道下沉；率先把城市管理的8方面执法职能下放到街道行政执法大队，撤销局直属专业大队，执法人员全部下放到街道行政执法大队，实现“一个平台、一支队伍”的城市管理执法新体制。搭建全区各街道行政执法大队框架，街道办事处在其工作人员范围内调剂人员，充实街道行政执法机构力量。

3.推进行政审批制度改革

针对建设施工项目，推出“建设项目安全设施、职业卫生‘三同时’工作联络单”制度，将建设项目取得施工许可的时间从至少3个月压缩至3个工作日。正式上线“金普新区行政服务”微信公众账号，进驻357项行政审批服务事项信息，其中企业项目核准批复的延期、粮食收购许可、从事出版物零售业务的许可等12个审批事项可实现微信办理。外商投资审批从开发区扩展到全域覆盖。

4.优化大众创业、万众创新环境

编制完成《大连金普新区沈大国家自主创新示范区建设方案2016—2020》。出台《关于推进大众创业万众创新的行动方案》《关于加强孵化平台建设推进大众创新创业的暂行办法》《关于促进科技创新的若干措施（试行）》《众创空间备案工作指引》《科技创业导师管理办法》等系列政策。加快国家自主创新示范区建设，制定实施《金普新区沈大国家自主创新示范区建设实施方案（2016—2020）》，完成1+9科技创新政策，全区现有各类研发机构295个，新建、在建及意向建设的众创空间等新型孵化器32家，与多家高校签署了合作协议，加快推进协同创新平台建设。

（三）2017年工作展望

1.落实东北振兴战略和重点政策

深入落实东北振兴战略。加快推进自贸试验区建设。创新管理体制，完善政策体系，建立企业注册、国际贸易、项目审批等“单一窗口”，构筑对外贸易以保税区为重点，金融服务业以小窑湾为重点，先进制造业以双D港为重点的自贸区建设格局。全面完成构建开放型经济新体制综合试

点试验任务。全面完成102项试点任务。在创新外商投资管理体制、促进“走出去”战略新体制、外贸可持续发展新机制、贸易便利化新体制等方面形成可复制可推广的经验。探索企业投资项目承诺制试点。加快推进国家自主创新示范区建设。

2.继续深化改革

深化管理体制改革。进一步理顺新区、功能区、街道之间的权责关系，启动保税区管理体制改革，建立与新区发展相适应的管理体制和运行机制。推动供给侧结构性改革。做好“加减乘除”，推进“三去一降一补”。重点做好“去库存”“降成本”“补短板”三篇文章。深化行政审批制度改革。加大放、管、服力度，推进“双随机、一公开”监管工作，优化财政投资项目审批细则，完善事中事后监管制度，做好审批和监管有效联动。深化综合执法体制改革。构建权责明晰、服务为先、管理优化、执法规范、安全有序的基层综合执法体系，实现基层综合执法工作“一支队伍管执法”。

3.加大招商引资

全员招商全年招商。扩大与异地商会合作，发挥设立在上海及境外4个经贸合作工作站的作用，借水行舟、借力招商。跟踪重点项目，确保项目签约落地、开工投产。对重点在谈项目，持之以恒做好工作。服务续建项目，确保复工率100%。全年利用外资10亿美元。

4.推进产业转型

发展“四新经济”。大力培育创新型企业、高新技术企业，抓好创新平台建设、高层次人才引进和科技金融服务，完善制度支撑、政策扶持的生态环境，让“新技术、新业态、新产业、新商业模式”在新区蔚然成风。出台《特色小镇创建指导意见》，分类指导推进冠军小镇、航天小镇、干细胞生命科技小镇、足球小镇等特色小镇创建工作。巩固提升石油化工、装备制造、电子信息、汽车及零部件等千亿级传统优势产业集群。引导传统优势产业与信息化融合发展。做好大黑山风景区的保护和开发。

5.提升城市功能

加快“多规合一”工作。统筹各类规划编制，加快形成统一衔接、功能互补、定位清晰的新区规划体系。创新规划编制体制机制，积极开展“多规合一”工作。建立规划实施的监测评估制度，确保各类规划的落实质量。完善基础设施建设。完善审批手续，加快项目融资，大连湾跨海交通工程主体工程年内全面开工。实施“智慧金普”工程，加强信息技术在教育、医疗、交通、旅游、城市管理等领域的推广应用。持续改善生态环境。实施“蓝天、碧水、城美、环境安全、生态文化提升”五大工程。

6.办好民生事业

加大民生投入。高质量完成15个惠民实事项目。完成3000套棚改任务。实施“暖房子”工程。发展社会事业。加快建设大连职业教育基地，启动“金普乡村学校提升计划”，促进基础教育均衡优质发展。完善社会保障。做好2017年城乡低保提标工作，确保保障资金按照新的低保标准及时足额发放到位。密切关注因病、因灾或丧失劳动能力可能形成的新贫困群体，及时帮助其解决生活困难，做到应保必保、应保尽保。

十一、四川天府新区

图 2.11　四川天府新区产学研协同创新基地——新津轨道产业园

（一）2016年发展成效

2016年新区实现地区生产总值1966.1亿元、增长8.3%，完成固定资产投资1615.1亿元、增长16.1%，实现社会消费品零售总额462.5亿元、增长10.3%，实现规模以上工业总产值3458.1亿元、增长10%。

1.科学规划引领发展，功能平台加速建设

四川天府新区新一轮总体规划评估修编全面启动，环境保护总体规划形成初稿，“十三五”经济社会发展规划形成基本思路；分区规划、重点

功能区规划以及重点区域城市设计逐步细化完善，眉山片区控制性详细规划、“两湖一山”国际旅游文化功能区规划编制完成，成都科学城起步区城市设计、核心区南部功能区规划优化完善，天府国际生物城、成都科学城拓展区规划加快编制。产业布局加速由分散向功能区集聚转变，西区产业园、国际合作区启动建设，新筑轨道交通产业园、新兴工业园加快建设，天府商务区、“两湖一山”国际旅游文化功能区等形成承载能力；新川创新科技园获批西部首个国家级侨商产业聚集区和华侨华人创新基地。

2.立足高端支撑发展，新旧动能加速转换

全面摸清主导产业发展现状，初步确定以智能制造为核心的“1+8”先进制造业体系和以文化创意为核心的“1+7”现代服务业体系的产业定位和主攻方向，谋划推动产业结构向高端质变。以汽车制造和电子信息为主导的现代制造业基地基本建成，全全年整车产量突破110万辆，实现产值1489.4亿元，同比增长17.2%；电子信息产业产值突破500亿元、同比增长18.7%，轨道交通、高端装备制造产业提速发展，生物医药、新能源、新材料等产业集群培育壮大，规模以上工业企业数601家、产值达3458.1亿元、增长10%。以现代物流、科技和信息服务、商务会展、金融等高端服务业集群初步建成，规模以上服务业企业达310家、营业收入达528.1亿元、增长23.2%，成为拉动新区经济增长新引擎。

3.聚焦合作开放发展，招商实效加速提升

中德、中法、中韩三大国别合作平台稳步推进，四川天府新区海关开关运行。按照区域功能定位和主导产业方向，分类制订招商策略，开展专业精准招商，与意大利、英国、法国等驻华领事馆和国际知名咨询机构建立互动合作机制，开展天府新区“意大利专场推介会议”“意大利产业优势论坛”等专题招商活动100余次，促成意大利翁布里亚爵士音乐节、意大利科学城、中国大数据智慧城市产业创新联盟落户新区，新引进世界

500强甲骨文技术人才创新创业基地、中国信息产业集团天府新区物流园和微软云加速基地、德国库卡工业机器人等重大项目64个，全年到位省外内资623.47亿元、增长19.4%，实际利用外资10.49亿美元、增长7.9%。

4.突破关键驱动发展，“双创”活力加速激发

制定系统推进全面创新改革试验实施方案，构建形成“1+7+37”全创工作体系。成功举办天府新区银企对接会，5家企业与银行成功对接并达成30.5亿元授信总额。天府创新中心和天府菁蓉大厦升级为国家级科技企业孵化器，天府国际基金小镇正式开镇，国家软件与集成电路公共服务平台、核动力产业基地启动运营，国家技术转移（西南）中心、海外人才离岸创新创业基地落户新区，2个诺贝尔奖团队、1个两院院士团队、4个国家千人计划团队、400余家创新创业孵化企业、350余家创投机构入驻新区。

5.打造核心带动发展，城市雏形加速形成

立足创建国家科学中心和国家技术创新中心，制定成都科学城73平方公里发展总体规划，环湖布局科学研究及应用转化、信息网络、生物医药、创意设计、军民融合、中德合作六大产业组团，“一环两轴多线”路网体系逐步形成，天府菁蓉中心A、B区建成投用，新引进北航西部国际创新港等校院地合作项目10个，诺基亚全球技术研发中心、亚信网络安全产业技术研究院等15家科技研发企业正式入驻；出台促进高校科研成果转化支持政策，中科院成都科学研究中心全面动工，与西南交通大学合作共建轨道交通国家实验区。

（二）体制机制创新进展

1.创新政校（院）企深度合作机制，推进产学研用协同创新

四川天府新区着力推动政校（院）企加强合作，运用市场化机制，为

科技成果转化提供物业、技术、资本、人才、管理、市场等全方位服务。成都直管区，清华大学、电网公司、供能企业等，政校（院）企强强联手，共建我国首个能源互联网国家示范区，在技术攻关、运营模式和体制机制等方面做了很多有益探索，为“互联网+智慧能源”建设提供借鉴和参考。新津与四川大学合作共建先进高分子材料中试孵化基地，使科技成果就地转化水平成倍提高。

2.创新军民融合机制，促进军民融合产业集约化、集群化发展

以建设军地产业融合示范园区为载体，推动军地资源深度融合，集约、集群发展。龙泉驿片区加快建设兵装工业园和四川航天军民融合产业示范园，以兵装集团、航天七院为依托，加快构建“一只基金、两个园区、N个产业”的“1+2+N”军民融合产业集群，创建军民兼顾国家重点实验室、产学研联盟等协同平台，鼓励航天恒星、航天模塑研发中心等一批重大军民融合产业项目向园区聚集。成都直管区规划建设军民融合产业园，瞄准信息安全、激光、新材料等产业，新引进新纶科技、中核汇能等一批军民融合项目，共享资源，共谋发展。

3.创新开放合作机制，提升新区产业发展水平

大力实施“走出去、引进来”开放合作战略，打造全方位、多领域、高层次对外开放合作新格局。中意创意文化产业园、法国勒芒赛事、21世纪福克斯主题公园等项目已进入实质性谈判。着力实施精准招商，按照区域功能定位和主导产业方向，分类制订招商选资策略，进行精准专业招商。注重依托国际合作平台招商，成都直管区、高新片区、龙泉驿片区等共建新川创新科技园、中韩创新创业园、中法生态园、中德创新产业园等国际合作平台。中德创新产业园采取“平台+园区”“政府+机构+企业”的合作模式推进园区建设。

4.创新要素保障机制，破除制约产业发展体制障碍

在人才引进方面，建立与国际规则接轨的高层次人才引进制度，构建国际国内高端人才综合创新基地。高新片区深入实施人才大汇聚行动，每年新引进留学回国人员、博士创业人员、外国专家等高端人才上百人。在土地管理方面，推动文化、教育、健康养老等产业用地制度改革，探索有利于新兴服务业发展的用地管理制度。直管区在万达医院的土地供给方式上作了有益尝试。在投融资方面，直管区打造的基金小镇已入驻包括深圳前海金控、纪源投资等机构53家，管理基金10只，基金规模90亿元。

（三）2017年工作展望

1.围绕建设“双创”新中心，推动全面创新改革再提速

大力推动军民融合。打通“军转民”“民参军”双向互动通道，推进军工企业和科研院所市场化改革，建设信息安全、航空航天、激光、核技术等军民融合创新平台，培育具有核心竞争力的军民融合产业集群。完善“军转民”配套政策措施，创新军用科技成果转移转化机制，建设军民融合技术创新联盟和科技创新基地。推进产学研用协同创新。实施创业天府引领工程，加快新型孵化转化载体平台建设，为科技成果转化提供全方位服务。深化投融资体制改革。筹建省级产业引导基金、创新创业基金、专项建设基金和投融资平台，构建多层次、多元化的现代投融资体系。深化土地管理制度改革。探索文化卫生养老教育等社会事业用地制度改革。

2.围绕建设开放新高地，推动深化开放合作再提速

大力开展专业精准招商。瞄准世界、国内500强和行业领军企业，开展“二重三推三进”招商活动，重点谋划引进温德克飞机、中意文化产业园、阿尔斯通等一批具有带动性和引领性的重大项目。营造优良营商环

境。借鉴上海自贸区试点经验，推进投资贸易便利化各项改革，推行事中、事后监管，营造法治化、国际化、市场化营商环境。拓展成都高新综合保税区、空港保税物流中心功能，培育对外开放新优势。深入开展对外交流合作。积极主动融入“一带一路”建设，推动与珠三角、长三角等地区合作；组织开展新区与其他国家级新区、省内经济区和城市区域合作，全方位开展国际国内交流合作，提高天府新区国际知名度和影响力。

3.围绕建设现代新都市，推动重大项目实施再提速

围绕重大基础设施、高端产业和生态环境保护项目，充实重大项目储备库。加大重大项目促建力度。建立完善量化目标任务、量化责任主体、量化时间进度“三个量化”工作机制，落实重大项目建设责任机制和跟踪督促检查机制，加快推进西区产业园、成都第二领馆区、高铁天府站等重点项目建设。开工建设吉利新能源整车、北航西部国际创新港、国电智能电网研发中心等一批事关新区长远发展的重大项目。

4.围绕建设经济新引擎，推动产业动能转换再提速

大力发展先进制造业。出台《天府新区产业发展指导目录》，实施“智能制造+”发展战略，加快发展“1+8”先进制造业产业集群。加快发展现代服务业。实施“文化创意+”发展战略，加快发展“1+7”现代服务业产业集群，重点抓好现代物流、文化创意、科技研发、科技服务等生产性服务业示范引领项目实施，推动高端软件和信息服务业向移动化、云端化、智能化方向发展。积极发展休闲度假旅游和现代都市农业。实施“观光体验+”发展战略，依托“两湖一山”等旅游资源，发展观光体验+蔬菜、水果、花卉、农产品深加工、设施农业等现代都市农业。

5.围绕建设一体新格局，推动运行机制改革再提速

聚焦最紧迫、有影响、可实现的重大举措，加快形成职责明晰、积极

作为、协调有力、长效管用的运行体系。协调推动落实“新区事新区办”，建立规划管理、重大项目、投资促进等协调机制，重点打通眉山片区与成都片区断头路，解决电话区号统一但资费不同、开通城市公交等问题。出台《关于四川天府新区行政管理事项的决定》，明确行政主体资格和经济管理权限，赋予新区在行政审批、行政处罚、行政强制等方面合法主体职能。加强重点工作督促检查，确保各项决策部署和政策措施落到实处。统筹好成都片区与眉山片区、成都片区间各区域的关系，解决管理体制碎片化问题。

十二、湖南湘江新区

图 2.12　湖南湘江新区领军企业中联重科

（一）2016 年发展成效

2016年湖南湘江新区实现地区生产总值1801.12亿元，同比增长11.0%；规模以上工业增加值881.15亿元，增长10.9%；固定资产投资1847.72亿元，增长19.3%；社会消费品零售总额514.61亿元,增长14.6%；地方财政收入276.41亿元，增长11.6%；高新技术产业产值3233.70亿元，增长10.9%。

1. 顶层设计基本完善，区域发展构筑新格局

坚持规划引领。完成编制《湖南湘江新区发展规划（2016—2025年）》

等2个总体规划和空间战略规划、产业发展、生态文明建设等5个专项规划，“2+5”规划体系基本形成。着力促融合、聚合力，出台《关于推进新区统筹融合发展的若干意见》。创造政策优势。湖南省委、省政府出台《关于支持湖南湘江新区加快改革发展的若干意见》，明确在省级层面实行计划单列管理、支持建立改革试点容错机制、省财政设立5亿元新区建设专项资金等17条政策举措；新区制定创新创业人才奖励扶持、支持“双创”以及高端制造业发展、建设湖南金融中心等系列优惠政策。构筑高端功能。“两走廊”的产业布局初步形成，湘江西岸现代服务业走廊由北向南规划建设月亮岛文旅新城、湖南金融中心、梅溪湖医疗健康城、洋湖总部经济区、大王山旅游度假区，促进科技研发、文化旅游、健康养生、现代金融等产业加速集聚；319国道战略性新兴产业走廊以319国道为轴线，从东向西，依托长沙高新区、宁乡经开区、望城经开区以及宁乡高新区、岳麓科技产业园等5大园区打造战略性新兴产业走廊。特别是加快建设岳麓山国家大学科技城建设，充分发挥新区高校、科研院所等科技创新资源富集的优势，致力打造具有全球影响力的大学科技城。

2. 转型升级不断加快，产业支撑增添新动力

新兴产业加快发展。抢抓汽车产业创新发展的重大机遇，开工建设智能驾驶测试场。大力发展互联网、军民融合、智能制造产业，近两年移动互联网企业年均增长100%，2016年新增1500余家，总数达3200家；聚集军民融合企业100余家，其中北斗导航应用企业60多家，占湖南省的80%；威胜集团、华曙高科成为全国智能制造试点企业。现代服务业加速发展，湖南首家民营银行三湘银行、吉祥人寿保险总部等集聚湖南金融中心，宜家购物中心、卓伯根中国总部入驻新区。招商引资成效明显。全年共引进项目160个，合同资金3000余亿元其中，100亿元以上项目4个、50亿元以上项目26个。总投资500亿元的长沙恒大童世界、300亿元的梅溪湖国际健康城恒大养生谷开工建设，200亿元的梅溪湖亿达健康科技城、

100亿元的清控科创控股公司落户新区；中信戴卡、海信电器长沙基地、海尔无线智能制造产业园等一批重大产业项目签约落地。项目建设力度加大。全年新开工项目85个，竣工项目40个，年度投资906亿元，占全市投资总额的22%。一大批项目开工建设或竣工建成。

3.“两型社会”建设成效显著，城乡品质呈现新面貌

优化城市形态。实施组团式发展，形成可持续发展的城市格局。划定基本生态控制线，建设沿“江、河、湖、山、路”生态廊道，明确禁止开发区域、限制开发区域。加快建立“总体、片区、地段、地块”四个层面的城市设计体系。提升承载功能。湘江新区综合交通枢纽、地铁2号线西延线等重大交通项目竣工建成；潭州大道等骨干道路竣工建成，“八纵八横”骨干路网基本成型，着力形成“大交通、大枢纽”交通格局。建设长郡滨江中学、雅礼梅溪湖中学等中小学校13所。改善人居环境。海绵城市、绿色城市、智慧城市、地下综合管廊等试点顺利推进，梅溪湖国际新城获联合国全球人居环境奖、洋湖生态新城获中国人居环境范例奖。绿色建筑累计面积1550万平方米，新增绿地120万平方米，完成靳江河和龙王港等河流污水管网改造35公里。

（二）体制机制创新进展

1.推进供给侧结构性改革，促进新区经济平稳发展

积极推进去产能、去库存、去杠杆、降成本、补短板综合施策。出台《促进高端制造业发展政策意见》，通过积极拓展海外市场、国际产能合作和优化改进产品结构。编制《湖南省金融中心专项规划》，出台支持政策，调整完善控规和土地规划，新引进三湘银行、长沙银行、吉祥人寿等金融机构，促进金融要素的集聚，构建金融全业态。设立城市发展基金、产业发展基金、重大战略项目基金，通过直投、成立子基金、跟投等方式撬动

社会资本，支持湘江新区产业发展。

2.深化管理体制改革，优化新区发展服务环境

新区党工委、管委会主要职责、内设机构和人员编制“三定”方案正式获批，配齐配强了新区领导班子和部局（中心）主要负责人，采取干部轮岗交流、竞争性上岗相结合的方式，调整配备了新区干部队伍。实现行政审批服务一个窗口对外和一站式集中办理。建立和实施“权力清单、责任清单、负面清单”等三张清单制度，政务服务更加规范，更具效率。组建湘江新区发展集团有限公司，将原有的湘新投公司、梅溪湖公司、市政公司通过资产评估、股权划转、注册资本金补充等形式，改革重组成为其二级子公司，并新建了湘江运营、华年文旅、水务公司、大科城公司等6家二级子公司，持续推进二级重组。推动湖南湘江新区人才引进规划（2016—2020）编制工作，出台《湖南湘江新区创新创业人才奖励扶持办法（试行）》，研究制定实施细则，促进了新区招商引资和招才引智工作。

3.加快生态文明创新步伐，构筑新区发展绿色屏障

率先在全国按照“反规划”理念编制实施发展建设规划，出台《湖南湘江新区生态文明体制改革五年实施纲要（2016—2020年）》，实现了城市规划、土地利用总体规划和环境保护规划的“多规合一”和“无缝衔接”。建设生态智慧城区，梅溪湖国际新城获批“国家绿色生态示范城区”和联合国“全球人居环境规划设计奖”，梅溪湖国际新城、洋湖生态新城、滨江商务新城三大片区获批“国家智慧城市试点”。出台《湖南湘江新区生态补偿试点方案》，针对生态工字形廊道和靳江河、龙王港流域及其支流流域两厢的涉农行政村，通过“有奖有罚”的管控措施，充分调动当地的生态保护积极性。

4.推动新型城镇化改革试点，积极探索产城融合发展机制

围绕“人到哪去、钱从哪来、地怎么管”三个核心问题，积极探索推

进新型城镇化试点改革。落实户口迁移政策，统一城乡户口登记制度，全面实施居住证制度，放宽片区范围内落户条件，改革重点片区内落户政策，加快建设和共享国家人口基础信息库，稳步推进义务教育、就业服务、基本养老、基本医疗卫生、住房保障等城镇基本公共服务覆盖全部常住人口。引进社会资本参与片区一级开发，减轻财政压力。通过特许经营、投资补助、政府购买服务等多种方式，引入社会资本片区开发建设。探索土地储备政府购买模式，构建“新区授权、土储牵头、财政协同、公司承接”的工作新机制，努力实现储备模式从土地抵押贷款向政府购买服务合同应收账款质押贷款模式转变的两个创新。创新土地利用方式改革，在差别化地价、弹性年限和“先租后让、租让结合”等方面深入探索。新区出台《土地储备政府购买服务方案》。

5.大力推进创新创业改革，激发新区经济发展活力

获批全国首批、湖南唯一的国家双创示范基地，制定了《湖南湘江新区国家大众创业万众创新示范基地建设工作方案》，出台了《关于支持双创平台建设推进大众创业万众创新的若干意见》，双创政策体系进一步健全。制定《长沙高新区建设国家自主创新示范区发展规划纲要（2016—2025年）》、长沙高新区建设国家自主创新示范区“三年行动计划”和“十件大事”。启动岳麓山国家大学科技城建设，编制总体方案，推进与中南大学、湖南大学、湖南师范大学等高校的深度合作，探索建立区校资源共享、平台共建、项目共推、环境共治的合作机制，合作建设中南大学科技园研发总部、两山一湖创意基地、智能驾驶测试场等区校合作项目。

（三）2017年工作展望

1. 突出招商招才，打造创新高地

新区发展的动力关键靠人才、靠产业，新区将把引资和引才作为“一

号工程”和“一把手工程”来抓。一是借力人才新政。以落实长沙市“人才新政22条”为抓手，吸引各类人才来新区创新创业创富，与新区结成发展共同体、奋斗共同体，使新区成为各类人才创业的“梦工厂”。二是健全招商清单。列出世界顶尖级企业及中国总部清单、主导产业全国50强清单、急需招商的基金产业项目清单、省直部门正在推进的500强军工企业300家等重点项目清单、国家实验室国家重大课题和知名研究院清单等五张招商清单。对照清单，做到上门招商、点对点、小分队和专业化招商。三是创新招商方式。利用产业链招商，加强产业链垂直整合；利用股权招商，引进风险投资者和战略投资者；利用并购重组招商，鼓励新区的龙头企业收购上下游企业；实行配套式招商，通过建好人才公寓等配套设施吸引资本和项目入驻。四是注重招商成效。强化“结果导向”，每个项目都要明确招商牵头人和园区，做到以项目落地开花结果论成败、排座位。通过招商引资推进产业高端化、智能化、集群化发展，占据价值链高端，提升市场竞争力，推进产业转型升级。五是打造创新高地。统筹推进自主创新示范区、国家双创示范基地建设，加快建设创新型园区，推动创新创意与资本紧密结合，促进科技创新成果加速转化和产业化，激发大众创业、万众创新的热情与潜力，构建支撑新区未来发展的创新体系。

2. 突出片区建设，打造融合高地

加快高新技术、高端装备、创新企业、创新品牌、创新平台等各类资源要素的集聚和融合。一是以岳麓山国家大学科技城为依托加强产学研金融合。围绕“打造全市宜居宜业的发展新城、全省知识经济的核心引擎、全国科教创新的靓丽名片”目标，加快推进中南大学研发总部、麓山南路综合整治等重点项目建设，促进校区、城区、景区、园区融合发展。大力实施品质提升和合作共创两大工程，按照“系统、融合、共赢、创新”的原则，坚持政府主导与市场运作相结合，构建“研发—孵化—产业化”的科技成果转化体系，推动高等教育、科技创新、新兴产业协同发展。二

是以国家军民融合创新示范区为依托深化军地融合。以军民融合创新研究院、技术研究中心等为载体，重点依托国防科大、湖南航天等重点院所和企业，加快构建全要素、多领域、高效益的军民深度融合发展格局。全面优化顶层设计、加强产业扶持、推动平台拓展，进一步密切与国防科大及各军工单位的对接，深化在优势产业发展、基础设施建设、科技资金统筹、人才培养等方面的务实合作。突出以军民融合带动工业和信息的融合、科技和产业的融合、军用和民用的融合。以军民融合创新研究院、技术研究中心等为载体，引进军工企业在长设立科研院、转化处和子公司，加快构建全要素、多领域，既有高端军工企业与技术入驻，又有军转民用有投资效益的军民深度融合发展格局。三是以湖南金融中心为依托推进产金融合。落实促进金融中心建设的政策，完善金融中心规划，加快引领性项目建设，大力引进大型机构和新设、新进、新型金融机构，推动基金小镇建设，将湖南金融中心打造成为具有高端品质、在全国有影响力的区域金融中心。通过金融机构、金融资源、金融产品、金融人才的引进和聚集，做实金融中心和基金小镇，畅通金融进入实体经济渠道，引导金融与产业的有机结合。四是以五大园区为依托推进产城融合。以长沙高新区、宁乡经开区、望城经开区和宁乡高新区、岳麓科技产业园为主阵地、主战场、主力军，优化产业布局，打造优质创新创业环境，通过公共服务配套设施和城市功能提升打造宜居安居环境，大力推进产业发展与城市功能协同并进，打造产城融合样板。

3. 突出改革攻坚，打造制度高地

高举改革创新旗帜，按照“坚持问题导向、对标先进典型、紧跟上级精神、结合新区实际”和“不求面面俱到，突出务实管用”的要求，推动改革创新，为推动新区转型创新发展提供良好的体制机制保障。一是创新开放合作体系。大力发展开放型经济，加强与金霞等重点开放区域的对接，努力打造大进大出、快进快出的综合交通体系；建好金桥枢纽，争取

口岸功能，把金桥枢纽打造成“一区一带”的重要平台。抓好跨境电子商务、保税贸易、供应链管理等发展，建设对外平台，力争部分重点片区纳入湖南自贸区范围，为外向型经济发展提供优质载体。二是创新要素整合机制。加快推动出台《湖南湘江新区产业用地有偿使用管理暂行办法》，在协议出让、租让结合、先租后让、弹性年限、1.5级开发等方面进行创新，探索差别化供地方式，以实现土地财政向税收财政转变，通过对产业用地全生命周期管理，实现土地管理由粗放向集约转变，确保综合效益最大化。三是创新管理模式方式。加快智慧新区建设，加快提升交通、社区、校园、水务、旅游、管理等领域的智慧化水平。要创新城市管理模式，坚持属地管理和共同投入原则，结合政府购买物业服务和城管日常执法，完善项目“建成移交”机制，实现分类分阶段高效处理。四是创新行政管理体制。积极承接44项市级经济管理权限，加快与市直部门的衔接落实，研究批后监管工作，积极构建权力清单、流程清单等；加强与相关省直部门对接汇报，力争省级经济管理权限早日落地。大力探索“放管服”、国企混合所有制改革、行政效能提升、土地利用方式、金融、规划管理知识产权服务等重点领域改革，形成更多可复制、可推广的“新区改革经验”。

4. 突出生态建设，打造品质高地

新区自然禀赋优越，生态环境良好，在新区建设开发过程中，要努力留下山、留住水，少留遗憾，真正“把城市放在大自然中，把绿水青山留给城市居民”。一是以高起点规划提品质。提升新区新城建设理念，提高产业用地比重，合理布局商住用地，留足生态用地空间，形成整体低密度、局部高效利用、景观廊道通透、天际线优美的城市形象。注重细节营造，将整体风格、气质、高度、体量、色调、植被等细节有机融合。强化城市空间秩序管理，依据《空间发展战略规划》，开展新区综合交通规划纲要研究。二是以高标准建设提品质。按照“生产空间集约高效、生活空

间宜居适度、生态空间山清水秀”的要求，坚持区域统筹、城乡一体，提升城市规划建设管理水平，促进新城建设与旧城改造联动、城市精明增长与美丽乡村建设同步、城镇发展与产业支撑协调、就业转移与人口集聚统一，促进城市管理智能化、公共服务便捷化、人居环境生态化。提升梅溪湖国际新城一期、滨江金融中心、洋湖生态新城的建设管理水平，重点推进梅溪湖国际新城二期、大王山旅游度假区、望城滨水新城建设，梯度展开宁乡沩东新城、金桥高铁枢纽建设。三是以高水平管理提品质。树立山水林田湖是一个生态共同体的理念，统筹考虑自然生态各要素，进行整体保护、系统修复、综合治理，维护生态平衡，改善生态品质。持续推进“清霾”“碧水”“净土”“静音”行动，大力实施“河长制”“路长制”“城管下乡”“垃圾分类收集”等行动，以刚性举措抓好环境保护、环境卫生等工作。

十三、南京江北新区

图 2.13　南京江北新区服务贸易集聚区（产业技术研创园）

（一）2016 年发展成效

2016年新区完成地区生产总值1839.63亿元，同比增长8.5%；一般公共预算收入208.19亿元，同比增长17.9%；全社会固定资产投资1563.31亿元，同比增长0.3%；社会消费品零售总额683.73亿元，同比增长11.1%；规模以上工业总产值3988.74亿元，同比增长1.9%。

1.抓创新发展，科创资源集聚初见成效

大力优化创新生态，制定自主创新先导区建设实施方案，出台含金量

高、针对性强的创新创业“十大举措”，在人才引进、众创空间建设、科技金融等方面加强扶持，一大批科创孵化器、众创空间迅速成长，创新型企业加速集聚，初步营造了“创新江北”优质生态系统。大力集聚高端资源，与德国IPK研究所共建中德智能制造研究合作平台，联合美国劳伦斯伯克利实验室组建“生命可持续研发中心”，与英国剑桥大学筹建剑桥大学中国（南京）科创中心，成立欧洲（南京）创意设计中心，省产业技术研究院、工信部赛迪研究院等国内高端创新平台落户新区。大力推动协同创新，联合新区十余所高校成立江北新区高校联盟，与南京大学、东南大学签订全面战略合作协议，南大高性能计算中心落户江北，南大低碳研究院即将建成运营，与东南大学共建的集成电路产业服务中心已成立运营公司，南京信息工程大学气象产业园等合作项目加快推进，与省知识产权局共建“知识产权引领创新驱动发展示范新区”，与江苏电信共建“智慧双创示范基地”，与江苏移动共建“智慧物联新区”。

2.抓产业引领，高端产业发展持续加快

积极推进产业空间布局调整，加快推动高新区、化工园、海峡两岸科工园以及浦口、六合开发区等重点园区产业转型和功能提升，促进主导产业在空间、资源等方面的有效集聚，初步构建了布局合理、特色鲜明的现代产业发展格局。聚焦主导产业，确立了“4+2”现代产业体系，即大力发展智能制造、生命健康、新材料、高端装备制造等先进制造业以及现代物流、科技服务等生产性服务业，全力培育壮大集成电路、生物医药、新能源汽车等千亿级产业集群。聚焦项目建设，坚持把项目建设作为推动产业发展的重要抓手，一期投资30亿美元的台积电12英寸晶圆厂项目正式开工，上汽新能源汽车项目即将竣工投产，省环境能源交易中心落户新区，老山生态旅游体验园、“地球之窗+X”旅游综合体等重大服务业项目加快推进。

3.抓基础先行，城市建设全面拉开框架

突出规划先行，新区总体规划完成审批，新区“十三五”规划、产业规划、环保规划等50余项重要规划以及新型城镇化试点、长江岸线利用、综合管廊等专项规划基本实现全覆盖。突出基础先行，大力推进长江五桥建设和长江大桥公路桥维修改造，宁和城际预计2017年底前具备通车条件，同时，地铁11号线一期、4号线二期、宁天城际南延等三条新线已获国家发展改革委批复，江北大道二期开工建设。突出核心区建设，启动了贯通整个核心区的青龙绿带，以及中央商务区地下空间一期等总投资约420亿元的22个重点城建项目，综合管廊一期10公里建成，横江大道、浦乌路、绿水湾路等加快建设，中心区“四横五纵”主干路网框架基本形成。突出城市功能提升，积极推进南京国际健康城建设，推动鼓楼医院、南医大综合性医院、南京一中、鼓楼幼儿园等主城名院、名校向新区布局，引进了华润万象城、红星美凯龙等一批商业项目，加快推动新区城市馆、南京美术馆新馆、新区图书馆等一批功能性项目规划建设。

（二）体制机制创新进展

1.打造最优营商环境

成立市政务服务中心江北分中心，重点面向江北区域提供7个部门38项行政审批服务；以相对集中行政许可权改革试点为契机，加快行政审批制度改革，制定改革实施方案，细化梳理行政审批权力事项清单；国家工商总局南京商标受理处在江北新区设立并正式启动运行。

2.强化关键要素保障

推进规划国土管理体制改革，理顺与“两区两园”规划、国土部门之间的职责边界，推进新区土地储备中心、规划国土发展研究中心机构

设置；以272平方公里城镇建设用地为控制目标，推动规划国土“两规融合”。创新财税体制改革，与省政府投资基金共同出资20亿元，成立省市共建江北新区发展基金；设立新区星景健康产业基金18亿元；支持浦口大江北国资集团等7家平台在银行间交易市场发行短融、中票等融资工具，拟发行额247亿元。

3.推进重大试点工程

成为全国服务贸易创新发展试点的5个新区之一，试点方案获省政府批复，促进服务贸易创新发展的“十条政策”即将出台，拟设立1亿元的服务贸易扶持资金和20亿元服务贸易产业基金。国家健康医疗大数据及产业园建设试点工作落户，各项工作正在有序推进。探索创新新区大数据管理工作机制，加快组建大数据管理中心，积极推进设立南京江北新区知识产权法庭，新区仲裁院完成挂牌。

4.推动区域开放合作

主动服务宁镇扬一体化建设，大力推进宁滁一体化发展、宁淮和宁扬同城化发展，先后赴滁州、淮安盱眙和扬州仪征对接合作，与盱眙签订区域融合发展合作协议，在产业协同、生态共建等方面均取得阶段性成效。

（三）2017年工作展望

1.全力推进自主创新先导区建设

重点推进省产业技术研究院、中德智能制造合作研究机构、剑桥大学（南京）科创中心等创新平台建设。推进江北新区科技创新资源集聚区建设，加快建设产业技术研创园。深化与省知识产权局合作，推进专利、商标、版权“三合一”综合改革试点，探索知识产权综合执法队伍建设模式。注重发挥江北高校联盟作用，深化与南京大学、东南大学等高校的战略合作，推动上海交通大学新材料工程化研究中心实体化运作，促进科技成果转化。以健全创新创业服务体系、加强金融政策支持等为重点，细化完善并实施好创新创业“十条政策”，促进众创空间、创客联盟、创业学院发展，努力让创业创新成为新区靓丽名片。

2. 全力推进新型城镇化示范区建设

优化城镇空间布局，坚持以中心区建设为重点，加快推动国际健康城建设，大力推动六合副中心城和桥林新城、龙袍新城等8个新市镇建设，高标准打造一批美丽乡村特色示范村，加快形成“中心城—副中心城—新城—新市镇”的城镇等级体系。加大交通基础设施建设力度，加密加快过江通道建设。重点推动核心区建设，坚持地上地下统筹，启动实施中央商务区地下空间项目，扎实推进综合管廊、海绵城市建设。加快推进一批标志性、功能性大项目建设，继续推进南丁格尔国际护理学院、南京一中江北分校等民生工程。

3. 全力推进长三角地区现代产业集聚区建设

紧扣“4+2”产业方向，加快构建现代产业体系，重点打造集成电路、生物医药、新能源汽车三个千亿级产业集群。加快台积电等龙头企业建设，促进上下游企业加速集聚，积极打造国家集成电路产业基地。以南京国际健康城、高新区生物医药谷等为支撑，着力引进国际一流的生物医药企业和研发机构，提升产业发展技术水平和整体竞争力。支持南汽乘用车产能提升项目建设，推动上汽桥林基地建成投产，提升新能源汽车产业总体规模和实力。科技服务业方面，积极推进研创园创发中心、焦点科技研发基地发展。现代物流业方面，推进新区保税物流中心、海尔虚实网服务园等项目建设，依托西坝、七坝港区，大力发展临港产业。

4.全力推进对外开放合作重要平台建设

加快推动与上海浦东新区、浙江舟山群岛新区、上海自贸区等联动发展，促进南京都市圈与长江中上游地区的协作。加快推动高铁南京北站、西坝港等交通枢纽建设，放大长江深水航道贯通效应，加强与扬州、镇江等周边地区合作，努力在扬子江城市群、宁镇扬一体化和全省跨江发展中发挥带头作用。积极推动服贸创新发展试点，重点在服务贸易体制机制、政策体系、发展模式等方面先行先试。抓住省、市申报自贸区机遇，推动海关、国检、海事、边检等口岸查验单位在新区增设分支机构，积极争取延伸南京综合保税区覆盖南京江北新区，不断提升国际竞争力和影响力。

5.全力加强生态环境保护

加快推动化工园向新材料产业园转型，引导支持重点开发园区创建绿色生态示范园区。认真编制实施江北新区生态文明建设规划，扎实推进生态文明建设工程，积极创建全省生态文明先行引导区。严格落实责任，强化对长江沿岸湿地、老山森林公园、金牛湖等重点区域的保护，严守生态保护红线。启动绿水湾湿地环境整治工程，加快青龙绿带、黑臭河道整治等重点项目建设，努力让新区天更蓝、地更绿、水更清、空气更清新。

6.全力推进关键领域改革创新

以简政放权为重点推动行政管理体制改革，开展相对集中行使行政许可权改革，着力打造成长三角区域行政审批事项最少、审批事项办结时限最短、行政审批收费最少的新区。完善土地收储和开发制度，建立适合新区发展的土地储备制度，推动新区范围内土地统一规划、统一收储，积极探索“人地挂钩”试点工作。加快实施投融资体制机制改革，发挥江北新区发展基金的杠杆作用，吸引撬动社会资本投入新区发展建设。围绕建立完整的金融创新体系，通过设立科技创新投资基金、构建区域股权投资中心、建立健全科技金融中介服务体系等举措，促进资本与科技有效对接。

十四、福州新区

图 2.14　数字福建云计算中心

（一）2016 年发展成效

1.经济社会引领发展，示范带动作用初步显现

2016 年福州新区地区生产总值为 1366.71 亿元，占福州全市比重约 22%；规模以上工业增加值为 762.30 亿元，占福州市 38.44%；固定资产投资为 1235.40 亿元，占福州市 23.83%。同时，以新区建设为核心，同步推进规划控制总面积范围（1892 平方公里）的开发建设，该区域年度地区生产总值、工业增加值和固定资产投资已分别占到全市比重的 38.20%、61.34% 和 43.70%，成为推动福建省、福州市加快发展的新增

长点。

2.坚持高端规划引领，新区顶层设计不断完善

组建专家顾问团队,通过“院士领衔、专家参与、团队负责、地方合作”方式，邀请规划团队、联合多名院士组成科研规划设计团队，并建立“新区顾问”制度，积极创建具有国际影响力的福州新区“顶级智库”。完善新区规划体系，根据新区功能定位、空间特征以及发展要求，编制总体规划、产业发展规划、综合交通规划、海岸带保护利用规划等20多项规划，加快完善新区规划体系。加快实施“多规合一”，已基本完成福州新区“一张图”，信息联动管理平台部分建成，“多规合一”协调机制逐步完善，新区规划的统一性、连续性和实效性得以增强。

3.加快产业转型升级，推进供给侧结构性改革

大力发展战略性新兴产业，积极扶持壮大高端制造业、化工新材料、大数据等产业集群，福建通航多功能航空产业园加快建设，中景石化聚丙烯项目二套设备投产，依托福建数字产业园加快发展大数据产业。积极推动高精尖产业发展，全国首个窄带物联网实验局、清华大学智能系统与技术国家重点实验室落户新区，马尾经济技术开发区获批成为福建省唯一的国家级物流网园区，科立视公司建成世界第二、国内首条抗菌玻璃生产线，东北理光(福州)印刷设备公司获得全国首张再制造资质证书。加快推进“两化融合”，以试点示范创建和重点项目建设为抓手，积极开展两化融合管理体系贯标试点，58个新区项目列入福建省两化融合重点项目，明一国际、飞毛腿2家企业通过国家级两化融合管理体系评定。

4.坚持产城融合理念，推动经济社会协调发展

加大基础设施建设力度，滨海大通道、道庆洲大桥、福平高铁、地铁

6号线、机场绕城公路东南段等重大交通设施建设力度不断加大，北京师范大学福清附属学校、严复纪念医院、马尾沿山棚户区改造、南湖公园等民生项目加快建设，管廊系统、供水系统、水系治理、污水垃圾处理设施等规划布局加快实施。推动重点区域开发，按照“以重点区块率先崛起，带动新区整体建设发展”思路，集中力量推进滨海新城开发建设，同步推动三江口、江阴湾、琅岐岛等重点组团和区域建设，蓝色经济产业园、临空经济区、数字福建产业园、江阴工业集中区等特色产业园区加快整合提升和配套完善，一批“镇级小城市”项目通过PPP等方式加快建设，现代化新区形象初步展现。

5. 探索对台交流合作新途径，不断扩大对台合作领域

推出“建立对台原产地证书核查机制”等5项对台贸易便利化的创新举措，率先实施对台“源头管理、口岸验放”模式，采信台湾检验结果。推动两地经贸合作交流，对台工作创造了多个全国第一：彰化银行福州分行成为大陆首家开业即可开办人民币业务的台资银行；建设银行设立国内首家总行级“海峡两岸跨境金融中心”；全国首家台企联合保险代理公司已取得营业执照；全国首创台胞权益保障法官工作室；在全国先行启用电子台胞证，对在福州的外省居民实行免于提交暂住证即可办理赴台旅游通行证等政策。充分把握福州新区被列入全国首批28个双创示范基地的契机，围绕“共建两岸创业创新圈”这一任务目标，在吸引台湾青年来新区创业方面取得显著成效。

（二）体制机制创新进展

1. 用好先行先试政策，管理体制创新取得阶段成果

加快完善管理运行模式，进一步明晰“统一规划、分片实施、实体运

作、两级联动”的管理运行总体思路，成立以“大部制、扁平化”为特征的福州新区党工委、管委会，组建了福州新区开发投资集团和福州新区投资发展基金，加快构建新区投融资综合平台，探索科学系统的统筹协作机制。承接落实省级经济管理权限，推动福建省政府下放福州新区121项省级经济管理权限，加快建立完善“一站式”办结审批、“一口受理、一表申请、并联审批、统发证照”等服务机制，全力推进行政审批制度改革。加大体制机制改革创新力度，加快推动新区开放开发五大方面改革工作，并在优化新区项目服务保障、创新新区规划模式等方面取得阶段性进展，各项改革任务有序推进。

2. 创新重大项目建设机制，优化升级服务保障水平

强化金融保障力度，政银加大合作力度，银企对接长效机制进一步完善，国开行签订支持福州新区建设发展开发性金融合作备忘录，福建海峡银行推出周转贷帮助企业解决资金周转难题，新区建设资金问题得到有效解决。提升项目服务水平，建立了市、县两级“福州新区重点项目服务窗口”，全面推广审批代办服务、“5+X”项目审批会商制度等服务创新制度。推动投资贸易便利化，以自贸区为试点，推出8批体制创新举措92项，推出39项贸易监管创新制度，促进货物入区及整车进口口岸通关时间大幅缩短，保税展示交易和进口直销规模继续扩大。创新招商引资方式，积极对接大型国有企业、基金组织和中介机构，引导进行组团式投入和区域性整体性开发，通过“投建结合、产融结合”模式设立专项发展基金，推动滨海新城、琅岐岛等区域整体开发。

3.加快对外开放管理体制创新，增强外向型发展动力

整车进口方面，创新整车进口一体化快速通关模式，率先试点实施平行进口汽车保税仓储业务，启动建设银河国际汽车园、福建省平行进口交易中心等重点项目。对接“一带一路”建设，组织举办首届海丝（福州）

国际旅游节等一系列以“海上丝绸之路”为主题的重大活动。推动中国-东盟海交所发展壮大，全国首创“统一申报、集中查验、分批核放”海产品通检模式，搭建海交所跨境结算平台，实现“线上交易、线下交收、人民币结算”的交易模式。在福州新区内率先复制推广自贸试验区“电子营业执照”“O2O办税模式”“国地税重点税源直报”“对外贸易经营者备案和原产地企业备案‘两证合一’制度”“边检服务网上直通车”等35项改革创新举措，进一步促进营商环境国际化和投资贸易便利化。加强与平潭综合实验区在共享优惠政策、共建基础设施等方面实现联动发展。

（三）2017年工作展望

2017年福州新区将围绕全国发展格局和国家赋予的“三区一门户一基地”战略定位，着力践行五大新发展理念，深入落实体制机制创新任务，找准定位，明晰思路，高起点规划建设，高层次推动改革，高规格加快发展，高标准落实目标，为全国国民经济平稳健康发展作出更大贡献。

1.积极对接国家战略实施

加快融入海上丝绸之路建设，整合优化港口布局，提升福州空港规模，加快江阴港区6—9号泊位 、长乐机场二期等项目建设，推动建设东南国际航运中心，继续做大做强中国—东盟海产品交易所，推进与海丝沿线国家在金融合作、经贸示范园区、设施互通等方面合作联动。加速发展海洋经济，依托蓝色经济产业园、江阴工业集中区、连江可门经济开发区等海洋特色产业园，努力在临港工业、港城融合等方面取得新的突破，投入“海上福州”建设。推动区域联动发展，积极探索“飞地经济”“战略联盟”等合作机制，推动福莆宁同城化进程，推进与闽中、闽东北联动发展，并利用区位优势深入对接长三角、珠三角两大城市群，打造东南沿海经济带。

2.探索推动城乡统筹发展

强化新区顶层设计，认真实施发展规划，高标准、高水平地做好三江口、滨海新城等重点组团的城市设计，加快健全完善“多规合一”体系和配套信息平台系统，同步推动行政审批体制改革。推动产业向中高端发展，构建具有强劲发展后劲的产业集聚区，大力培育大数据、物联网、云计算等战略性新兴产业和高新技术产业，大力发展金融、会展、总部经济、跨境电子商务等现代服务业，通过政府购买服务方式探索实践第三方招商模式。推进城市化进程，加快搭建新区城市框架、基础设施及生态体系，推进新区范围内轨道交通、机场、港口等基础设施投资力度，强化供水排水、能源保障、生态环卫以及地下综合管廊试点等建设，加快医疗、卫生、教育、文化等公共服务设施向福州新区布局，不断增强新区承载能力，推动产、城、人向新区转移，加快打造城市副中心。加快重点领域建设，进一步实施项目带动战略，强化项目支持，加快推动三江口、闽江口、江阴湾、临空经济区、蓝色经济产业园等重点组团和区域的开发建设，尽快展现形成国家级新区新面貌。

3.全力推进滨海新城建设

科学制定空间发展规划，秉持“以产促城、产城融合、以城带产”的发展思路，制定空港城功能区、海港城功能区、CBD及滨海文化休闲功能区、大数据产业园科技创新功能区、福州火车东站及先进制造业功能区等五大功能区的发展思路和开发时序，有序推进滨海新城建设。先行启动基础设施建设，加快推进福平铁路福州段、地铁6号线、东部快速通道等重大交通基础设施项目建设，解决中心城区与滨海新城之间的交通问题，适时启动新区国际双语学校和三甲医院等生活配套设施建设，着力完善城市宜居功能，为建设现代化国际滨海城市奠定坚实基础。大力发展大数据产业，依托长乐国际空港、松下港、数字福建（长乐）产业园等载体和产业基础，推动国家健康医疗大数据中心及产业园、国家安全大数据开发与治理中心等一批已落地项目加快建设，积极争取国家部委、金融机构、央企等大数据相关项目落户，形成大数据产业集群，着力打造成为全国重要的区域大数据中心。

4.全面深化对台交流合作

深耕民间交流，继续办好海峡论坛福州新区专场研讨等活动，加快建设海峡两岸青年交流营地，培育壮大一批具有全国影响、广泛参与、各方认同的对台交流品牌，打造对台交流合作的“桥头堡”。依托台商投资区等载体，加快保税物流园区、闽台（福州）蓝色经济产业园等特色园区的建设完善，会同一批国家和省属重大企业，积极推进两岸产业深度对接。加快推动福州新区与平潭综合实验区一体化发展，强化对平潭发展的腹地支撑作用，加快建立完善两地共建共享机制，争取将平潭综合实验区先行先试政策在新区复制、实施，合力打造“两岸共同家园”。

5.努力推动改革创新工作

加快体制机制创新，进一步健全职能综合、扁平高效的新区行政管理体制，发挥各个功能区的主体作用，积极争取先行先试政策，加快承接落实省级下放的经济管理权限，率先在新区范围内复制推广福建自贸试验区各种创新举措和其他国家级新区的经验做法。搭建综合服务平台，加快构建完善福州新区投融资平台、人才培养引进平台、要素资源平台、审批服务平台、创业创新平台等五大综合平台，特别要加快探索建设海洋产权交易中心和海域使用二级市场，在全国各类海洋产权交易领域先行一步、提供借鉴。完善自主创新体系，加快建设福州新区全国双创示范基地，探索建立双创政务服务和扶持制度体系，新增一批能够有效带动创新的双创综合服务平台，基本形成“众创空间—孵化器—加速器”有机衔接的阶梯形孵化体系，打造海西引智试验区。

十五、云南滇中新区

图 2.15　云南滇中新区盾构机项目

（一）2016年发展成效

1.谋发展，抓主业，实现“十三五”良好开局

2016年云南滇中新区实现地区生产总值501亿，同比增长8.8%；规模以上固定资产投资717.11亿元、增长32.7%,其中工业投资165亿元、增长21%；社会消费品零售总额完成135.01亿元，同比增长12.3%;一般公共预算收入完成77亿元，增长77.2%；招商引资实际到位内资743.8亿元，增长74%；实际利用外资1.78亿美元，增长256%。

2.重规划、强引领，规划编制有序开展

主动加强与昆明市和滇中城市经济圈规划的衔接融合，高起点、高标准、高质量编制新区各类规划，构建昆明统筹、滇中协同、新区管理、高效有序的规划管理体系。新区综合交通体系、长水综合交通枢纽、综合管廊、海绵城市及嵩明—空港片区、太平片区、临空产业园、航空物流园、综合保税区等重大专项、重点片区、重点园区规划基本完成，初步实现近期重点建设区域控制性详细规划覆盖。安宁市被列为省级“四规合一”试点城市，嵩明—空港片区“多规合一”已形成规划成果。

3.打基础、育产业，项目建设扎实推进

推进交通基础设施建设，开工建设总里程529公里的综合交通项目69个、完成投资216.38亿元，同比增长230%。昆明综合保税区建成并通过省级预验收，临空产业园7015亩征地拆迁顺利完成，中关村·电子城（昆明）科技产业园启动建设，滇中科技创新园一期项目完成投资7.4亿元，全省首个新材料产业生态集群示范园落户安宁。昆明新能源汽车工程技术中心和东风云汽搬迁改造升级两大汽车产业项目开工建设，中石油1300万吨/年炼油项目试运行，年产24万吨工业异辛烷项目竣工。全年完成土地收储3.1万亩、累计收储5万亩目标任务，完成用地报批手续8829亩，出让土地2309亩。

（二）体制机制创新进展

1.抓关键并机构，行政管理体制全面构建

从原聚集区“16+1”州市一级全职能管理模式，转变为重点聚焦新区范围内的经济管理职能，908项社会管理职责全部移交昆明市，有效保障了新区突出主业、聚焦重点，集中精力抓开发搞建设。深入开展大部制改革，工作机构从原聚集区的21个精简为“三部两局”仅5个。在财政管

理体制方面，理顺了昆明市、新区和三县市区的财政关系，建立了管理规范、运行顺畅的财政管理体系。

2.简流程优服务，营商环境稳步提升

优化完善以“相对集中审批权”和“审管分离”为核心的审批体制机制，以行政审批局为载体，有效承接54项省级和16项州（市）级审批职权，做到一体化运行、一站式审批、一条龙服务，基本实现了新区事新区办。进一步创新审批服务方式，畅通重大项目行政审批绿色通道，推行重点项目跟办、帮办、代办制度。发挥投资项目在线审批监管平台作用，逐步实现行政审批、公共服务和审批监管电子化、信息化，全力营造“环节最少、成本最低、效率最高、服务最好”的一流投资环境。目前已累计完成审批3180件次，其中投资项目1021件次，项目总投资926.5亿元，审批时限提速50%以上。

3.探索城乡统筹新体制，全面推进新型城镇化建设

着力推进产城融合，探索“产在城中、城在产中、产城互动”的新区发展模式，统筹好“空间—规模—产业”三大结构和“生产—生活—生态”三大布局，打造创新城、智慧城、生态城、田园城。以人的城镇化为核心，推动“街道—社区”型现代城镇管理模式，探索建立健全有利于人口合理流动的体制机制，促进产业和人口同步集聚。着力改善城乡人居环境，提升新型城镇化发展质量，构建保障房建设管理和村镇规划建设融合发展机制，完善生活功能、城镇功能，提升设施共享率和公共服务水平。

（三）2017年工作展望

1.聚焦基础配套，着力夯实发展支撑

强力推进三年路网规划项目建设，做好长水综合交通枢纽规划设计等

前期工作。同步推进水网项目建设，重点推进安宁箐门口水库、嵩明上游水库引水工程、空港沙井大河等水利设施项目建设。扎实推进能源网项目建设，重点推进中石油云南炼油、新区主干电网骨架及输变电站配套等项目建设，加快构建安全可靠的能源供应保障体系。加快推进互联网项目建设，确保新建区域建筑光纤到户，全面夯实“互联网+”基础。

2.聚焦内培外引，着力增强发展动力

强化产业培育，加快构建开放型、创新型和高端化、信息化、绿色化现代产业新体系，重点推进中关村电子城、东风云汽异地搬迁技改、京运通单晶硅等产业项目。致力招大引强，继续推动与环渤海、长三角、珠三角及南亚东南亚等地区的产业协作和交流合作，着力引进一批投资规模大、产业关联度高、带动能力强的龙头型、基地型、旗舰型项目。推进连片开发，加快园区标准化厂房、水电路气等配套设施建设，同步引进金融保险、教育医疗、旅游文化、餐饮娱乐等配套服务项目，全面提升新区综合承载能力。

3.聚焦投资融资，着力破解发展瓶颈

提升平台融资能力，支持滇中发展集团、空港投资公司实体化发展、产业化转型，组建云南滇中城市建设投资开发有限责任公司。积极创新融资方式，设立新区产业发展、城市发展、PPP等基金，大力推广PPP模式，鼓励引导更多社会资本参与新区建设运营。加大投融资力度，建立“借用管还”相统一的举债融资机制，增强投融资“造血循环”能力，确保重大项目资金需求。

4.聚焦融合联动，着力凝聚发展合力

建立完善重大项目推进、投资分析联报、信息沟通以及干部人才交流等工作机制，推动资源共享、资金共融、项目同推、基础同建。与昆明市

通力协作，合力推进长水机场综合交通枢纽、轨道交通6号线、9号线、嵩明线、安宁线、机场北高速公路、综合保税区、东风云汽、北汽新能源等重大项目，着力打造市区融合发展的精品工程、示范工程。全方位、多角度、立体式对接昆明市和滇中城市群规划编制、基础设施、产业发展，形成差别竞争、错位发展、互促并进的发展新格局。

5.聚焦效能提升，着力优化发展环境

简政放权提效能，巩固提升以“相对集中审批权”和“审管分离”为核心的审批体制改革，加大简政放权力度，将相关审批权限最大程度下放县市区，实现职能下放、重心下移、服务下沉。全程跟踪抓服务，加快推进“互联网+政务服务”，全面落实标准化审批、规范化服务和审批事项授权办理制度，继续完善重大项目绿色通道、建设领域项目并联并审、重点项目帮办代办和项目经理等制度，为项目建设提供零距离、无缝隙、保姆式的全方位、全流程跟踪服务。健全机制促落实，进一步健全完善项目运作、统筹联动、要素保障、绩效考核、督查问责等工作机制，以健全的机制和铁的纪律推动项目建设。

十六、哈尔滨新区

图 2.16　哈尔滨新区城市面貌

（一）2016 年发展成效

2016年哈尔滨新区实现地区生产总值755.4亿元，比上年增长5.7%；实现规模以上工业增加值339.2亿元，增长4.7%；完成固定资产投资662.7亿元，增长10.1%；实现社会消费品零售额191.7亿元，增长11.0%。

1. 启动新区规划编制工作，为探索“多规合一”路径奠定基础

启动新区发展规划、产业发展规划等五大规划编制工作，完成了新区规划体系设计和“多规合一”技术规程制定。

2.完善新区基本承载功能，为实现“产城融合”发展目标奠定基础

依照“以产定城、以产兴城、产城融合”的思路，优化资源配置，合理布局功能。在区域功能上布局了以万鑫石墨、哈工大大科学工程等龙头项目为牵动的战略新兴产业区；以科技创新城核心区、万达文旅城为中心的科技商务中心区；以奥体中心、大剧院等为支撑的综合性文化商贸旅游带。在产业功能上重点推动利民健康产业和哈南现代制造业两个组团建设，建荣康体城、义乌小商品城等重点项目相继开工建设。在城市开发建设上谋划了哈尔滨地铁二号线等53个道路交通项目、松花江水源供水厂等20个市政基础设施项目、生活垃圾综合处理厂等6个生态环境项目以及总长度36.5公里地下综合管廊建设项目，部分项目年内已启动建设，为构建新区基础设施“一张网”奠定了基础。

3.推进新区创新体系建设，为落实“创新驱动”发展要求提供保障

深入实施创新驱动战略，着力发展具有全局性牵动作用的重大项目。依托松北区培育新区科技创新创业主体，新引进科技企业415家，占新设立企业的45.3%，已有200余家国内外研发创新机构入驻新区发展，其中，国家级科研机构7个，国家工程（技术）研究中心9个，国家级重点（工程）实验室5个，国家级工程中心及实验室70个。在孵化载体建设上，重点打造了2.85平方公里创新企业核心示范区，哈以国际高新技术孵化器、深港产学研基地、中小企业总部基地、海峡两岸育成中心等已建成投入使用。在对俄科技合作上，辟建了国家国际科技合作基地，已有32家企业入驻。在创新型产业发展上，重点发展以“互联网+”为代表的新兴业态和新技术、新材料、新能源等战略性新兴产业，松北组团新引进高新技术和高端服务项目已占到全部引进项目总量的97%。

（二）体制机制创新进展

1.实行开发区与行政区统一管理

哈尔滨新区包括平房区、松北区、呼兰区三个行政区的部分区域，三个行政区范围内分别设有三个国家级开发区，按照“顶层设计一步到位，统筹推进分步实施”的原则，着力推进三个国家级开发区与三个行政区深度融合、一体化管理，实施了开发区和行政区统一管理体制改革，开发区党工委、管委会和行政区党委、政府合署办公，将三个行政区（开发区）党政工作部门由原来的126个精简为50个，精简幅度达60.3%，初步构建了权责一致、分工合理、决策科学、执行顺畅、监督有力的行政管理体制，为新区建设发展创造了有利条件。

2.创新经济功能区管理体制和运行机制

依据“有利于完善产业链条、有利于配置资源要素、有利于集聚产业项目”的原则，组建若干个经济功能区，经济功能区专事招商引资、产业培育、企业服务等经济职能，社会职能同步剥离并向街道（乡镇）转移，为经济功能区补齐发展短板创造条件。经济功能区原则上不定机构规格、不定领导职数、不定人员编制。在统筹新区范围内重大基础设施建设、区域土地开发和资本运作基础上，选取功能区开展体制机制试点，探索实行市场化、企业化运行机制。

3.探索行政审批和行政综合执法体制机制创新

通过加强政府职能部门权责清单建设和动态管理，创新监管方式等办法，进一步明晰各部门行政审批职责，理顺各部门权责关系，实现无缝衔接。在新区推行非行政许可审批全面清零，全面规范行政审批中介服务机构和其他行政权力涉及的中介服务机构。推行商事制度改革，实行证照分离。简化受理审批程序，成立新区行政审批服务机构，对审批事项实行集中统一办理，完善内部运行机制，搭建便民和服务企业平台。在总结松北区城市管理综合执法改革经验基础上，研究进一步扩大松北区综合行政执法改革试点范围。推进跨部门、领域综合执法和系统内综合执法改革，推进执法重心下移和力量下沉。进一步完善城市管理、市场监管、安全生产等领域综合执法体制改革工作。研究提出推进综合执法体制改革的保障机制，形成机构和职能有机整合、高度融合的管理体制和工作体系。

（三）2017年工作展望

1.紧扣“一个目标”

紧扣经济发展、体制创新这一目标不动摇。确保在全市、全省发展中起到引领带动作用。按照“三个清单一张网”的思路探索推行负面清单管理模式，并开展试点运行，为在新区范围内全面铺开积累经验、提供示范。

2.把握“两个关键”

牢牢把握行政管理体制改革、支持政策落地两个关键不放松。在三个开发区和行政区机构整合的基础上，继续推进扁平化管理体制和大部门制优化调整，改革街道管理体制，优化机构设置，推进管理职能下沉。推动松北科技创新组团、哈南装备制造组团和利民大健康组团协同发展，实现产业同兴、科技同振、信息同享、政策同惠。要本着“接得住、用得好”的基本原则，积极承接好省级第一批下放的管理事权，出台一批配套政策，以项目化、实物化落实各项支持政策并尽快将政策转化为现实生产力。立足职能转变、管理增效，选择1至2家基础条件较好的功能区开展市场化运营试点，为实施“大部制、扁平化”管理积累经验、奠定基础。

3.主攻“三个重点”

把招商引资、产业集聚、对俄合作作为发展的重点抓实抓好。探索实施市场化招商方式，推动招商引资方式由政府主导向社会化招商转变。围绕新区重点产业的垂直供需链和横向协作链，聚焦国内外500强、行业100强等战略投资者，开展专业精准式、集群捆绑式、聚链补链式招商，大力引进竞争力强、成长性好和关联度高的项目，以促进重点产业的集群式发展。依托现有产业基础，着力打造3个千亿级产业集群和发展壮大3个战略性新兴产业。重点落实好哈飞直升机、蟒式全地形车等与央企合作项目，尽快把新区装备制造业打造成千亿级产业集群。大力发展高品质、高附加值食品、乳制品、畜产品、特色饮品等名优绿色食品，尽快实现绿色食品产业规上产值超千亿元目标。加快引进建设北斗导航、云计算设备生产企业和服务商、第四代移动通信设备等研发和生产项目，不断提高新区信息技术产业的市场竞争力。同时，要系统地谋划好生物医药、新材料、旅游文化时尚等战略性新兴产业发展，精心谋划一批带动力大、支撑力强、附加值高、拉长产业链的大项目、好项目，为新区发展提供强有力的产业支撑。围绕建设龙江丝路带、打造对俄合作中心城市和中俄全面合作重要承载区的战略定位，进一步扩大对俄开放，实现投资和优质要素进出便利化，吸引跨国公司在新区设立地区总部，谋划建设中外合作产业园区。

4.营造“四个环境”

着力营造透明高效的政务环境、功能完善的载体环境、独具吸引力的人才环境和与国际接轨的开放环境。在新区组建行政审批局和审批服务中心，推行“一颗印章管审批，一个窗口管流转，一个系统管监控”和“一支队伍管执法”的新体制，大力推进“放、管、服”改革，提高投资便利化水平。在地铁2号线启动建设的基础上，全力促进地铁4号线、5号线江北段明年开工建设。加快推动新区规划范围内道路以及功能性项目建设，切实提升新区载体功能。落实省市各项人才引进政策，制定出台在住房、编制、薪酬等方面吸引人才的具体政策，全面推行户籍制度配套改革，放宽落户条件，在吸引人才的同时推动新区城镇化进程。加快推进外商投资准入改革和服务贸易试点，突出抓好万达文旅城商圈、大剧院文化中心、奥体中心和金融中心建设，大力发展以旅游业为龙头的休闲度假、健身养老产业和总部经济、楼宇经济，为扩大对外开放提供优良的软硬件环境。

十七、长春新区

图2.17 长春新区风貌

（一）2016年发展成效

1.经济呈现强劲发展势头

2016年完成地区生产总值796.4亿元，同比增长8.1%；固定资产投资完成665亿元，同比增长21.5%；一般公共预算财政收入完成21.6亿元，同比增长18.5%。随着新区品牌影响力的扩大和营商环境的持续优化，各类市场主体达到2万余个，注册企业8903户，同比增长43.3%。

2.产业转型升级迈出新步伐

围绕打造先进装备制造业、现代农业、现代服务业三大主导产业，积极引进和培育新产业、新业态、新技术和新商业模式，全年共开工建设项目245个，其中亿元以上项目181个，10亿元以上项目55个，为产业集群化、规模化发展提供了坚实支撑。

3.创新创业水平持续提升

坚持创新驱动发展，加快构建以企业为主体、市场为导向、产学研相结合的技术创新体系，全区国家级园区和基地发展到34个。一是实施创新平台战略。联合区内光机所、吉林大学等“一院四所四校”组建创新战略联盟。二是实施孵化加速战略。全区新建、在建各类孵化基地29个，入驻企业1443家，拥有科技企业孵化器、众创空间27个，其中国家级9个，省级11个，长春市“双创”基地落户新区。三是实施协同创新战略。大力提升金融、人才服务功能，完善创新创业服务链条，全区金融服务机构发展到100家，在东北地区率先启动“人才改革试验区”建设，累计引进海外归国人员1000多人，经国侨办同意，正式设立全国第11家、东北首家“侨梦苑”。

4.基础设施配套不断完善

通过实施PPP融资、代建回购等市场化运作手段，全年累计投入基础设施建设资金140多亿元，促进了区域开发建设。加快道路交通建设。总投资27亿元的“四路三桥”加快推进，将成为连通新区北部区域的重要物流通道；总投资188亿元的轨道交通空港线实现开工，轻轨北湖线加快建设；空港地下综合管廊启动实施，开工总长度46.5公里，形成部分廊体，将建成吉林省首个区域性全覆盖的综合管廊工程。加快生态环境建设。全面启动北湖湿地公园、天茂湖、春明湖、龙泽湖“四湖”生态治理工程，其中北湖湿地公园占地11.97平方公里，被评为国家4A级旅游景区；伊通河北北段治理工程投资557万元，完成绿道工程、冬季清淤和防洪工程，实现了伊通河东岸绿道与北湖湿地公园相连接。加快智慧城市建设。深入推进国家智慧城市试点创建工作，全面开展智慧市政、智慧社区、智慧政务等系统的开发，中科院云计算中心正式运营，成为中科院在全国布局中最大的云存储平台；华为云数据中心将打造成为东北亚大数据中心，城市管理数字化、信息化、现代化水平显著提升。

5.对外开放格局不断拓展

积极拓展对外开放合作的领域和空间，参与国际经济分工，加快提升对外开放的能力和水平。突出抓好“两港”建设。围绕打造国际空港，对龙嘉国际机场进行扩建，构建国际“大通关”体系，目前，龙嘉机场提升扩能工程扎实推进，临空产业园已开工建设，将开辟俄罗斯、北欧等客货运航线，打造东北亚区域航空物流枢纽。围绕打造国际陆港，由铁路总公司和沈阳铁路局总投资50亿元，加快建设长春铁路综合货场，目前已具备试通车条件，正在积极申报国家一类铁路口岸。谋划实施对外通道建设。西向的国际陆路运输通道取得新进展，“长满欧”国际货运班列已开通，现已与欧洲段5国13个铁路中心站实现直通；东向海上运输通道，即通过珲春借港出海，目前，珲春经俄罗斯扎鲁比诺港至釜山航线稳定运营，已累计运输70多个航次，进出口货物超过1000个标箱。随着对外通道的逐步开通，将打通长春新区与东北亚及欧洲的物流通道，使新区融入世界经济发展的大格局。加快推进国际科技合作。积极拓展对外科技经贸合作的领域和空间，长春中俄科技园建立了八个国际联合实验室，累计引进、孵化47家高科技企业，园区总产值达到10亿元；中白科技园启动建设，全力打造具有现代企业制度的国际产业园区。围绕全球产业链、创新链和价值链的链接与融合，重点培育高端装备制造产业园、航天信息产业园、通用航空产业园、现代农业产业园等10个重点产业园区。

（二）体制机制创新进展

1.构建优质高效的运行机制

建立“1+4”的管理架构。建立了长春新区代管高新技术产业开发区，直管北湖科技开发区、长德经济开发区、空港经济开发区三个省级开发区的“1+4”管理架构，制定了《长春新区及长春高新技术产业开发区机构设置、主要职责、人员配置方案》《长春新区所属省级开发区机构设置、主要职责、人员配置方案》，完成了内部机构设置及人员调配，科学划分各开发区的功能定位和职责分工，推进差异特色发展。实施灵活的选人用人机制。制定并实施了《长春新区干部管理意见》《长春新区向所属开发区下放一般干部调配管理权限暂行办法》，三个省级开发区“一把手”实行任用制，副职实行聘任制，由长春新区备案，中层干部任用权完全下放给各开发区，一般工作人员实行购买劳务服务，面向社会公开招聘优秀干部人才，包括招商引资、开发建设、社会事业、综合管理等专业人才，切实解决“能上能下、能进能出”的问题。组建产业办公室。变招商局为产业办，成立了12个产业办公室，并下沉到各开发区，既负责招商、落位，又负责项目整个后期运营服务，实现了“招商、落位、投产”一条龙接续服务，促进招商力量向产业园区服务力量转型。成立软环境办公室。借鉴国内先进地区经验，创新“放管服”模式，组建软环境办公室，实施软环境企业评议制、第三方评估制、监督员制、举报督办制等措施，强化监督管理，以制度保障促进软环境建设，丰富服务内涵，提升服务效能。

2.提升行政审批服务效能

形成“新区事新区办”机制。吉林省、长春市“关于支持长春新区创新发展的若干意见和实施意见”，赋予新区市级管理权限，长春新区按照“应放尽放”“应接尽接”的原则，全面承接市级管理权限，实现发展的“零门槛”和“零障碍”。推进行政审批制度改革。按照“宽进严出、守住底线”的原则，对项目审批实行容缺受理、承诺审批制，实现“一窗受理、抄告相关、同步审批、限时办结、一窗出证”，平均压缩审批时限50%以上。推进行政服务改革。按照“一门在基层、服务在网上”的理念和线上线下紧密结合、自然人与法人分类推进的思路，积极推行“一门式、一张网”改革，形成“互联网+政务服务”新模式，全面提高政务服务的主动性、协同性、便捷性，打造全国一流的行政服务环境。

3.创新产学研合作机制，提升创新创业水平

联合中科院长春分院、光机所、吉林大学等“一院四所四校”组建创新战略联盟。长春科技大市场成立当年技术交易额突破百亿元，签约登记的知识产权、成果转化、科技金融等科技中介服务机构突破60家，东北亚知识产权战略服务联盟正式成立。长春中俄科技园引进、孵化高科技企业47家，先后被授予“国家级国际联合研究中心”和“国家级国际引智示范基地”，全力打造具有现代企业制度的国际产业园区。长春新区积极探索“创业苗圃+孵化器+加速器”的全链条创新创业孵化体系。针对科技型中小企业不同发展时期的不同需求，创新服务模式和内容，通过“技术开发+孵化”“风险投资+孵化”“技术导师+商业导师+资本支撑”等模式，促进重大项目培育和产业化，全面推进“双创”工作发展。大力提升金融人才服务功能，加快科技金融中心建设，拓宽企业融资渠道，完善创新创业服务链条。在东北地区率先启动“人才改革试验区”建设，连续开展六次“长白慧谷”英才评选计划，累计引进海外归国人员1000多人，经国侨办同意，正式成立全国第11家、东北首家“侨梦苑”。

（三）2017年工作展望

1.加快推进重大项目建设

坚持项目立区，围绕完成固定资产投资目标，突出项目建设对扩大投

资的关键性作用。实行“招商、落位、投产”一条龙接续服务，通过创新驱动、政策吸引、基金扶持和优质服务，使产业迅速集聚，进一步落实责任，强化督查调度，确保按时间节点加快推进构建创新型产业体系。

2.加快建设对外开放平台

国际空港启动建设东北亚航空物流枢纽、龙浩航空东北总部、通用航空机场项目；国际陆港建成铁路综合货场，加快对外开放铁路口岸申报，争取尽早获批。“四大商务中心”加快推进，力争年内完成主体框架，打造新区的核心功能。

3.加快推动科技成果转化

加快长东北科技创新中心、北湖科技园、中白科技园等创新平台建设，支持社会资本创办新型孵化器，吸引和集聚一批创新创业人才，提高科技成果本地转化率。深入推进人才改革试验区建设，继续做好“长白慧谷”英才计划评审工作，落实《长春新区“侨梦苑”建设方案》，引导海外专业协会深入参与“侨梦苑”建设，大力培养和吸引高端创新人才。

4.加快构建现代产业体系

围绕先进制造业、现代农业、现代服务业三大主导产业，结合各开发区的不同产业定位，确定重点培育的产业园区，形成分工合理、各具特色的产业布局。以“十大产业园区”为载体，加快相关企业、科研机构集聚，促进产业链、资金链、创新链融合发展，逐步构建起创新型的现代产业体系。

5.加快绿色智慧城区建设

围绕打造绿色智慧新城区的目标，坚持基础设施先行，按照建设“绿色、智慧、人文”城市的要求，大力推进道路交通、地下综合管廊、生态环境治理等重大工程。力争2017年底前完成“三路三桥”续建任务，四个开发区“四湖”治理完成主体工程，完成北湖快轨线一期工程，空港地铁线全面动工，空港105公里地下综合管廊完成管廊实体总量的50%。

6.加快发展社会事业

按照政府主导、市场化运作的方式，重点引进优质教育、卫生、文化等资源，实施社会事业综合改革试点，推进公共服务向基层延伸，逐步构建起区、乡、村（社区）一体化的教育、医疗、卫生、文化服务体系，满足域内群众公共服务需求。重点完成在建学校、医院、文化中心、健身中心等公共服务设施建设任务，探索建立学校、医疗、文化、体育进社区的先进模式，为群众提供便捷的公共服务。

十八、江西赣江新区

图 2.18　江西赣江新区

（一）2016 年发展成效

2016年新区实现地区生产总值582.32亿元，同比增长9.6%；规模以上工业主营业务收入1982.78亿元，同比增长11%；固定资产投资1070.81亿元，同比增长17.4%；社会消费品零售总额172.83亿元，同比增长14.9%；财政总收入101.23亿元，同比增长12%；地方公共财政预算收入49.52亿元，同比增长14%。

1.规划编制全面展开

按照“建设未动，规划先行”的发展思路，加强与国家和省里规划衔接，以“多规合一”为统领，结合中国城市规划院的前期调研，着手编制新区总体规划纲要。完善深化集中起步区儒乐湖新城规划。启动编制串联新区各组团的轨道交通咨询方案和新区综合交通枢纽咨询方案。

2.重大项目加快建设

明确了重点建设任务，按照“开工一批、推进一批、谋划一批”的要求，加快推进项目建设。在新区成立大会上签约的24个项目中，已新开工的项目9项，完成投资约6亿元，其他15个项目正在办理工商注册、用地、规划等手续。四个组团2016年重点推进了88个项目，总投资418亿元。其中，卡耐新能源电池生产基地、维信诺OLED产业园部分生产线已投产，江铃集团获得全国第7张、江西省首张纯电动汽车生产资质，赣江航空城、绿色生物合成生态产业园、意中产业园、绿地战略合作和万达商贸等项目相继引进并落地，洛可可科技公司的“洛客”平台项目成功签约。

3.开放合作不断扩大

利用第十四届赣台会、第四届绿发会、央企入赣会、赣京经济合作交流会等重要活动宣传推介赣江新区，广泛开展合作。新区管委会与北京中关村科技园区管委会签订了战略合作框架协议，新区经开组团与中科建设开发总公司、中科金控资本管理有限公司签订了中科院（江西）科技成果转化中心项目合作框架协议。

4.发展要素迅速集聚

中国银行赣江新区支行和江西银行赣江新区支行在新区成立，与两家银行签订了1000亿元的合作框架协议。众多互联网金融机构、金融要素市场和多元化的基金管理公司也纷纷入驻。与省政府金融办联合建立了赣江新区金融工作联席会议制度；与国家开发银行江西省分行签订合作备忘录，未来五年，国家开发银行将投入1400亿元用于支持赣江新区重点领域发展。

（二）体制机制创新进展

1.组织体系和管理体制基本构建

成立了省政府主要领导为组长的赣江新区建设领导小组和赣江新区党工委和管委会。建立“省级决策领导、新区独立运行、组团融合发展”的管理体制，实施新区“相对独立、兼顾属地、在地统计、封闭运行”的运行机制，优化新区行政区划设置，理顺新区管理机构与其规划范围内各级地方人民政府及其派出机关的关系，充分调动各方积极性。赋予赣江新区设区市级经济社会管理权限和部分省级权限，在安排专项资金、用地计划等方面单列支持。

2.人事制度改革进一步深化

对经济开发区管委会机关及区属事业单位现有在编在岗人员身份等进行了“封存管理”。不同部门、不同岗位的人员，可以通过“双向选岗”“公推竞岗”“公开竞聘”等方式竞争上岗。在管理模式上，建立了“领导—内设部门正职—具体负责人”三个管理层级的“扁平化”管理架构，实行“七级主办”制，各级别主办三年一聘，聘期届满后，再重新进行公开竞争、公开选聘。依据工作业绩表现，调整职级，充分发挥人事制度改革的“鲶鱼效应”。推行大部制改革，对部门进行了精简整合，部门由整合前的15个缩减至11个。

3.城镇化发展体制机制不断完善

开展国家新型城镇化综合试点建设。赣江新区永修组团艾城镇作为第二批国家新型城镇化综合试点地区。正在逐步建立户口“一元化”登记管理制度，并积极探索稳步推进义务教育、就业服务、基本养老、基本医疗卫生、住房保障等城镇基本公共服务的全覆盖，甚至部分政策可以向进城农民适当倾斜。创新投融资机制。为加快推进儒乐湖新城建设，采用EPC的模式将新城骨干路网、地下综合管廊、生态湿地景观等分成5个包向全社会招标，同步进行建设，同时积极推广PPP模式。探索创新招商机制、服务方式和合作模式。赣江新区昌北组团着力打造“管家式服务”、“企情收处中心”和“企业大走访”三张名片，突出抓好人力资源、创新创业、金融服务等“三大”平台建设，让企业从非生产经营的事务中剥离出来，把时间和资金投入到研发生产和营销的主业中去，由政府为企业生产经营提供服务保障。

（三）2017年工作展望

1.开展产城融合发展改革探索

按照基础设施优先、环境优先、公共配套优先、产业优先“四个优先”的原则，重点打造28平方公里的儒乐湖新城，充分发挥滨湖亲水、生态优美的优势，提升城市品位和管理水平，努力建设与山脉水系相融合的滨湖临江宜居宜业新城，打造成为工业文明、城市文明、生态文明“三个文明”融合发展“样板区”。

2.打造行政审批服务平台

全面开展“三单一网”（政府权力清单、责任清单、市场准入负面清单和江西政务服务网）工作，并将碎片化的各种审批职能相对集中起来，开展事项集中审批的组织协调、管理监督和指导服务，集信息与咨询、审批与服务、管理与协调、投诉与监察等为一体，实现“一口式受理，一条龙办理，一颗印章审批”。

3.打造金融资本平台

以设立江西赣江新区绿色金融改革创新试验区为契机，聘请专业团队制定金融业发展规划。创新金融产品：制定绿色金融规划，加快绿色金融创新，优先发展绿色信贷、绿色产业基金、绿色债券，健全绿色金融市场。做大资本平台，争取建立银行卡结算中心、保险机构间市场、对外开放金融服务平台和人民币清算结算服务平台，引入江西文化产权交易中心、江西金融资产交易中心、江西股权基金份额交易中心等平台。拓宽融资渠道，创建国家保险创新综合试验区，培育功能齐全、主体多元、竞争力强的保险市场体系，优化投融资环境。

4.打造创新创业平台

支持共青城依托大学城、全国青年创业基地的优势，创建全国“双创”示范基地。支持腾讯众创、北大科技园、华东交大大学科技园等“双创”领军企业和高等院校加强创新合作；打造赛维莱国际企业城等在线服务交易平台，构建一批低成本、便利化、全要素、开放式的众创空间和服务平台。推动新区内企业创建国家和省级工程（技术）研究中心、企业技术中心和重点实验室，支持欧菲光、江中药业等龙头企业加快技术创新、产业升级步伐，争取保利集团技术研发中心等企业科研机构落户，完善以企业为主体、市场为导向、产学研结合的技术创新平台。

5.打造重点平台，着力提升开放开发水平

打造行政审批服务平台。将分散在各部门的审批职能集中起来，开展事项集中审批的组织协调、管理监督和指导服务。依托南昌经开区国家级人力资源服务产业园，积极打造综合性的人力要素市场、多元化的人力资源服务产业基地和多功能的人力资源社会保障服务平台。打造金融资本平

台。加快绿色金融创新，优先发展绿色信贷、绿色产业基金、绿色债券，健全绿色金融市场。打造创新创业平台。主动对接国内外知名高校、科研院所，推动研究中心、技术中心和重点实验室在新区落户。打造双向开放平台。高标准规划赣江新区综合交通枢纽，吸引人流在新区聚集。依托综合保税区、昌北机场、铁路物流园、龙头岗码头等平台，拓展国际开放通道，对接长江黄金水道，打造通江达海、水陆空铁多式联运新平台，建设江西首个国际国内多式联运中心。

特色亮点展示篇
——2016 年国家级新区体制机制创新典型案例

案例1 上海浦东新区在张江探索完善开发区与周边镇之间的区域发展统筹、事权边界清晰、利益联动共享机制

（一）张江园区开发建设在试点前存在的问题

一是区域管理服务与城市化阶段不相适应。张江地区已基本实现城市化，且处于人口导入期。同时，张江地区从业人员的流动性高，通勤量大，高峰时期的交通负荷不断加大，给城市管理带来越来越大的压力。无论从张江镇还是园区的力量配置上来看，都还难以适应快速城市化带来的社会管理和城市管理需求。

二是城市管理和社会管理权责不明晰。张江管委会、张江集团和张江镇目前都承担了一定的社会管理事务，存在多头管理、事权不清等现象。张江园区内有关黑车整治、渣土管理、环境整治等涉及多部门的城市管理和社会管理事务缺少统筹协调平台。同时，张江镇现有财力机制与承接张江园区日益增长的社会管理任务尚不匹配。

三是园区与镇产业联动机制不完善。随着张江园区的不断拓展，张江镇为张江园区开发不断腾出空间，张江镇产业园区转型升级面临较大压力。张江镇希望有更多渠道参与园区开发，共享园区发展收益。

（二）试点具体做法

围绕“取消张江镇村两级招商引资职能”、“梳理形成三张事权清单（现有、转移、转移后）”和“财力保障体制”等重点问题率先取消张江镇、村两级招商引资引税职能，张江镇自己开发的产业园区划给张江高科技园区管委会负责，同时，张江高科技园区管委会承担的园区社会管理职能原则上转由张江镇负责。通过建立分工明确的管镇联动新体制，推动张江管委会集中精力主导区域经济发展并做好自贸试验区张江片区的改革创新工作，张江镇把工作重心转移到公共服务、公共管理和公共安全等社会治理工作上来，从而实现整个张江地区开发建设和社会治理一体化与工作职能的专业化分工，最终形成可复制、可推广的开发区与镇联动发展、产城融合的新模式。

（三）试点启动后取得的主要成效

1.组建张江地区经济发展工作平台

由管委会牵头，会同张江集团公司、张江镇及新区相关部门共同设立经济发展协商平台，并筹办张江地区经济发展工作联席会议，作为张江地区经济发展工作协调机构，具体负责对区域经济发展的指导以及对土地、建设、环保等相关事宜的协调解决，促进区域经济一体化协同发展。

2.成立张江地区城市综合管理联动平台

由张江镇政府牵头统筹协调区域内重大城市管理事项。平台成立以来，通过实施覆盖全镇的“管镇联动”城市管理百日集中整治，加强对沿路沿线、重点区域、市容环境、秩序维护、黑车和无序设摊整治，对已整治区域，安排力量固守，做到整治一块、固守一块，加大日常巡查频次，及时发现、及时处置，使原属园区管辖的人流密集区域市容环境得到明显改善。目前，张江镇正抓紧落实城管综合执法体制改革要求，不断提升队伍综合素质能力和严格规范公开文明执法水平，着力治理乱设摊、黑车等城市管理顽症，将“百日整治”固化为长效机制。

3.发动社会力量共治共享

根据张江区域企业多、年轻人多的特点，进一步拓展社会力量参与渠道，发动居民、机关和企事业单位职工、社会组织和园区“张江男”“张江女”组成3000人志愿者队伍，首支300人地铁志愿者队伍已正式上岗，协助维护秩序、客流疏导和咨询服务，探索通过激发区域社会活力，共同推进区域治理的新机制。

4.探索十大创新平台

在前期探索的基础上，目前已逐步形成“管镇联动”工作的创新平台，包括：城市管理的“张江一号”百日整治平台、社会组织参与的志愿者服务平台、区域化党建理论学习的“张江大讲堂”平台、网格化管理的城市综合管理平台、镇与村级集体资产运作平台，“公众安全感指数提升”平台、园区居民区服务平台、“五化”工程平台、“百姓共享改革成果”大礼包平台以及以“张小江”为代言形象的微信、微博等新媒体平台。这些平台不仅包括市管理、社区服务，也涉及基层党建、民生改善，成为“管镇联动”后全方位的创新举措。

案例2 上海浦东新区探索法定机构模式推进陆家嘴金融城管理体制改革

（一）陆家嘴金融城管理体制创新的重要意义

陆家嘴金融贸易区，即“陆家嘴金融城”，2009年被国务院确认为上海打造国际金融中心的核心功能区域。当前，金融城内，以金融、航运服务和商贸为主导，会展、旅游业为补充的“3+2”产业体系基本形成。截至去年底，持牌类金融机构754家，在上海浦东新区占比90%，全市占比60%；金融从业人员20万人，约占上海的六成。在陆家嘴金融城探索管理体制创新具有非常重要的意义：

一是探索转变政府职能、推进简政放权、提高行政效能的新路径。选择在陆家嘴金融城区域开展体制创新改革试点，有利于从小切口入手探索构建精简高效的公共治理模式，为推动政府职能转变和新一轮政府机构改革探索新的路径，实现“小政府、大社会”的目标。

二是适应陆家嘴区域发展转型的内在要求。随着陆家嘴区域发展进入新阶段，开发建设类事务相对减少，市场主体高度集聚，区域管理和服务的重心从重项目建设到重管理创新、从重项目审批到重功能提升转变。

三是为自贸试验区金融、航运、贸易等领域制度创新搭建业界广泛参与和沟通对话的有效平台。陆家嘴区域拥有金融、航运、贸易重点机构等市场主体和高端人才集聚的优势，业界参与优化营商环境、完善产业生态链等方面公共治理的意愿十分强烈。

（二）“业界共治+法定机构”金融城管理体制创新的总体架构

要创新改革陆家嘴金融城管理体制，总体考量是改革现有管委会作为政府派出机构的传统行政管理模式，构建“业界共治+法定机构”的公共治理架构。

首先，组建业界共治平台，设立陆家嘴金融城理事会（以下简称“理事会”）。理事会作为公共议事平台（非法人），围绕金融、航运、贸易等产业发展和商业、交通、文化等环境优化方面，开展业界共治，并参与部分重大事项的决策。

理事会规模不超过100人，理事任期2年（无薪酬），主要由两部分组成：一是金融、航运、商贸等重点企业和行业组织的业界代表；二是政府部门和相关金融监管机构派出的代表。理事会设常务理事，规模为15—20人；理事长由政府提名，遴选业界有代表性和影响力的人士担任。

理事会以区域内业界共治的模式，集聚各方智慧，形成推进陆家嘴金融城发展的共识与合力。也就是说，理事会将成为金融城发展的“智囊团”。

其次，设立具有法定机构性质的管理服务机构——陆家嘴金融城发展局。撤销陆家嘴金融贸易区管理委员会（以下简称“陆管委”），设立陆家嘴金融城发展局（以国有独资公司注册，登记名称为“上海陆家嘴金融城发展局有限公司”，以下简称“发展局”）。

作为具有法定机构性质的管理服务机构，发展局负责实施和协调陆家嘴金融城区域内的公共事务，并组织和落实理事会业界共治的相关事项，促进上海“四个中心”核心功能区建设。

在优化产业生态链和生活服务体系、宣传推广金融城品牌等方面，发展局采用更灵活有效的机制，通过企业化、专业化运作提升金融城的发展能力与效率，打造开放度更高、便利化更优的营商环境；在事中事后监管、金融风险防范等方面，发展局并不取代监管机构的职权。

理事会和发展局各司其职，相互支撑。理事会秘书处设在发展局内，发展局定期向理事会报告工作。从这个角度来说，发展局是市场上“看不见的手”，与“智囊团”分工合作，听“脑袋”指挥，并与政府监管机构这只“看得见的手”两手都要抓、两手都要硬。

（三）先易后难，循序渐进：金融城管理体制创新的实施策略

先易后难，分步实施。为兼顾可操作性，改革试点实施范围暂定为陆管委所管辖的31.78平方公里。同时，改革试点只涉及陆管委和上海自贸试验区管委会陆家嘴管理局，不涉及区域内街道等其他行政主体。

高度精简，高效运作。发展局实行企业化运作机制。在人事薪酬、治理结构、财务管理等方面，发展局享有更大自主权，同时强化绩效激励和考核机制。发展局建立市场化的人事薪酬体系。通过市场化招聘方式，面向全球公开招聘金融、航运、贸易等行业发展战略，以及金融城运营管理与品牌推广等方面的专业人才。改革试点所涉及现有机构和岗位的工作人员，可根据个人意愿参与公开招聘，亦可保留公务员或事业人员身份，由区组织人事部门统筹安排。同时，发展局将实行职位分类管理，根据实际需要设置部门和岗位，聘用相应数量和层次人才，实行市场导向的薪酬机制，其薪酬水平参考市场等因素综合确定，并根据绩效和市场薪酬水平变化情况进行动态调整。

法制保障，逐步到位。改革试点初期，由上海浦东新区人大常委会依照《上海市人民代表大会常务委员会关于促进和保障浦东新区综合配套改革试点工作的决定》作出《关于支持陆家嘴金融城体制创新改革试点的决定》，明确新体制下各机构的职责定位、运行机制、配套保障制度以及相关主体的权利和义务等，为改革试点提供依据。同时，适时启动市人大立

法程序，最终由市人大常委会制定并颁布地方性法规——《陆家嘴金融城条例》，明确新体制下各主体的法律地位、机构性质、职能定位、治理机制、权利和义务等，为改革试点提供法制保障，强化固化改革试点的制度性成果。

在广泛听取各方意见的基础上，上海浦东新区完成了《陆家嘴金融城体制创新方案》，一些讨论过程中遇到的问题也有了明确的结论。比如，发展局“法定机构”以什么身份注册成立？最终明确以企业方式注册成立。又如，发展局作为国资企业，何以承担公共管理和服务的职能？最终敲定由政府出资来购买其服务。目前，区人大常委会已作出《关于支持陆家嘴金融城体制创新改革试点的决定》，理事会、发展局已公开挂牌、启动试运行。

案例3 天津滨海新区推进电子市民中心建设

（一）整体架构及功能

电子市民中心整体架构为“两系统两库一窗”。“两系统”，一个是i滨海服务系统，提供互联网上办事服务，具备模糊搜索、单点登录、服务申请、进度查询、举报投诉等功能；另一个是通用办件系统，用于政务内网上各部门工作人员处理个人、企业申请，实现与公安、社保等专业系统互联互通。“两库”分别是法人、市民的基础信息库和电子证照库，是网上办事的重要技术支撑。“一窗”是线下“综合一窗”，确需本人到场的事项，可通过遍布新区的线下综合窗口实现“一窗受理”，全区通办。

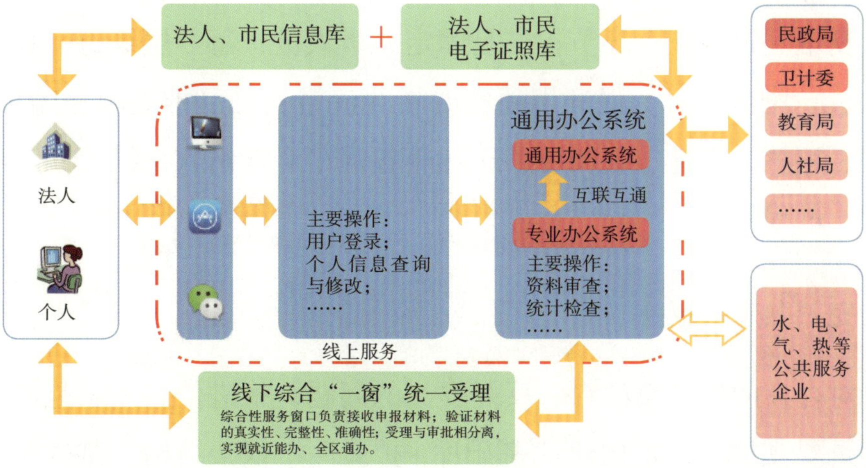

图2.19 电子市民中心运行构架图

（二）重点任务

1. 推动公共服务事项标准化

针对目前服务事项权限、标准、要件不一的情况，推进事项标准化是网上办事的前提和标准。一是科学界定服务事项范围。以权责清单中的行政许可、行政确认、行政奖励、行政给付和其他等五类为依据，原则是只可增加，不能减少，全面梳理服务事项。二是规范事项标准。分析区级部门、各功能区、街镇的服务事项数量和标准差异，按照“事项从多、要件从简、时限从短”原则，规范各部门、功能区和街镇的权限，实现同一事项统一名称、统一材料、统一条件、统一依据和统一时限，实现“同一事项、同一标准”，并进行统一编码、动态管理。三是推动事项按系统全部上线。分布推进服务事项上线运行，对确定上线的系统，系统内所有区级部门、街镇及所属企事业单位所有事项全部上线。

2.推进办事流程规范化

针对目前办事流程环节繁复、群众跑腿的情况，推进流程规范化是网上办事有效运行的关键。一是规范办事层级和环节，每一事项最多分为区级部门、街镇（功能区）、村（居）委会三级审核，每一层级内部最多分为初审、复审、审定三个环节；二是固定办事人员，每一层级每一环节逐一确定人员，配置账号，保证事项实时在线流转；三是推进服务闭环运行，从受理、审核、出件、纸质证书送达等各程序全部纳入系统，网上服务公开透明、过程完整。

3.完善共享信息库

针对存在的到处交材料、反复提交的问题，推进信息共享是电子市民中心的重要支撑。一是构建“基础库+扩展库”框架结构。基础库与相关部门数据库比对认证，是最基本的个人、法人身份信息；扩展库不断拓展完善，据此提供个性化服务。二是完善法人基础库和扩展库。基础库包括企业名称、企业类型、注册资本等18个数据项，并与新区公共信用平台企业信息库比对，在使用中完善生产经营、处罚奖励等扩展库信息。三是建立个人基础库和扩展库。基础库包括姓名、身份证号、居住地址等15个数据项，与公安系统的居民信息库进行比对，并不断完善健康、医保、资质等扩展库信息。四是与各专业数据库共享与动态更新信息。与社保、公积金、房管等部门信息库进行定期比对，保证数据准确和更新。

4.完善电子证照库

针对目前存在的奇葩证明多、反复开证明等问题，推进电子证照库建设是另一个重要支撑。一是编制采集标准与目录。按照个人、企业证照的不同特点，以各类资质、许可等证照为重点，明确各部门电子证照采集范围和标准；二是推进存量增量证照同步采集，对所有存量证照进行电子化转换，在用户办事时生成纸质证照的同时生成电子证照。

5.完善“综合一窗”服务

针对各部门自设服务大厅、专业窗口林立的现状，实行一站式一窗综合受理，是电子市民中心的重大创新。一是设立综合服务窗口，整合各部门线下窗口，在行政审批局、功能区和街镇社区服务中心设立综合服务窗口，实现一窗通办、就近能办、全区通办。二是健全受理、审批分离机制。综合一窗现场核对申办材料，各部门专业人员进行实质审查。三是完善帮办代办和自助办理，窗口配置帮办代办人员，提供事项申报、信息代填、后续跟踪等服务；服务大厅配置自助办理设备，提供全新自助服务体验。四是扩展“综合一窗”网点，探索在新区内银行网点、联通营业厅等增设综合服务窗口。

6.健全运行管理机制

权责明晰、分工协作的运行管理体制是电子市民中心高效服务的保障。一是建立统一的开发管理机制，成立区领导小组和专项工作组，抽调相关单位业务骨干，集中办公，统一开发建设“电子市民中心”。二是完善高效顺畅的运行机制。实行办理首问负责制，由初审单位负责帮助、指导和全程服务；实行终审负责制，由最后办理单位负责整项服务的协调、推动并直至办结。三是建立绩效考核机制。区审批局统一负责电子市民中心和综合一窗的运行管理、绩效考核；用户给予好评或差评，作为部门和工作人员绩效考核的指标。

（三）远景目标

率先实现四大突破，提供革命性新体验。一是率先实现各类事项全部上网办理，包括行政审批，各部门、功能区、街镇的服务事项、区属企事业单位及社会组织的便民事项。二是率先实现一次登录一网通办，提供企业与个人统一身份认证，不必重复登录各专业系统。三是率先实现智能化主动服务，记录汇总用户访问、查询、申请等办事痕迹，主动推送个性化服务。四是率先实现一号索引、服务一生，以身份证号和社会信用代码为唯一索引，建立共享信息库和电子证照库，为个人和企业提供全生命周期服务。

通过新区电子市民中心真正实现“办事不再到处跑，5A级服务在身边”，即所有个人、法人（anyone）任何时间（anytime）任何地点（anywhere）通过多种途径（anyway）享受所有服务（anything）。

案例4 天津滨海新区“创通票”开启创新创业制度新模式

“创新创业通票”（以下简称“创通票”）是天津国家自主创新示范区落实创新驱动发展战略，推动大众创业、万众创新的又一重大制度创新成果。国家科技部资源配置与管理司、政策法规司、火炬中心先后来高新区进行专题调研，拟在全国范围推广。

由天津高新区管委会会同有关行业专家和企业设计发行，通过互联网管理系统，把现行政策资金兑现的财政后补贴方式调整为先由第三方机构垫付，再由合作银行兑现的新方式，重点破解困扰企业的融资难和政策兑现难两大难题。创通票将通过“互联网+政府服务”的新模式，实现“一票在手、创业无忧”及“到自创区创业、全程免费”的目标，并尽快形成可复制的标准化模式向全市一区二十一园推广。“创通票”制度的正式推出，将加速推进政府职能转变，消除不利于创新创业发展的各种束缚和障碍，实现公共服务资源的普惠与共享。

（一）创通票开启“互联网+政府服务”新模式

“创通票”是一个定额有价电子编码，通过专门的互联网管理系统实现创通票的可流转、可兑现。创通票包含高企服务包、知识产权服务包、分析测试服务包、新三板挂牌服务包、初创服务包等多类服务包，能够满足企业多种创新创业需求。创通票编码与申请企业、服务包以及达成的效果一一对应。

图 2.20　创通票制度

企业可以根据自己的需求自主申请创通票。创通票拿到手后在平台系统中选择一家第三方服务机构，机构提供服务后，拿创通票到银行去兑现资金，整个流程都是在互联网上完成的，政策落地实现“零时间”。

（二）“创通票”制度创新成果的推广

2016年3月份和5月份举行的示范区一区二十一园建设工作推动会上，天津高新区向二十一园详细推广了高企创通票，并将加快做好下一步推广工作和探索有效模式形成可复制可推广的经验。共12个区县的134家企业参加了培训会。另外，建立了服务一区二十一园的创通票服务平台——创通票运营公司，并与武清、津南、西青、静海、宝坻、蓟县等9个区县相关部门积极沟通，将更好地为一区二十一园企业提供创通票服务支持。国家科技部资源配置与管理司、政策法规司、火炬中心先后来高新区进行专题调研，拟在全国范围推广。

案例5 重庆两江新区后谷咖啡项目建设全球第三大咖啡交易所

（一）项目基本情况

咖啡是世界第二大宗商品，2015年咖啡交易量同比增长了48.6%，成为大众消费品。后谷咖啡是国内咖啡行业的龙头企业，在云南拥有20多万亩咖啡种植基地，建有13000吨速溶咖啡生产线。2016年6月，由后谷咖啡公司、重庆能投集团等联手打造的重庆咖啡交易中心在两江新区正式上线。初步预计，重庆咖啡交易中心2016年全年将通过渝新欧运送3000个集装箱的咖啡，实现20亿—30亿元的咖啡交易额，到2020年实现交易规模100亿元，有望建成我国第一家咖啡交易市场、全球第三大咖啡交易所。

（二）项目亮点

一是充分发挥"渝新欧"国际大通道作用。由于咖啡产品对物流安全性要求很高，过去咖啡生产大省云南和占世界咖啡产量三分之一的东南亚地区生产的咖啡是先运到昆明进行报关，再运到大连、深圳等城市的港口销往国外。现在，依托重庆的区位优势和开放大通道，经长江水道将咖啡运抵重庆，得益于保税港进行的贸易多元化试点，经由重庆保税港区的中转仓库，通过"渝新欧"国际大通道直达当下咖啡主要消费市场的欧洲腹地仅需13天，比江海联运节省30天，比空运便宜4/5。

二是集合开放资源。依托重庆的金融、大数据、电子商务等开放资源，形成了集电子交易、跨境电商、融资增信、结算和大数据为一体的咖啡交易中心，大数据包括全产业的种植、贸易、物流、加工、流通和终端消费场馆等各类主体的基础数据和交易数据。到2020年咖啡交易中心将聚集客户5万户，实现物流服务规模200亿、融资服务规模60亿。

案例6 浙江舟山群岛新区舟山保税燃油供应中心助推国际海事服务基地建设

舟山保税燃油供应中心是舟山国际海事服务基地、舟山江海联运服务中心建设的重要内容，是舟山自由贸易试验区在改革创新、先行先试方面的突破口，对优化我国东亚地区战略布局、提升我国港口综合服务能力、赢得参与国际贸易竞争主动权以及提高我国在国际大宗商品市场中的话语权具有重要意义。舟山保税燃料油供应中心自2014年4月正式运作以来，在全国加油量下降、修造船行业不景气的环境下，舟山保税燃料油供应量连年实现逆势增加，2014年达到66.5万吨，2015年达94.2万吨，2016年实现直供量106.4万吨，同比增长13%。保税燃料油供应中心的成功建立，助推舟山在国际航运市场的地位显著提升。

（一）积极深化便利化政策

在固化外锚地加油、夜间供油、流量计安装、吨税减免、一船多供、同税号调和、跨关区供油等各项政策创新的基础上，2016年继续以通关便利化和降低企业成本角度争取各项实用政策。陆续突破实施7×24小时便利化通关和“海上浮仓”政策，仅海上浮仓为企业节约资金400余万元。进一步深化跨关区供应，2016年9月份正式开展绿华锚地跨关区一船多供业务，11月突破太仓港区跨关区供应。

（二）营造环境活跃加注市场

引入宁波中长燃开展燃供业务，成为第四家进入舟山市场的燃供企业。随着浙江自贸区方案的获批，将进一步对舟山放开报税燃供资质企业的申请和审批制度。到新加坡学习MPA（新加坡海事局）的管理制度，借鉴SS500、TR48等供油规范，着手起草适用舟山的海上保税燃料油加注制度和管理规范。

（三）开拓渠道确保发展后劲

通过积极争取，将水文条件较好的秀山东锚地16平方公里列入自贸区范围，未来计划在此海域开展燃供、外供等业务；为缓解虾峙门锚地拥堵局面，在北侧开辟两个新锚位，预计2017年建成，可有效增加燃供船只容量；综保区衢山分区开港运作后，积极拓展大型散货船只燃供业务，2016年9月25日实现首单7520吨保税燃料油供应，为国内迄今最大单笔供应量，目前正与中燃公司协商固化业务模式，实现长期供应。

（四）完善外轮供应服务业务

建立了外供农产品基地、外供物资配送中心，外轮供应信息化平台建设抓紧推进，2016年3月开展了首单外锚地物资供应业务，专用供应船已开展常态化运行。支持外供企业设立海外仓，目前已有区内公司在尼日利亚租用仓库设立海外外供仓库，为西非地区唯一具备外供能力的企业，相关物资均从综保区出口。

（五）做大船配交易业务

建立进口船配代理采购中心、进口船配保税展示仓库以及配套金融支持，极大地推动了国际船舶与船用设备交易业务发展，船配交易市场规模迅速做大。2016年，实现船配进出口额1.73亿美元；服务客户从欧华拓展至金海重工等企业白名单船企；交易品种从主机副机等传统配件拓展到钢板等生产原料。为进一步做大业务规模，与浙银租赁对接，拟定了一套成熟可行的租赁采购方案，对风控等各方面作了周全考虑，可大大降低船配贸易公司经营风险；同时，浙银租赁授信20亿元给予船配贸易公司，计划于2017年正式开展业务。

（六）丰富海事衍生业态

综保区海事服务大厦已聚集报关代理、仓储物流、外轮供应、融资租赁、跨境电商、理赔仲裁等海事配套服务企业和分支机构30余家，海事服务聚落初步形成。海事金融服务业得到快速发展，鼓励融资租赁公司与舟山市大型涉海企业开展融资租赁业务合作，目前共引进海洋产业融资租赁企业8家，注册资金27.5亿元，有力推进了舟山金融租赁产业的良性发展。

图 2.21　浙江舟山群岛新区保税燃料油加注

案例7 兰州新区依托兰白科技创新改革试验区提高区域创新能力

2016年兰白科技创新改革试验区域全社会研发投入占GDP的比重达到2.53%，财政科技投入占财政支出的比重达到3.56%，战略性新兴产业增加值占GDP的比重达到13.6%

（一）搭建孵化平台，培育创新企业

成立了新区科创公司，专门负责产业孵化大厦运营管理、企业引进、产业化项目培育。一是配套孵化优惠政策。制定出台了《兰州新区产业孵化大厦入孵企业配套政策》，对孵化企业和科技服务机构两年半免收房租和物业费，免费使用会议室、多功能厅和报告厅等公共配套设施，对孵化企业申报的国家、省、市科技计划项目给予配套资金支持，对获得银行贷款的企业给予30%贴息补助。二是大力引进孵化项目。重点瞄准电子信息、高端装备制造、新材料等产业，紧盯高层次人才创新创业团队，引进各类孵化项目246个（其中"千人计划"专家项目5个），引进众创空间9个，培育新三板挂牌企业3家，引进企业注册资金超过6亿元，产值达到1.5亿元，创造就业岗位2400多个。三是积极搭建创新平台。建立了张江兰白试验区技术转移中心、西安交大技术转移中心、兰州市技术合同登记点、国家航天育种中心雪域峰院士工作站、科技金融结合服务平台等多个创新平台。四是构建全产业链孵化链条。借助国家级孵化器的品牌影响力，与陇商国际、亚太科技合作，建设“双创”孵化基地、加速器和标准化厂房，努力打造以产业孵化中心为核心的“创业苗圃+孵化器+加速器+产业园”的全产业链孵化链条。

（二）创新合作机制，促进成果转化

积极解决新区远离创新要素集聚区，创新资源短缺、创新实力不强的问题，搭建企业和高校、科研院所合作的平台。一是组建兰白试验区联合创新研究院，已有51家高校、科研院所和企业作为理事单位加入。联合创新研究院的成立打通了企业与高校、科研院所间的体制壁垒，实现创新资源全面共享和企业创新需求的精准解决。二是积极服务企业技术创新。坚持“培育和服务并重”的原则，转变服务方式，主动上门讲政策、帮助企业找项目，助推企业报项目的方法，精准对接企业需求，鼓励企业开展科技创新。三是建设在线科技成果和项目管理平台。正在开发建设科技成果征集发布、项目申报评审软件平台，进一步畅通校企、院企项目合作的渠道，实现成果信息和技术需求的在线发布、科技项目资金的在线监管，已累计发布科技成果信息431条，帮助企业解决技术需求10项。

（三）瞄准高科技企业，推动快速产业化

一是推动科技型企业快速产业化。成立了推进科技型企业快速产业化领导小组，加快扶持一批产品可替代进口、填补国内空白、具有爆发式增长潜力的龙头企业，构建起具有强大核心竞争力的现代产业体系。二是已确定凯博药业止血新材料、北科维拓智能制造产业园、纳富迪斯微纳碳产业园、未来新影影视云IDC等4个项目为快速产业化试点项目，并制定了《兰州新区科技型企业快速产业化试点扶持方案》。其中凯博药业止血新材

料项目通过9个月的快速建设已顺利投产，北科维拓智能制造产业园项目已开工建设，纳富迪斯微纳碳产业园项目已完成选址和公司注册，未来新影影视云IDC项目已正式运营。三是提升龙头企业创新能力。支持企业申报省级科技重大专项和重点研发计划，有力提升了产业层次，推进龙头企业迈向中高端水平。

（四）健全激励机制，推进创新改革

一是制定普惠性激励政策。将原有产业、土地、投资、科技人才和社会发展政策进行整合，出台了《兰州新区产业发展扶持及奖励政策（试行）》，包含“投资奖励、税费扶持及奖励、生产要素补贴、融资扶持及奖励、科技创新扶持及奖励、住房社保补贴和荣誉奖励”七大部分。二是深入审批制度改革。认真落实中央、省市关于“放管服”改革的部署要求，梳理国家、省市下放行政审批事项129项，对省级下放的行政审批事项全部承接到位，职业资格认定事项由618项削减至184项，削减比例达70%以上。编制印发了《兰州新区企业投资项目承诺制试点方案（试行）》和《兰州新区涉企行政事业性收费“零收费”试点方案（试行）》，开展“承诺制”和“零收费”试点工作，审批事项减少60%以上，审批时间压缩近四分之三，审批综合成本下降80%以上。三是深入推进财税制度改革。落实好国家、省市关于“营改增”改革的各项举措，累计为小微企业减免增值税1104.6万元。积极推行规模纳税人自行开具增值税专用发票，探索推行电子发票，切实为企业减轻负担。

♂ 案例8 广州南沙新区率先建立进出口商品全球质量溯源体系

南沙出入境检验检疫局率先以“三种模式、三个体系”业务综合改革为抓手，深化实施“互联网+质检”行动，依托“智检口岸”公共服务平台，构建来源可溯、风险可控、责任可究、多方共治的进出口商品全球质量溯源体系。通过一年多的实践应用，质量溯源体系为全球质量关系各方提供和传递了全面有效、科学权威的质量和品牌价值信息，知名企业高度认可并深度参与，推动形成追求卓越、崇尚质量的价值导向，营造与国际贸易规则体系相适应的市场化法治化国际化贸易生态环境。

（一）主要做法

1.转变监管理念和管理模式

全球质量溯源体系依托“智检口岸”公共服务平台，通过采集商品从生产、贸易、流通直至消费者的全生命周期的碎片化质量信息，通过大数据分析和云计算手段，形成以标准、质量为核心内容的全链条、闭环式大质量管理机制，以溯源码为介质，实现商品价值的真实传递。其本质是监管理念和管理模式的转变，从单纯的口岸监管转变为事前“源头可溯、风险可控”、事中“守信便利、失信惩戒”、事后“去向可查、责任可究”的全链条闭环监管；从微观监管转变为宏观与微观并重的大质量监管；从单一部门监管体系转变为多元共建的社会性体系。

2.实施质量溯源，提高政府工作效能

以“一个平台、三个系统”作为技术支撑（即“智检口岸”平台和质量信息接入系统、溯源码标识系统、质量溯源查询系统），境内外企业将商品质量信息通过接入系统导入“智检口岸”平台；商品抵达口岸后，检验检疫机构通过溯源体系实施精准监管、快速验放；商品进入流通环节后，消费者、企业及监管部门通过溯源码或网页查询快速获取全链条溯源信息及特殊状态提醒，同时可进行咨询、举报或投诉，动员全社会质量相关方通过信息反馈参与质量管理。检验检疫机构及时全面掌握反馈信息，科学调整监管措施，精准打击违法违规行为。

（二）实践效果

1.实现进出口商品品类全覆盖

涵盖一般贸易、跨境电商、市场采购出口等贸易方式，覆盖食品、消费品、汽车等品类，共发码1528万，溯源商品货值达362.91亿美元。

2.知名企业高度认可和深度参与

京东、天猫、唯品会、美赞臣、美的、宜华、四洲等56家国内外知名企业主动申请加入工厂级溯源，一致认同体系的品质、品牌传递能力。

3.赢得消费者认可和信赖

溯源查询只需登录“智检口岸”平台或免费下载安装“CIQ溯源”手机应用软件扫码即可快速获取商品质量信息，目前已有124.6万人次进行溯源查询，遍布全国31个省市自治区、港澳台和亚、欧、北美、澳四

大洲。

4.监管效能大幅提升

市场采购出口商品质量合格率较体系应用前提高38.70%，验放周期由平均2—3天缩短为16分钟。2016年跨境电商抽检不合格率同比下降61.43%，平均通检时间105秒。

5.推动产业集聚发展

南沙市场采购出口业务以每年超过30%的比例增长，出口至全球190个国家和地区，直接推动南沙港区新增20条国际航线，2015年对广州市外贸增量的贡献度达37.10%。2016年1—11月跨境电商入境1345.96万批、货值29.09亿元，同比分别增长3.2倍和2.7倍。2016年，南沙区备案企业1007家，网购保税进口跨境电子商务累计进境电子清单1532.6万票，总价值人民币36.8亿元，同比增长2.7倍。

6.打击假冒伪劣产品成效显著

通过质量溯源体系应用，南沙口岸查获涉嫌假冒伪劣商品线索70余条，未如实申报线索200余条，立案行政处罚90余起，发现涉刑线索7起。

7.推动实现质量多元合作共治

全面质量信息的掌握和全链条闭环监管模式，得到市场监管、公安等部门的认可，主动合作参与溯源体系建设和应用。

（三）下一步工作思路

打造南沙自贸片区进出口商品质量监管国际化规则示范区，推动外贸“优进优出”。发挥进出口商品大质量监管的职能作用，完善覆盖所有进出口商品的全球质量溯源体系，实施企业自主标准声明制度，以质量监管倒逼“补短板”，促进进出口企业自律，进出口产品质量可靠，推动广东率先迈入“质量时代”。

图 2.22　全球溯源监管体系——跨境电商溯源信息查询

案例9 贵州贵安新区率先探索"一章审批、一网审管、一单规范"

2016年，贵州贵安新区开启了开展国家相对集中行政许可权试点工作序幕，着力推进体制机制创新，在全国率先探索了"一章审批、一网审管、一单规范"改革新路。

(一)一章审批

围绕解决过去"重审批轻监管""以审批代监管"等问题，打破原职能部门"职责同构"壁垒，推进"审批局外无审批"，2016年6月获省政府批准第二批新增划转行政审批事项196项，已集中行使新区内设机构95%的行政许可权，包括发改、经信、商务、交通、住建、人防、城管、农业、林业、水利、教育、民政、人社、文化、文物、体育、宗教、卫生、计生、食品、药品、工商、质监、司法、新闻、出版等方面的行政审批工作，成为全国较彻底的试点地区之一，目前已顺利办理许可10475件。在全国率先出台"审管分离"实施办法等"1+9"制度，推动原职能部门把主要精力集中到负责许可事项的事中事后监管和相关行业规划、政策、标准制定等工作上来，实现行政审批和行业监管既相对分离又相互制约促进。2017年5月印发实施全面加强和规范行政审批事中事后监管的意见，初步建立"宽进严管"的市场准入和监管制度。

（二）一网审管

围绕解决“审管分离”后，行政审批局和原职能部门工作无缝衔接等问题，在全国率先探索建设集审批、监管、服务和监督为一体的大数据云平台上线运行，对行政许可事前审批和事中事后监管的制度机制进行数据化实时监控管理，探索“审管同步、规范高效、公开透明、全程留痕、分析应用”的“云上政务”新路。目前已搭建“审批云”“监管云”“监督云”“招商云”“证照云”“分析云”等“六朵云”，其中：审批云整合网上办事大厅、综合受理平台、审批服务系统和投资项目在线审批监管平台，实现一网流转、流程全面再造；监管云在全国率先将监管工作统一纳入云平台管理，实现审批与监管信息的实时传递和对接，为部门开展协同监管、大数据监管等提供平台支撑。重点围绕云平台应用全面再造审批服务流程，集中审批提速80%以上，有120项可在1个工作日内办结，企业营业执照办理“立等可取”。

（三）一单规范

围绕解决过去审批和监管工作缺乏规范标准和随意裁量等问题，在完善实施权力清单、责任清单的基础上，在全国率先探索编制行政许可事前审批和事中事后监管的“标准清单”，逐项制定细化工作标准，对外提供精确指引，对内提供精准规范，打通严格规范服务和履职的“最后一公里”。审批“标准清单”、监管“标准清单”已经公布实施，并出台了行政许可监督办法，让群众明白办事，让干部廉洁干事。同时，根据国务院有关文件精神，2017年6月底率先印发“一号申请、一窗受理、一网通办”政务服务改革试点方案，8月已正式实施。

（四）“三大改革”

以开展相对集中行政许可权试点工作为核心牵引，贵州贵安新区还着力推进“三大改革”：一是全面精简行政许可事项，通过取消、备案、暂不列入、合并、下放等方式将行政许可精简为92项，其中完全取消30项、改为备案37项、暂不列入52项、下放乡镇11项，成为审批最少的新区。二是全面深化商事制度改革，2017年5月份在全国率先探索实施“取消办证、改为备案、自主办证、承诺办证、证照合发、严格准入”等“六个一批”“证照分离”改革新模式，切实有效解决“准入不准营”和“办证多”“办证难”等问题，成为继上海浦东新区之后全国第二家开展“证照分离”改革的地区。已正式实施电子营业执照试点,已经发放33张电子营业执照。推进外商投资企业审批注册登记合一改革，启动企业简易注销试点工作，近期将印发《贵安新区企业注销登记简易程序规定（试行）》。截至目前，新区累计新增市场主体3472户，新增注册资本1368亿元，同比分别增长232%和594%。三是全面深化投资项目审批改革，制度化研究将投资项目审批时限缩短到40个工作日以内，从改革准入、用地、规划、施工、验收和改革审批方式等方面提出了20项试点措施，项目审批时限相对法定时限将缩短85%以上。

案例10 青岛西海岸新区大力推动“信用西海岸”建设

（一）加强总体设计，开展先行先试

制定了《新区社会信用体系建设实施方案》，成立了由工委区委、管委区政府主要领导任组长的社会信用体系建设工作领导小组，编制了《新区“十三五”社会信用体系建设规划》。率先推进商事主体信用体系建设，出台了《新区商事主体信用体系建设工作的实施意见（试行）》等文件，加强信用监管，严格落实企业信息公示、经营异常名录、“黑名单”等制度，努力构建信用监管机制，打破行业部门之间信息壁垒。先行在中德生态园开展以生态信用为特色的社会信用体系建设试点，与信用评级机构建立战略协作关系并开展了具体合作，创建园区类机构信用管理和服务体系合作共建的典范。

（二）突出工作重点，加快平台建设

开展以商事主体信用体系为特色的园区试点示范。将商事主体信用体系建设工作作为社会信用体系建设工作的突破口，并列入了新区十大领域改革事项。在全国同级层面率先建设并运行了商事主体信用信息公示平台。通过“两纵一横”汇集了全区商事主体的信用数据，记录、完善、整合商事主体登记注册信息、行政许可、行政处罚、良好信息、经营异常名录等信用信息，构建了以信用信息征集、公示、应用等制度为制约的商事主体信用体系。经过近一年时间的探索，初步构建起了以“商事主体信用信息公示平台”为依托，以信用信息公示为核心的新型监管体系，形成了商事主体“宽进严管、部门联动、社会共治”的新模式。平台已归集全区62个部门和单位的34万多户市场主体登记基础信息、3.7万条行政许可、行政处罚等公共信用信息数据，“新区商事主体信用信息网”访问量达20万余次。

依托“商事主体信用信息公示平台”，新区与青岛市公共信用信息平台进行了对接，“一网三库一平台”（“一网”即“信用西海岸”网站、“三库”即“个人、企业、非企业法人”三大公共信用信息数据库、“一平台”即“公共信用信息共享交换平台”）建设有序开展，“信用西海岸”网站已实现公测。

（三）发挥示范作用，推进整体建设

发挥商事主体信用的带头示范作用，推动政务诚信、商务诚信、社会诚信、司法公信等各领域协同发展，扎实推进新区社会信用体系建设。

政务诚信领域：建立了司法、卫生计生等系统依法执业诚信档案。正在筹建新区公务员诚信展示平台，探索建立了新区公务员信用档案，并将公务员诚信情况与公务员考核、评先评优、选拔使用等结合起来。商务诚信领域：制定了《建筑企业诚信体系认定的意见》和《公共资源交易投标主体信用考评办法》，推进企业质量信用体系建设，实施了企业事前信用承诺制度，建立了中介机构备选库入库信用评价和资格复核制度，开展了纳税信用等级评定、“银税互动”等工作，加大了区级公共信用信息数据在辖区内金融机构的推广应用。社会诚信领域：广泛开展了征信知识宣传月、3.15消费者信用权益保护宣传、征信知识进校园、依法诚信纳税、质量诚信等宣传活动，开通了“信用西海岸”微信公众号，在广播电视台设立固定的诚信宣传板块，在“黄岛发布”官方微博和青岛西海岸新闻网等载体上进行立体化宣传报道。司法公信领域：严格落实公布失信被执行人名单、限制被执行人高消费制度，制定了《关于支持和加强人民法院执行工作的十四条意见》，强化联合惩戒。探索推行行贿犯罪档案查询主动承诺与警示告知制度。严厉打击失信犯罪、电信诈骗、财产诈骗等犯罪活动。

（四）形成部门合力，突显工作成效

建立多部门、跨区域信用联合惩戒机制，各行业管理部门依托行业信用记录和商事主体信用信息共享平台，对企业或个人实施“黑名单”管理或“ABCD”信用风险类别划分，在政府采购、招标投标、行政审批、政府扶持、融资信贷、市场准入、资质认定等方面采取相应分类管理措施。加强对失信主体的约束和惩戒，探索建立市场退出和行业禁入制度。严格落实国家予以限制或者进入相关规定，基于公示平台，畅通信息通道，使用信用记录和信用报告，推进联合惩戒，形成“一处违法，处处受限”的多部门共治格局。

全面推行信用承诺公示，6400余家新设立企业签订信用承诺书。纳入并公布失信被执行人2357人，直接或间接执结案件1187件，实现案款9339万元。多部门联合打击违法失信行为，破获诈骗类案件、拒不支付劳动报酬等案件400余起，涉案金额2000余万元。限制高消费1557名、限制出境8名，有259人向银行贷款被拒，2家公司被区政府采购名录除名，2家物业公司被区物业管理机构禁止当地市场准入。公共资源交易领域先后对7位评审专家、13家投标企业、8个代理机构失信行为进行了相应处理。

案例11 大连金普新区多策并举大力发展跨境电子商务

2016年10月，全国首家“互联网+”跨境电商公共检测服务平台——大连“互联网+”跨境电商公共检测服务平台在大连金普新区跨境电商综合试验区正式启动。该平台以实体实验室为基础，以实验室资源管理平台和数字化实验室建设成果为依托，实现不同检测领域、不同地域实验室“线上”整合。大连“互联网+”跨境电商公共检测服务平台不仅满足政府对行业检测需求、检验检疫行政执法需求和跨境电商企业对产品自检自控的要求，还可满足消费者对电商产品涉及质量仲裁和鉴定方面的需求。通过平台建设，将逐步构建“互联网+”检验检测生态圈，利用大数据技术即时统计分析跨境商品质量，发布产品或行业风险预警；提升跨境电商企业的通关效率，更好发挥检验检疫职能，主动服务地方经济发展。

在海关、检验检疫、国税、工商等部门与辽宁电子口岸公司、安达吉祥物流等企业的积极配合下，经过长达半年的调试，中国（大连）跨境电商综合试验区“单一窗口”平台于10月份投用，实现了企业、平台、海关总署跨境进口统一版监管系统的无缝对接。“单一窗口”平台坚持“一点接入”原则，建立完善数据标准和认证体系，联通海关、国检、国税、外管、商务、工商、质检等政府管理部门以及电商、物流金融、保险等企业主体，实现“信息互换、监管互认、执法互助”，从而提高通关效率，降低通关成本。“单一窗口”平台的正式开通，实现了“一次申报、一次查验、一次放行”，关、检、汇、税信息共享。另外，该平台还可以为跨境电商企业、个人提供物流、金融、综合服务代理等服务。

在通关方面，大连海关推行全程通关无纸化；实现了批量转关，转关单商品品名以总运单形式录入“跨境电子商务商品一批”，舱单按总运单进行管理和核销；对B2C销售模式按照“B2B”通关，零售进口模式下，由电商企业或其代理人采取清单申报方式，代办申报、纳税等海关手续，零售出口模式下，电商企业或其代理人采取清单申报方式，按照货物办理海关通关手续。在结汇方面，经协调人民银行大连支行，在现有政策条件下实现了跨境电商便利结汇。

截至目前，保税区大连跨境电商综合试验区“线下园区”正式挂牌，专注于“贸易+金融”的创业孵化基地“众易空间”新引进创业团队972个，为贸易型创业者、科技型创业者、跨境电商和微商提供开放式办公空间、管家式企业服务、电子交易平台、供应链金融和政策申领等一站式服务。开发区与保税区合作建立了跨境电商公共物流中心。

新区正筹划在园区内建立日本馆、韩国馆等特色馆，打造集商品展示、购物体验、旅游观光为一体的展示交易平台。已与丹东达成协议，合作建设跨境电商综合试验区丹东分园区，与沈阳、盘锦、延吉、图们、齐齐哈尔、大庆等地正在深入洽谈，把办园模式及相关政策向东北三省复制推广。

案例12 四川天府新区“清华能源院”开创地校深度合作和创新引智新模式

（一）搭建“2+2”合作新模式

清华四川能源互联网研究院是在“2+2”（清华大学、四川省和华盛顿大学、华盛顿州）合作框架下，整合四方优势资源共同组建的新型研究机构。该院通过搭建“科技研发、产业孵化、投资”三大平台，意在充分利用“互联网+”，催生能源行业新业态，激发创业创新活力，推进能源电力前沿技术突破、能源电力科研成果转化、能源电力学科人才聚集，促进重大能源互联网示范项目落地四川。

（二）打通人才流入快速通道

以清华大学的平台优势、资源优势和优厚的薪酬待遇，与麻省理工学院、斯坦福、伯克利、剑桥等国际一流大学建立了畅通的人才引进通道。建立起了新能源汽车储能、能源传感器及通讯等11个研究所及项目团队，他们由领军科学家、学术带头人和科研骨干组成，目前正在基础前沿技术、重大理论问题、能源互联网关键技术与关键装备方面进行技术研发和攻关。

（三）推进四川能源资源优势与互联网技术有机结合

依托清华大学的技术优势和四川丰富的清洁能源禀赋，目前正积极开展四川能源产业发展与转型战略研究，推进实施四川能源综合改革示范、四川弃水消纳和能源互联网示范工程等项目，积极助推四川省建设成为优质清洁能源基地和国家清洁能源示范省。

（四）拓宽能源领域国际合作新空间

致力于打造国际化开放平台，吸纳国内外领先的能源及互联网企业、学术机构作为战略合作伙伴，促进四川省电力公司、四川省能源投资公司、华盛顿大学以及微软、亚马逊等，构建能源互联网联合体，实现了把中美领先的能源互联网技术在四川转化落地。

案例13 湖南湘江新区着力推动“产金融合”

长沙高新区作为国家级湖南湘江新区的核心区、起步区，近年来聚焦中小微科技企业，不断加大对科技金融的财政投入，充分发挥科技金融对推进创新创业、发展新兴产业、促进园区转型发展的支撑作用，有效缓解了中小科技企业资金瓶颈等发展难题。2016年以来，支持2000多家企业通过园区融资平台获得60多亿元贷款，引进企业股权投资基金300多亿元。

（一）创新企业融资模式，做好做强间接信用融资

1.创新推动信贷风险补偿机制

出台《科技金融信贷风险补偿资金管理办法》，安排1亿元风险补偿资金，承担科技型中小微企业70%的信贷风险，引导支持银行“敢贷宽贷”。分别与国有银行、股份制银行、城商行等4家科技支行建立风险补偿合作机制。近年来，累计为200多家中小微科技企业获得无抵押的信用贷款近9亿元。

2.积极构建多层次债权融资服务体系

与国家开发银行、进出口银行建立“统贷统还”批发信贷模式，联合园区科技型企业成立合作成长基金，推行“抱团取暖”合作增信。出资成立国有控股的科技担保公司，有效解决中小微科技企业间接融资的担保问

题，支持企业“想贷能贷”，引导银行“敢贷宽贷”。除给予纳入风险补偿范围的企业不低于30%的贷款贴息外，针对投入资金大、投资周期长的节能环保、生物医药产业的企业贷款，给予50%的贴息补助，同时可享受担保费补助，切实缓解了企业“融资难、融资贵”问题。

3.不断推出科技金融新产品

全省首推知识产权质押贷款融资，推出无固定资产抵押、免担保、市场化运作的知识产权质押融资模式。完善创新科技保险产品，支持发展贷款保证保险和专利保险，对企业购买试点险种给予50%的财政补贴，分散企业创新创业风险。浦发银行在园区推出的湖南首家“互联网+”支行也正在抓紧筹建中，可通过“+”融资商行、“+”投行等一系列特色服务，帮助企业成长。

（二）全面构建多层次资本服务机制，着力加强区域股权交易市场建设

1.长沙高新区以规范企业改制上市为重点，积极引导企业通过多层次资本市场实现发展壮大

园区培育了中联重科、威胜集团等境内外上市企业39家，占全省40%以上。园区有“新三板”挂牌企业55家，占全省的27%，占全市的50%，新三板挂牌企业累计融资近12亿元。

2.长沙高新区大力推进区域股权交易市场建设

作为湖南股交所第三大股东，在省股交所挂牌企业630多家，占全省挂牌总数的1/3，2015年挂牌企业实现融资1.3亿元。建立区域股权市场——移动互联网专板，目前高新区专板挂牌企业已超过200家。

3.长沙高新区通过不断完善企业改制上市支持政策

长沙高新区对上市及新三板企业、四板企业补贴阶段前移，累计补贴近亿元，大幅减轻了企业改制上市前期压力，有效提高了企业上市挂牌的主动性与积极性。

（三）突出金融要素资源聚集，大力推进创业投资发展

长沙高新区先后出台了引导基金管理办法、人才基金管理办法等文件，建立健全政府、企业、社会多元化投融资机制，鼓励产业资本、金融资本投资科技型企业。高新区不断加大财政投入，加快推进股权融资工作，以直接投入的方式搭建了引导基金、人才基金等平台，并参股、控股搭建了省内首支天使基金、首支科技成果转化基金、移动互联网投资基金等20多支基金。通过理顺机制和运用市场化手段，推进国有参股、民营控股组建投资基金和投资公司，实行市场化运作，做优园区创业投资体系，撬动社会资金300多亿元。

（四）积极打造科技金融服务平台，不断深化投融资服务

1.大力完善投融资服务体系

目前，园区聚集银行、担保等金融机构30多家，股权投资、创业投资和投资管理类企业400多家。依托科技金融大厦，引进共建了省股权交易所高新区分所、省知识产权交易中心、市中小企业金融服务中心、全景网长沙网上路演中心等几大公共性、投融资服务平台，在金融支持政策、投融资信息渠道建设等方面持续发力，改善和提高服务科技型中小企业的效率。

2.着力搭建银企对接的科技金融服务平台

深入对接金融机构，每月定期为园区企业组织大型投融资对接会，举办麓谷科技金融大讲堂、股交所小微商学院、欧兴资本融资路演等常态化金融活动，打造高新区科技金融特色品牌。园区汇集了科技金融、技术转移、检验检测认证、知识产权、科技咨询等专业科技服务机构1000多家，提供项目路演、创业培训、财税服务等解决方案，使各类机构与企业无缝对接，形成金融资本、机构、企业高度融合的紧密资本生态圈。

3.持续推广“孵化+投资”创新创业模式

打造“麓谷—创界”创业自主品牌，引进了微软云孵化平台、腾讯众创空间、阿里云创平台、百度互联网+双创孵化基地、中科院湖南创新创业基地等一批品牌型众创平台，举办移动互联网岳麓峰会等“双创”大会。

案例14 南京江北新区完善产学研协同机制发挥高校院所的创新源头作用

（一）主要做法

1.明确导向，拓展合作渠道

新区管委会分别与南京大学、东南大学签订全面战略合作协议，在促进科技成果转化、加大协同科研创新、促进人才培养流动、共建创新创业平台等方面确定了一批具体合作事项。随着全面战略合作协议向纵深推进，东南大学智能网联交通研究院、南京大学资源循环利用产业园等一批新项目合作陆续展开。新区与南京信息工程大学共同打造中国（南京）气象产业园，聚焦气象装备制造与气象信息服务，与南京航空航天大学共建南航科技产业园，聚焦智能制造、通用航空等产业。借力高校打造特色智库体系，邀请多位高校院所的专家学者进入新区决策咨询委员，组建南京江北新区高校联盟，发布联盟宣言。

2.狠抓落实，务实稳步推进

推行新区管委会与高校合作工作例会制度，定期召开与南京大学、东南大学合作协议落实推进会。完善考核评价机制，对照年初制定的新区管委会及各开发区、园区的校地合作任务，年末进行逐条考核。

3.改革先行，打造最优软环境

一是加快释放政策红利。认真学习全国、省、市科技创新大会精神，积极宣传释放科技创新“江苏省40条”和“南京市36条”政策红利。制定发布《南京江北新区促进创新创业十条政策措施》，在顶尖人才团队引进、人才安居保障、科技服务业发展、高端研发机构集聚、科技企业孵化器和众创空间、高新技术企业培育等方面出台了大力度的支持政策。二是深入谋划科技金融合作创新示范区建设。围绕建立完整的金融创新支持体系，谋划设立科技创新投资基金、构建区域股权投资中心、建立健全科技金融中介服务体系等举措，促进资本与科技有效对接。三是强化知识产权运用及保护。与江苏省知识产权局签订战略合作协议。开展知识产权综合管理体制改革，推进专利、商标、版权“三合一”试点工作，着手组建新区知识产权综合执法队伍，召开南京江北新区知识产权联席会议。成立江北新区仲裁分院，推进设立南京江北新区知识产权法庭，建立完善知识产权纠纷多元化解决机制。

（二）工作成效

1.南京江北新区与高校院所合作共建的良好氛围初步形成

随着新区与南京大学、东南大学等一批高水平高校院所建立战略合作关系，新区内的各开发区、园区积极到高校挖掘科研成果及高层次人才，不少高校也主动寻求与新区合作。上海交通大学材料学院与新区共建了新材料工程化研究中心。清华大学深圳研究院的产学研运营平台——深圳力合科创集团在产业技术研创园组建平台，引入“清华系”资源落地，打造孵化科技企业的科技服务综合体。

2.一大批校地合作项目得到实质性推进

南大高性能计算中心落户江北，正稳步推进数据中心及办公场所的改造工程，建成后成为南京江北新区政务数据中心，并能对外提供高性能计算及数据存储等服务。南大医学院附属医院江北鼓楼医院、国际生物医药技术联合研究院、江北新区南京大学医学研究中心、南大微电子学院等一批重大合作平台加快建设。与东南大学共建南京光电催化材料与资源技术创新中心，围绕光催化材料、资源技术与绿色合成催化材料等内容开展研究与成果转化。与东南大学共建的医疗大数据应用技术创新平台，引进全球最顶尖的超高通量人类全基因组测序仪。

3.校地合作对产业发展推动作用增强

为服务集成电路产业发展，与东南大学共建南京江北新区集成电路服务中心，运营公司已成立，注册资本1亿元，管理团队基本到位。上海交通大学材料学院与新区共建的新材料工程化研究中心正在与南钢对接，支持进行金属材料新产品研发。与南京大学推进筹建医学研究中心，支持南京国际健康城“大健康”产业高端化发展。

图 2.23　与东南大学共建的南京江北新区集成电路产业技术创新中心正式运营

案例15 哈尔滨新区积极构建中俄金融联盟助推对俄全面合作重要承载区建设

哈尔滨新区积极抢抓承接与融入国家“一带一路”战略和“中蒙俄经济走廊”黑龙江陆海丝绸之路经济带战略，特别是借中俄全面战略合作发展的有利契机，充分发挥毗邻俄罗斯的地缘、区位、经贸、人文等特色优势，不断创新发展对俄金融服务，依托哈尔滨银行发起设立了“中俄金融联盟”，为推动对俄全面合作重要承载区建设提供了有力的金融支撑。

（一）主要做法

在中俄两国良好的政治互信及合作领域不断深化的背景下，中俄金融机构间寻求合作的愿望也不断加强。为搭建“开放合作、携手共进”的合作平台，哈尔滨新区借助哈尔滨银行，联合俄罗斯最大的国有银行——俄罗斯联邦储蓄银行发起成立首个中俄金融机构合作交流平台——中俄金融联盟（简称“联盟”）。

1.搭建对俄综合服务平台

组建对俄专业经营架构，培养近200名具有俄语语言能力的对俄金融专业人才和多名俄籍员工，为对俄企业提供内外贸一体化、全过程的投融资、结算等综合性服务。

2.搭建卢布现钞现汇交易平台

哈尔滨银行作为全国四家人民币对卢布交易做市商之一，率先开通了欧洲和远东两条卢布跨境运输渠道，是境内卢布现钞经营规模最大的银行；作为国内第一家完成了对俄人民币现钞跨境运输的银行，成为俄罗斯银行最主要的人民币购售银行，构建了对俄人民币现钞规模化发展的主渠道，为推进人民币国际化作出了实质性的贡献。

3.搭建对俄同业合作平台

哈尔滨银行与140家俄罗斯银行建立代理行关系，本外币清算网络和结算代理网络覆盖全俄各地区，是境内对俄代理行网络覆盖最广的商业银行之一。逐步成为人民币国际化的重要推动者和中俄金融创新的引领者，率先发放首笔中俄双边人民币拆借业务，向俄罗斯资产排名前列的俄罗斯联邦储蓄银行、外贸银行开展资金业务，组织参加多项国际跨境银团业务。

4.搭建中俄跨境电子商务支付平台

哈尔滨银行自主研发的中俄跨境电商支付平台，成功接入全球市场占比最大的两家跨境支付服务机构维萨、万事达和18种俄罗斯本土主流跨境支付方式。平台存量跨境商户达到1100户，是境内重要的在线跨境支付结算平台，为跨境电商企业提供包括在线跨境支付、跨境收款、结汇等服务，为中俄跨境电商发展提供有力的金融支撑。联盟成立以来，新增中俄金融机构成员33家，已由初始35家成员发展为68家。其中，中方成员32家，遍布中国19个省、24个市，居于中国城商行前100位的18家，覆盖“一带一路”圈定的12个重点省份；俄方成员36家，居于俄银行前100位的16家，22家总部位于莫斯科，14家在俄远东及西伯利亚地区设有分支机构。联盟成员在清结算、投融资、促进中俄金融合作交流等多领域开展创新合作，取得丰硕成果。目前，已逐渐发展成为中俄两国金融领域参与成员最多、合作领域最广、合作层次最高的合作组织。

（二）经营成效

联盟在促进中俄两国金融机构资源共享、信息共享及创新合作方面取得了诸多显著成果。

1.搭建中俄金融合作平台

联盟秉承“发展、合作、共赢”的理念，开展多项商务合作交流，得到中俄两国政府、监管部门及金融机构的广泛认可及高度好评，已发展成为中俄两国最具影响力的金融合作平台。联盟成员围绕我国“一带一路”和俄罗斯“欧亚联盟”战略，开展深入合作交流，实现优势互补，为黑龙江省和哈尔滨新区对俄经贸发展提供有效金融支持。

2.推进中俄金融合作项目

哈尔滨银行作为联盟发起者，联合“一带一路”沿线中方金融机构——包商银行、郑州银行、哈银金租、阜新银行、赣州银行、潍坊银行、九江银行、新华信托、朝阳银行与俄罗斯唯一政策性银行——俄罗斯外经银行共同签署《百亿人民币银团贷款协议》，已实现首笔提款。银团贷款主要用于支持“一带一路”沿线中俄合作重点项目，此项业务是中俄两国金融机构参与最广、规模最大、影响最深的跨境同业银团合作项目，将进一步促进中俄金融深化合作，加深中俄经贸往来，加快推进中国“一带一路”战略和俄罗斯的“欧亚联盟”构想进程。同时，中俄成员签署了《支持俄罗斯远东和西伯利亚地区超前发展金融合作协议》《中俄本币清结算系统合作协议》等30余项务实业务合作协议。

3.促进中俄金融创新交流合作

联盟在加强成员间在金融服务、项目对接、风险管理、技术解决等方面开展交流合作，增进中俄两国多领域信息交流合作，并在代理行关系建立、双边本币结算及现钞业务、国际贸易及信保融资、组织银团贷款、中俄地方基础设施建设项目融资以及在全球市场交易业务等领域开展金融创新合作。

（三）下一步工作展望

未来，中俄金融联盟将持续发挥促金融、促经贸的积极作用，创新业务合作领域，务实推进省、市中俄金融合作、为两国政企提供强有力的金融支持。积极发挥哈尔滨银行作为联盟主席单位的带头作用，将联盟纽带拉长，不断吸引新的会员加盟。同时，结合我国“十三五”发展规划和对俄发展战略，积极组织联盟成员开展各种信息及项目交流对接活动，研究开展对接项目融资以及国际资本市场的合作。坚持联盟互惠合作的宗旨，以促进联盟成员间创新、务实合作为重点，拓展成员在投融资、衍生品交易、“一带一路”沿线及俄罗斯远东地区基础设施建设项目、融资租赁等多领域的创新合作，为哈尔滨新区加快建设对俄全面合作主题新区提供有力的金融保障。

案例16 长春新区建设人才管理改革试验区

（一）基本情况

长春新区积极谋划人才管理改革试验区工作，确定了人才智力高度密集、体制机制不断创新、科技创新高度活跃、新兴产业快速发展的总体目标，并在政策创新、人才集聚、成果转化、强化服务等4大项19个方面进行实践探索。截至2016年底，全区先后引进海外归国人员1000多人，高端人才总量达到3万人，占长春市的60%以上，初步形成一支门类齐全、梯次合理、素质优良、新老衔接、能够满足创新创业发展需要的高层次人才队伍。

（二）主要工作开展情况

1. 出台人才管理改革政策

通过学习借鉴国家、省、市及其他地区相关政策和先进做法，相继出台了《长春新区人才管理改革试验区建设方案》《关于加快高层次人才集聚的若干政策》《长春新区“长白慧谷”英才计划暂行办法》《长春新区“长白慧谷”英才计划支持资金管理暂行办法》四个文件，不断完善人才政策支撑体系。

2. 落实人才引进工作

实施“长白慧谷”英才计划，制定《第六批“长白慧谷”英才计划评审工作方案》，明确评审原则、评审程序及时间安排等内容，组织开展“第26期华侨华人专业人士回国创业研习班”到长春新区参观考察等活动，组织人员参加专项人才活动，宣传长春新区及人才管理改革试验区的建设成果及相关政策，达成意向50余项。

3. 搭建人才沟通交流平台

一是开通“长白慧谷”英才之家微信平台，定期发布政策、项目申报通知等内容，每周一、三、五组织开展“下午茶”时光活动，邀请企业家宣传推介企业、解读政策，加强人才间的沟通交流、资源共享；二是通过“侨梦苑”集聚海外高端人才，积极参加第七届海外华侨华人专业协会会长联席会，与欧美精英创业家协会等5家海外专业协会签订人才合作协议；三是通过中国日报、香港大公报、吉林日报、长春人才港等媒体以及中组部、新华社专访等方式，对人才引进、成果转化、政策宣传、人才服务等方面进行全方位宣传。

（三）主要经验及成效

长春新区被确定为吉林省人才管理改革试验区，全国第11家、东北首家“侨梦苑”落户长春新区。全年引进各类高层次人才6000余人，人才工作投入资金3000多万元。

1. 以强化人才集聚为落脚点，深化引才载体建设

做好人才工作，引才是核心。通过不断拓展引才渠道，大力引进高层次人才。一是落实人才政策，集聚高端人才。深入贯彻实施“长白慧谷”

英才计划，组织开展第六批人才计划申报评审工作，共有51个人才项目申报，经过实地考评、专家评审等环节，入选15个人才项目，给予资金支持530万元；完成第二批至第五批人才项目中期考核、验收及政策兑现工作，兑现人才支持资金520万元；组织开展“天使资金”项目申报评审工作，无偿资助300万元；二是依托项目建设，招才引智。全年新引进项目65个，引进企业管理等高端人才650余人，长春海外学人创业园、北湖科技园、摆渡创新工厂等创新孵化平台，全年引进200余个孵化项目和750多名高端人才，组织各类现场招聘会50场，引进大学本科以上学历人才4500余人。

2. 以强化人才服务为保障点，营造尊重人才氛围

围绕人才创新创业和发展的实际需求，创新服务理念，完善服务体系，全面营造爱才、重才良好氛围。一是积极推进网上平台“长春人才港”建设。网站及微信公众号已进入实际运行阶段，做到了相关板块内容及工作快讯定期更新，人才引进、成果转化、政策宣传、人才服务等功能正逐步完善；二是指导人才企业申报项目，争取人才奖扶政策。全年各级科技立项560项，获得资金4.5亿元，有2人入选国家“万人计划”、3人入选国家创新人才推进计划、5个人才团队入选吉林省重大科技项目研发人才团队支持计划、5人入选吉林省高层次创新创业人才引进计划；三是开展专题培训，提升人才队伍整体素质。通过举办大讲堂活动、高新技术企业专利培训、投融资专业培训、大学生企业创业辅导、高技能人才培训等专题培训，全年累计培训人数近万人次，人才队伍素质进一步提高；四是人才服务体系进一步完善。深入落实人才服务专员、高层次人才走访、节假日慰问、健康体检、高层次人才联谊活动等制度，组织30余次金融论坛、私募对接、人才联谊等企业沟通交流活动，走访100余户次企业和园区，回复、协助解决50余个实际困难和问题。

附录

3

国家级新区发展报告 2017

附 表

表 3.1　国家级新区基本情况表

序号	新区名称	批准文件	批复时间	规划面积（km^2）	功能定位
1	上海浦东新区	中委〔1990〕100 号	1990 年 6 月 2 日	1210	围绕建设成为上海国际金融中心和国际航运中心核心功能区的战略定位，努力建设成为科学发展的先行区、“四个中心”（国际经济中心、国际金融中心、国际贸易中心、国际航运中心）的核心区、综合改革的试验区、开放和谐的生态区
2	天津滨海新区	国发〔2006〕20 号	2006 年 5 月 26 日	2270	我国北方对外开放的门户、高水平的现代制造业和研发转化基地、北方国际航运中心和国际物流中心
3	重庆两江新区	国函〔2010〕36 号	2010 年 5 月 5 日	1200	统筹城乡综合配套改革试验的先行区，内陆重要的先进制造业和现代服务业基地，长江上游地区的经济中心、金融中心和创新中心等，内陆地区对外开放的重要门户，科学发展的示范窗口
4	浙江舟山群岛新区	国函〔2011〕77 号	2011 年 6 月 30 日	陆地 1440 海域 2.08 万	浙江海洋经济发展的先导区、海洋综合开发试验区、长江三角洲地区经济发展的重要增长极

续表 3.1

序号	新区名称	批准文件	批复时间	规划面积（km^2）	功能定位
5	兰州新区	国函〔2012〕104 号	2012 年 8 月 20 日	1744	西北地区重要的经济增长极、国家重要的产业基地、向西开放的重要战略平台和承接产业转移示范区
6	广州南沙新区	国函〔2012〕128 号	2012 年 9 月 6 日	803	粤港澳优质生活圈和新型城市化典范、以生产性服务业为主导的现代产业新高地、具有世界先进水平的综合服务枢纽、社会管理服务创新试验区，打造粤港澳全面合作示范区
7	陕西西咸新区	国函〔2014〕2 号	2014 年 1 月 6 日	882	富有历史文化特色的现代化城市、我国向西开放的重要枢纽、西部大开发的新引擎和中国特色新型城镇化的范例
8	贵州贵安新区	国函〔2014〕3 号	2014 年 1 月 6 日	1795	探索欠发达地区后发赶超路子的重要举措，加快推进体制机制创新、西部地区重要的经济增长极、内陆开放型经济新高地和生态文明示范区
9	青岛西海岸新区	国函〔2014〕71 号	2014 年 6 月 3 日	陆地 2096 海域 5000	海洋科技自主创新领航区、深远海开发战略保障基地、军民融合创新示范区、海洋经济国际合作先导区、陆海统筹发展试验区，为探索全国海洋经济科学发展新路径发挥示范作用

续表 3.1

序号	新区名称	批准文件	批复时间	规划面积（km^2）	功能定位
10	大连金普新区	国函〔2014〕76 号	2014 年 6 月 23 日	2299	我国面向东北亚区域开放合作的战略高地、引领东北地区全面振兴的重要增长极、老工业基地转变发展方式的先导区、体制机制创新与自主创新的示范区、新型城镇化和城乡统筹的先行区
11	四川天府新区	国函〔2014〕133 号	2014 年 10 月 2 日	1578	建设成为以现代制造业为主的国际化现代新区，打造成为内陆开放经济高地、宜业宜商宜居城市、现代高端产业集聚区、统筹城乡一体化发展示范区
12	湖南湘江新区	国函〔2015〕66 号	2015 年 4 月 8 日	490	探索创新驱动发展路径，打造成为高端制造研发转化基地和创新创意产业集聚区、产城融合城乡一体的新型城镇化示范区、全国“两型”社会建设引领区、长江经济带内陆开放高地
13	南京江北新区	国函〔2015〕103 号	2015 年 6 月 27 日	788	逐步建设成为自主创新先导区、新型城镇化示范区、长三角地区现代产业集聚区、长江经济带对外开放合作重要平台
14	福州新区	国函〔2015〕137 号	2015 年 8 月 30 日	800	两岸交流合作重要承载区、扩大对外开放重要门户、东南沿海重要现代产业基地、改革创新示范区和生态文明先行区

续表 3.1

序号	新区名称	批准文件	批复时间	规划面积（km^2）	功能定位
15	云南滇中新区	国函〔2015〕141 号	2015 年 9 月 7 日	482	打造我国面向南亚东南亚辐射中心的重要支点、云南桥头堡建设重要经济增长极、西部地区新型城镇化综合试验区和改革创新先行区
16	哈尔滨新区	国函〔2015〕217 号	2015 年 12 月 16 日	493	积极扩大面向东北亚开放合作，探索老工业基地转型发展的新路径，为促进黑龙江经济发展和东北地区全面振兴发挥重要支撑作用
17	长春新区	国函〔2016〕31 号	2016 年 2 月 3 日	499	深化图们江区域合作开发，为促进吉林省经济发展和东北地区全面振兴发挥重要支撑作用
18	江西赣江新区	国函〔2016〕96 号	2016 年 6 月 6 日	465	打造成为长江中游新型城镇化示范区、中部地区先进制造业基地、内陆地区重要开放高地、美丽中国“江西样板”先行区
19	河北雄安新区	—	2017 年 4 月 1 日（公布）	远期控制区面积约 2000	首先是疏解北京非首都功能集中承载地，建设绿色生态宜居新城区、创新驱动发展引领区、协调发展示范区、开放发展先行区，努力打造贯彻落实新发展理念的创新发展示范区

注：各新区功能定位依据党中央、国务院相关文件或批复，其中上海浦东新区依据浦东新区“十三五”规划。

表 3.2 2016 年国家级新区经济发展主要指标

序号	新区名称	地区生产总值				固定资产投资		地方一般公共预算收入		社会消费品零售总额	
		总额（亿元）	占所在省（市）比重（%）	增速（%）	增速高于所在省（市）百分点	总额（亿元）	增速（%）	总额（亿元）	增速（%）	总额（亿元）	增速（%）
1	上海浦东新区	8732	31.8	8.2	1.4	1826	2.9	964	22.3	2037	8.0
2	天津滨海新区	10002	55.9	10.8	1.8	4609	9.6	1338	13.4	1229	3.7
3	重庆两江新区	2261	12.9	10.9	0.2	2043	15.1	302	4.1	1129	13.3
4	浙江舟山群岛新区	1229	2.6	11.3	3.8	1311	15.5	120	10.1	457	11.2
5	兰州新区	152	2.1	25.1	17.5	491	3.1	14	51.2	29	12
6	广州南沙新区	1279	1.6	13.8	6.3	813	31.0	69	13.0	197	14.8
7	陕西西咸新区	470	2.5	10.0	2.4	1807	19.5	25	53.0	—	—
8	贵州贵安新区	245	2.1	26.2	15.7	750	21.9	12.56	119.5	49	22.1

续表 3.2

序号	新区名称	地区生产总值				固定资产投资		地方一般公共预算收入		社会消费品零售总额	
		总额（亿元）	占所在省（市）比重（%）	增速（%）	增速高于所在省（市）百分点	总额（亿元）	增速（%）	总额（亿元）	增速（%）	总额（亿元）	增速（%）
9	青岛西海岸新区	2871	4.3	12.3	4.7	2009	17.2	223	11.3	533	11.9
10	大连金普新区	2177	9.9	6.3	8.8	413	-75.2	132	16.9	643	10.0
11	四川天府新区	1966	6	8.3	0.6	1615	16.1	173.6	2.1	463	10.3
12	湖南湘江新区	1801	5.8	11.0	3.1	1848	19.3	103	7.0	515	14.6
13	南京江北新区	1840	2.4	8.5	0.7	1563	0.3	208	17.9	684	11.1
14	福州新区	1367	4.8	10.6	2.2	1035	9.3	206	9.3	692	20
15	云南滇中新区	501	3.4	8.8	0.1	717	32.7	77	77.2	135	12.3
16	哈尔滨新区	755	4.9	5.7	-0.4	663	10.1	42	2.9	192	11.0
17	长春新区	796	5.3	8.1	1.2	665	21.5	22	18.5	67	9.7
18	江西赣江新区	582	3.2	9.6	0.6	1071	17.4	50	14.0	173	14.9

注：1. 数据来源：各国家级新区。

2. 河北雄安新区于 2017 年设立，鉴于本表统计 2016 年数据，故未纳入统计范围。

附　图

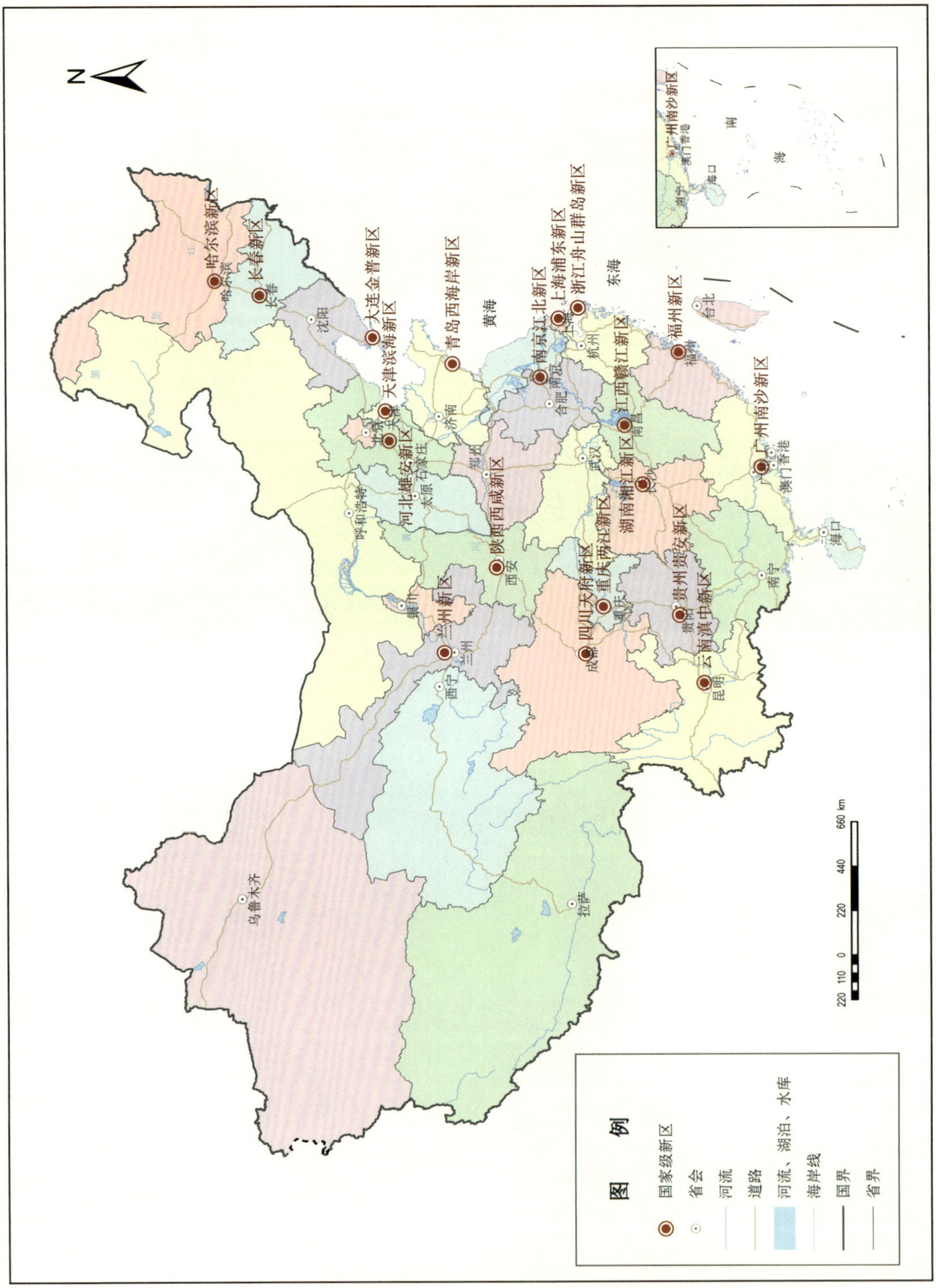

图 3.1 国家级新区区位图

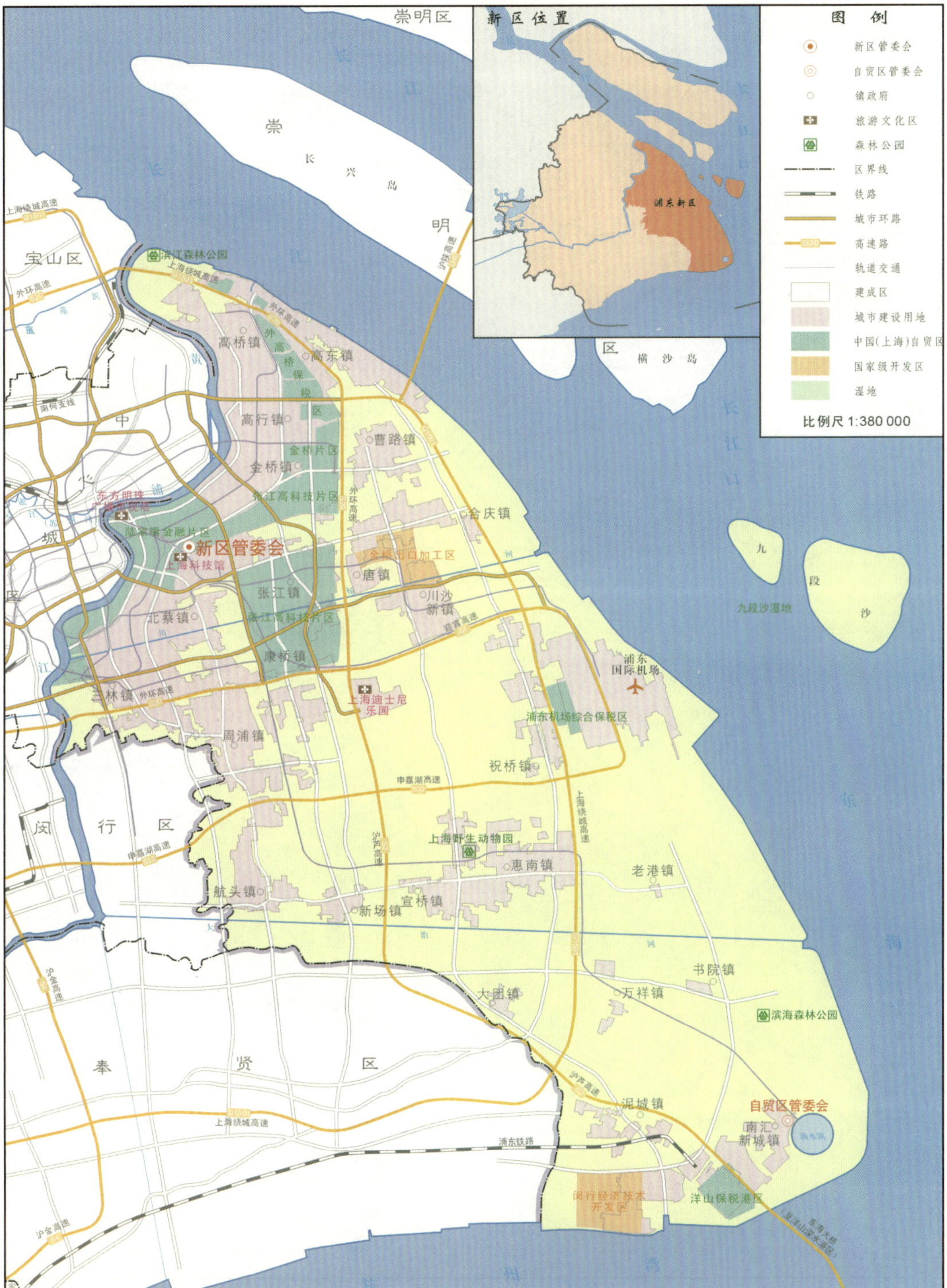
新区位置
浦东新区
图例
新区管委会
自贸区管委会
镇政府
旅游文化区
森林公园
区界线
铁路
城市环路
高速路
轨道交通
建成区
城市建设用地
中国(上海)自贸区
国家级开发区
湿地
比例尺 1:380 000
崇明区
崇
长兴岛
明
宝山区
滨江森林公园
高桥镇
高东镇
高行镇
曹路镇
金桥镇
金桥片区
张江高科技片区
合庆镇
新区管委会
唐镇
川沙新镇
张江镇
北蔡镇
康桥镇
三林镇
上海迪士尼乐园
浦东国际机场
浦东机场综合保税区
周浦镇
祝桥镇
九段沙湿地
九
段
沙
横沙岛
闵
行
区
上海野生动物园
惠南镇
老港镇
航头镇
新场镇
宣桥镇
书院镇
大团镇
万祥镇
滨海森林公园
奉
贤
区
泥城镇
自贸区管委会
南汇新城镇
浦东铁路
闵行经济技术开发区
洋山保税港区
上海绕城高速
外环高速
沪金高速
申嘉湖高速
沪芦高速
图 3.2 上海浦东新区

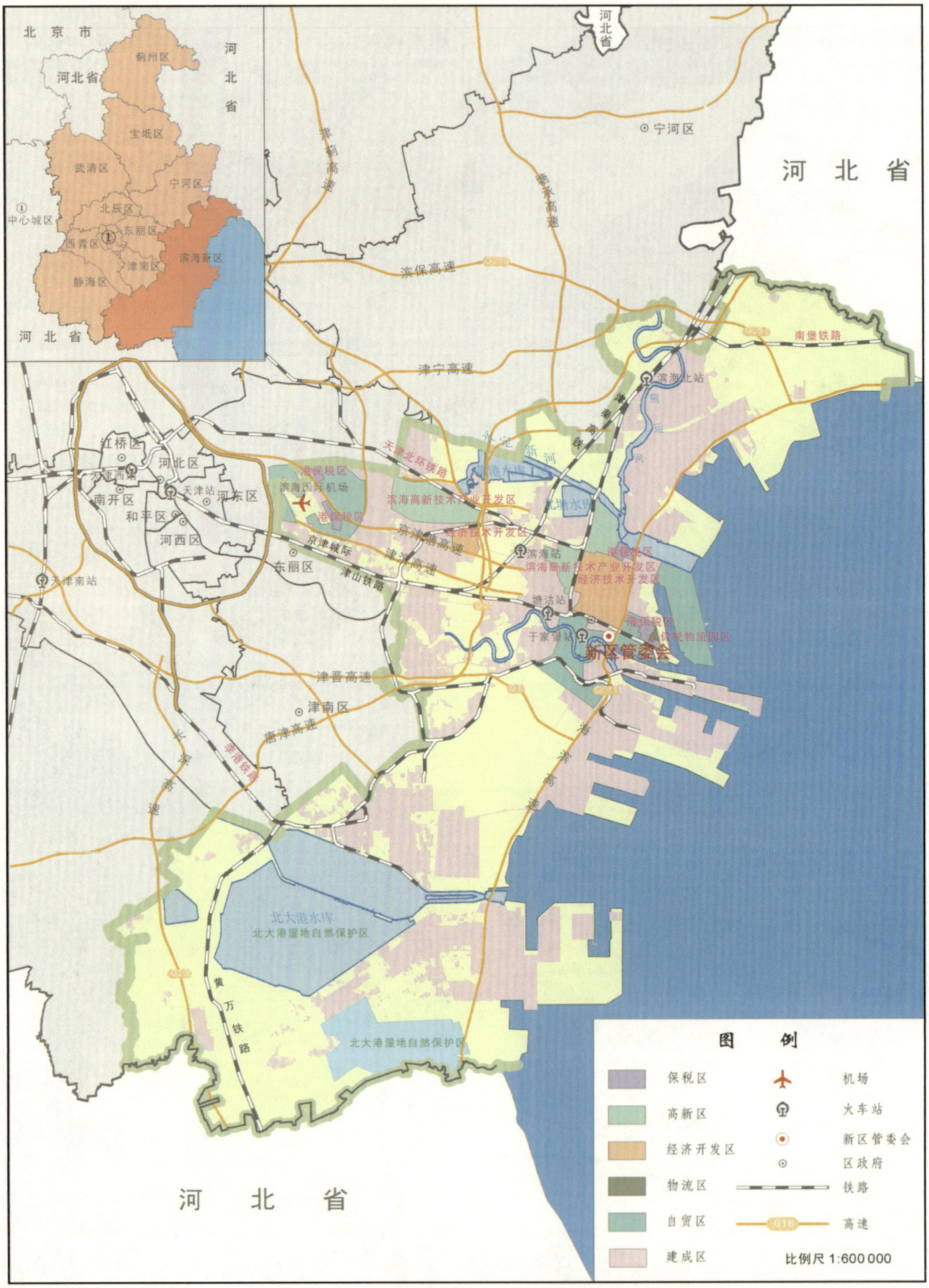
北京市
河北省
蓟州区
宝坻区
武清区
宁河区
北辰区
东丽区
中心城区
西青区
津南区
滨海新区
静海区
河北省
河北省
宁河区
河北省
滨保高速
津宁高速
南堡铁路
滨海北站
红桥区
河北区
南开区
天津站
河东区
和平区
河西区
东丽区
天津南站
滨海国际机场
港保税区
滨海高新技术产业开发区
经济技术开发区
京津城际
津山铁路
滨海站
塘沽站
于家堡站
新区管委会
津晋高速
津南区
唐津高速
北大港水库
北大港湿地自然保护区
黄万铁路
河北省
图例
保税区
高新区
经济开发区
物流区
自贸区
建成区
机场
火车站
新区管委会
区政府
铁路
高速
比例尺 1:600 000

图 3.3 天津滨海新区

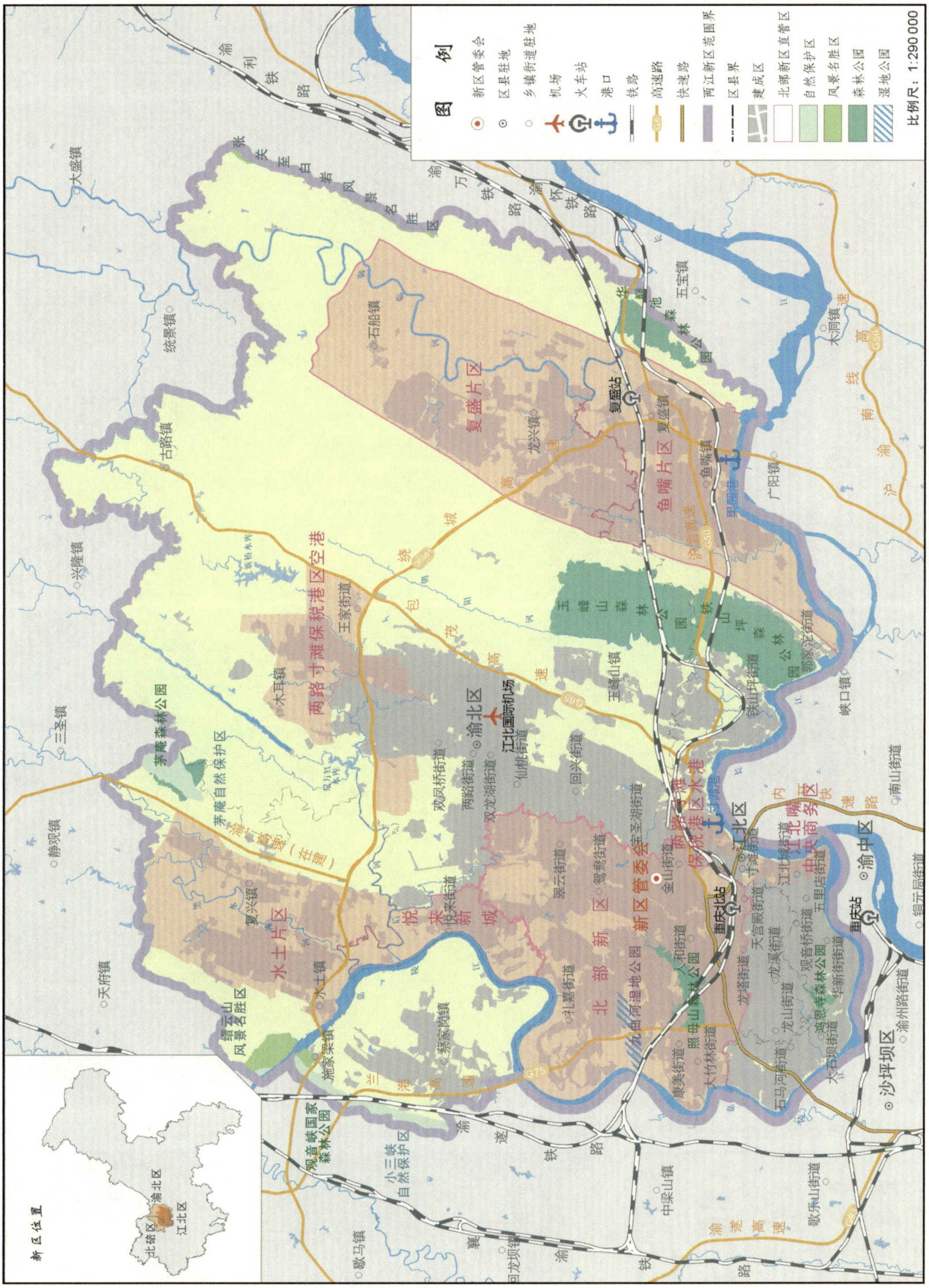
图例
新区管委会
区县驻地
乡镇街道驻地
机场
火车站
港口
铁路
高速路
快速路
两江新区范围界
区县界
建成区
北部新区直管区
自然保护区
风景名胜区
森林公园
湿地公园
比例尺：1:290 000
新区位置
北碚区
渝北区
江北区
复盛片区
鱼嘴片区
两路寸滩保税港区空港
两路寸滩保税港区水港
水土片区
悦来新城
北部新区
新区管委会
江北嘴中央商务区
渝北区
江北区
渝中区
沙坪坝区
江北国际机场
重庆北站
重庆站
复盛站
果园港
玉峰山森林公园
铁山坪森林公园
华蓥山森林公园
照母山森林公园
鸿恩寺森林公园
茅庵森林公园
茅庵自然保护区
缙云山风景名胜区
观音峡国家森林公园
小三峡自然保护区
张关至白岩风景名胜区
九曲河湿地公园
石船镇
龙兴镇
复盛镇
鱼嘴镇
王家街道
木耳镇
王峰山镇
复兴镇
水土镇
施家梁镇
蔡家岗镇
古路镇
统景镇
大盛镇
兴隆镇
三圣镇
静观镇
天府镇
五宝镇
广阳镇
峡口镇
大洞镇
渝利铁路
渝怀铁路
渝万铁路
渝遂铁路
兰渝高速
沪渝高速
渝遂高速
绕城高速
包茂高速
沪渝南线高速
南山街道
铜元局街道
渝州路街道
歌乐山街道
中梁山镇
歇马镇
回龙坝镇

图 3.4 重庆两江新区

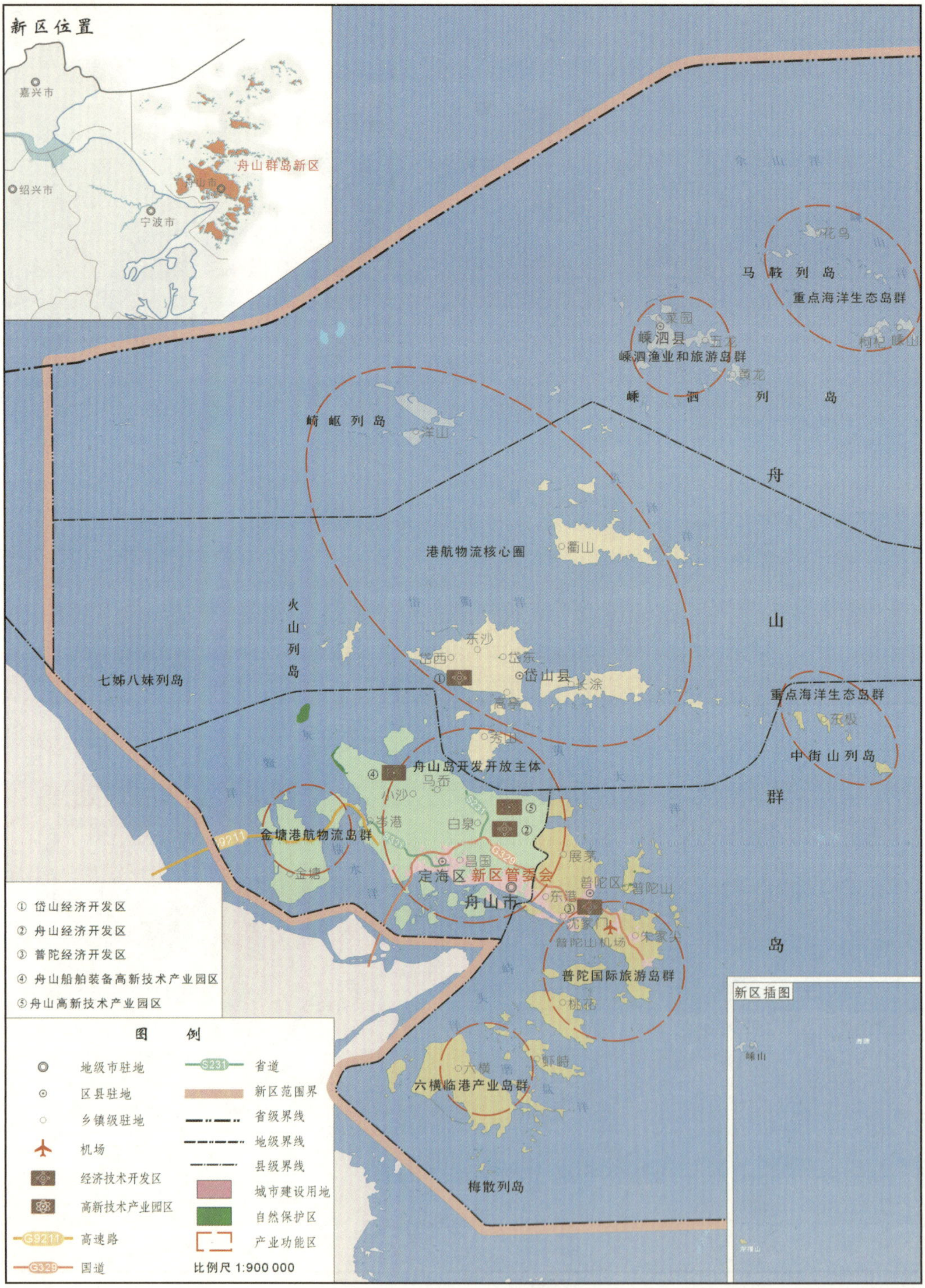

图 3.5　浙江舟山群岛新区

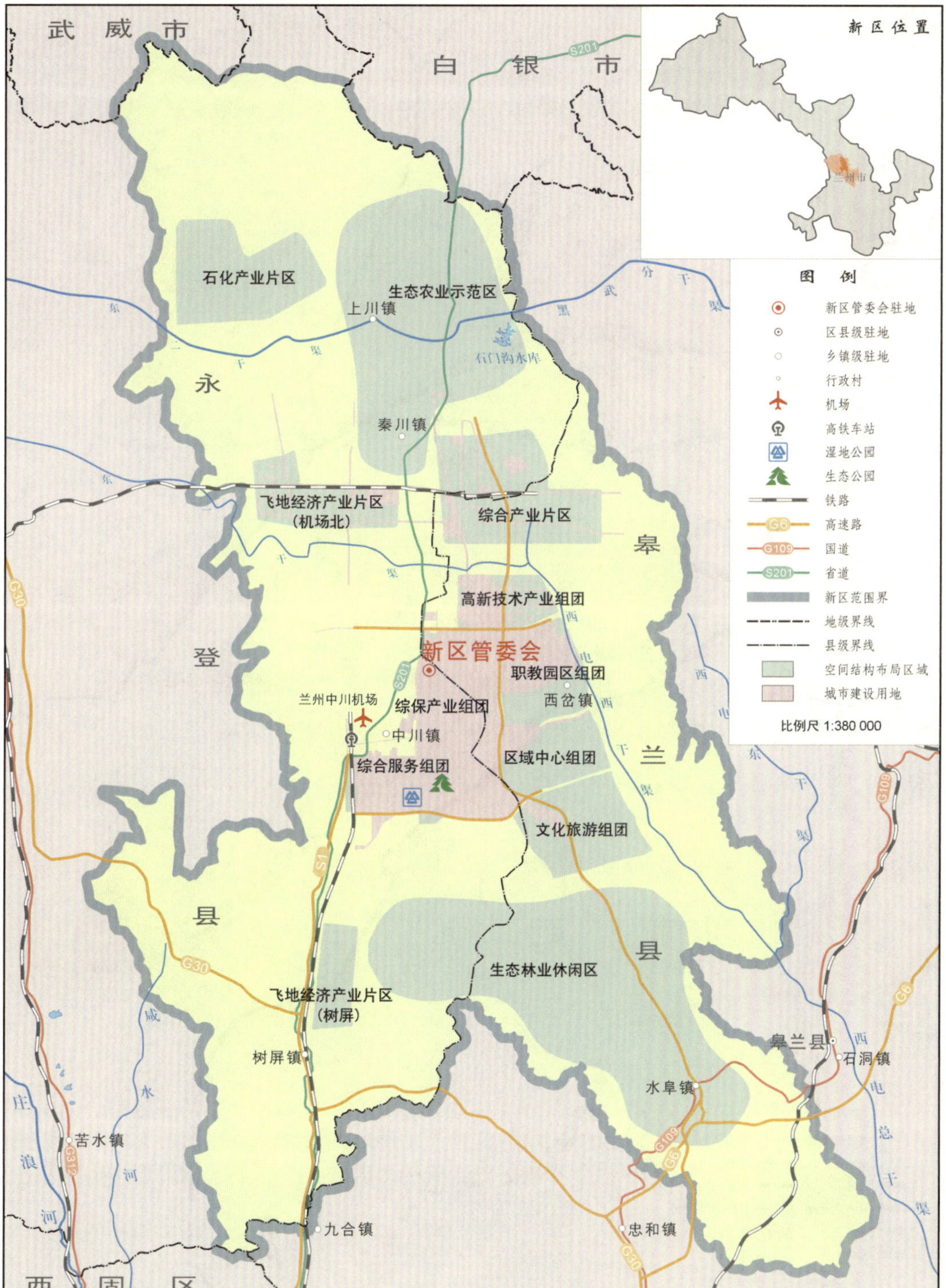
武　威　市
白　银　市
新区位置
兰州市
图　例
新区管委会驻地
区县级驻地
乡镇级驻地
行政村
机场
高铁车站
湿地公园
生态公园
铁路
高速路
国道
省道
新区范围界
地级界线
县级界线
空间结构布局区域
城市建设用地
比例尺 1:380 000
石化产业片区
生态农业示范区
上川镇
石门沟水库
永
登
县
秦川镇
飞地经济产业片区
（机场北）
综合产业片区
皋
兰
县
高新技术产业组团
新区管委会
职教园区组团
西岔镇
兰州中川机场
综保产业组团
中川镇
综合服务组团
区域中心组团
文化旅游组团
生态林业休闲区
飞地经济产业片区
（树屏）
树屏镇
皋兰县
石洞镇
水阜镇
苦水镇
九合镇
忠和镇
西　固　区
S201
G30
G109
G6
S1
G312

图 3.6　兰州新区

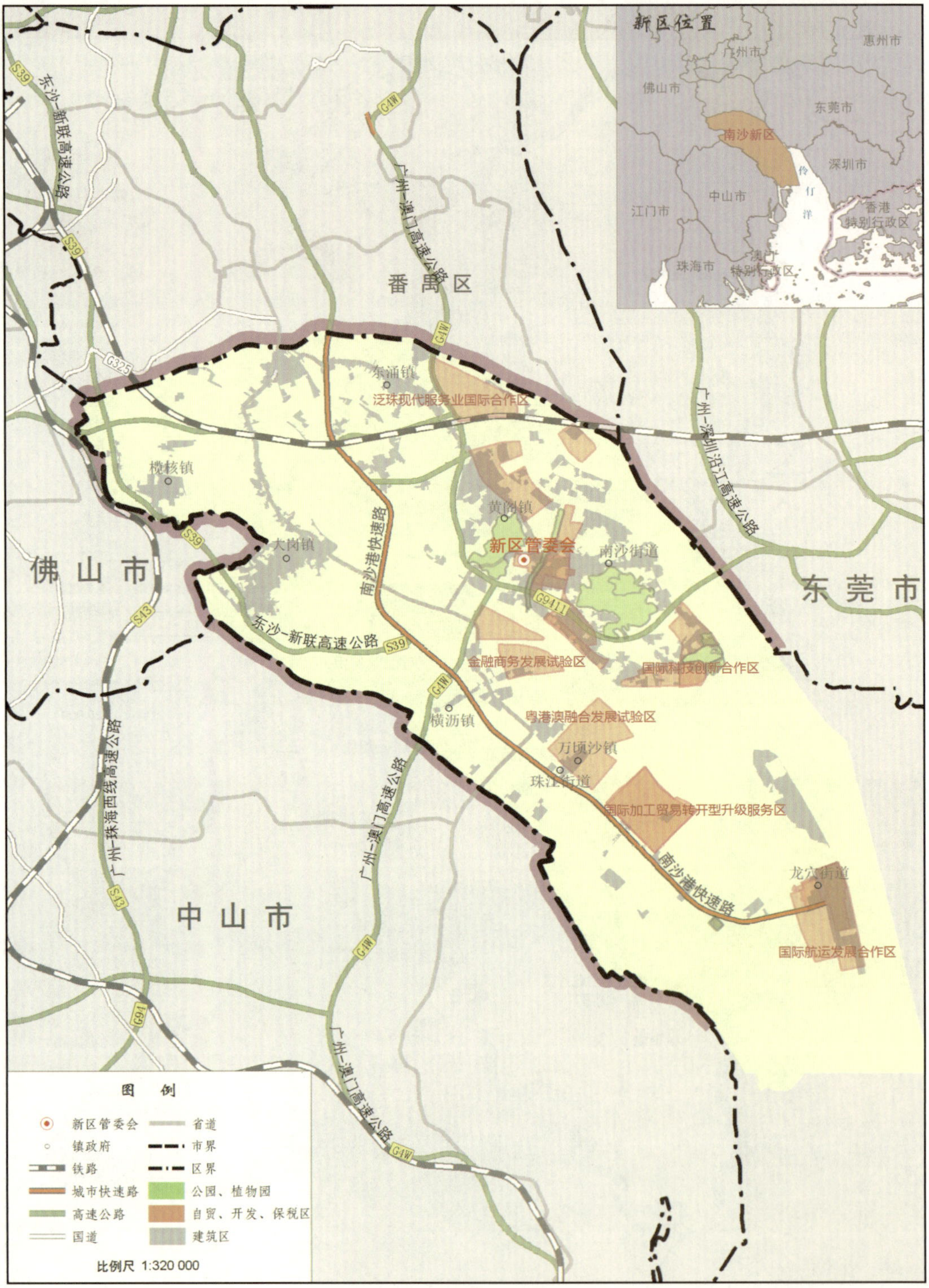
新区位置
广州市
惠州市
佛山市
东莞市
南沙新区
深圳市
中山市
江门市
珠海市
番禺区
佛山市
东莞市
中山市
东涌镇
泛珠现代服务业国际合作区
榄核镇
黄阁镇
大岗镇
新区管委会
南沙街道
金融商务发展试验区
国际科技创新合作区
横沥镇
粤港澳融合发展试验区
万顷沙镇
珠江街道
国际加工贸易转型升级服务区
龙穴街道
国际航运发展合作区
南沙港快速路
东沙-新联高速公路
广州-澳门高速公路
广州-深圳沿江高速公路
广州-珠海西线高速公路
图例
新区管委会
镇政府
铁路
城市快速路
高速公路
国道
省道
市界
区界
公园、植物园
自贸、开发、保税区
建筑区
比例尺 1:320 000

图 3.7 广州南沙新区

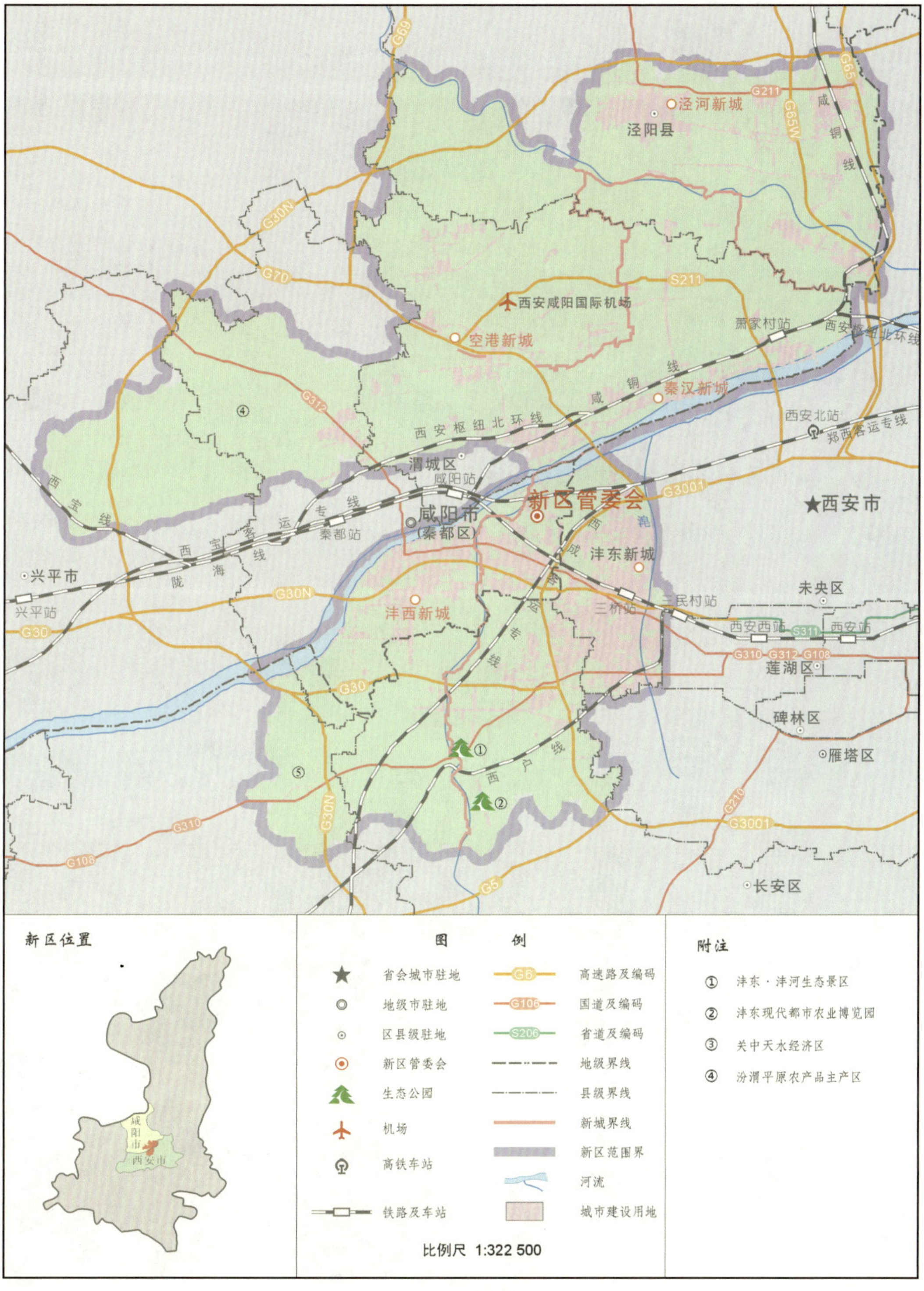

泾河新城
泾阳县
咸
铜
线
西安咸阳国际机场
空港新城
萧家村站
西安枢纽北环线
秦汉新城
咸
铜
线
西安北站
郑西客运专线
西安枢纽北环线
渭城区
咸阳站
新区管委会
★西安市
咸阳市
(秦都区)
秦都站
沣东新城
未央区
三民村站
三桥站
西安西站
西安站
莲湖区
碑林区
雁塔区
长安区
兴平市
兴平站
沣西新城
西宝线
西宝客运专线
陇海线
西户线
G69
G65
G65W
G211
G30N
G70
S211
G312
G3001
G30
G310
G108
S311
G210
G5
①
②
④
⑤
新区位置
咸阳市
西安市
图 例
省会城市驻地
地级市驻地
区县级驻地
新区管委会
生态公园
机场
高铁车站
铁路及车站
G6 高速路及编码
G106 国道及编码
S206 省道及编码
地级界线
县级界线
新城界线
新区范围界
河流
城市建设用地
比例尺 1:322 500
附注
① 沣东·沣河生态景区
② 沣东现代都市农业博览园
③ 关中天水经济区
④ 汾渭平原农产品主产区

图 3.8 陕西西咸新区

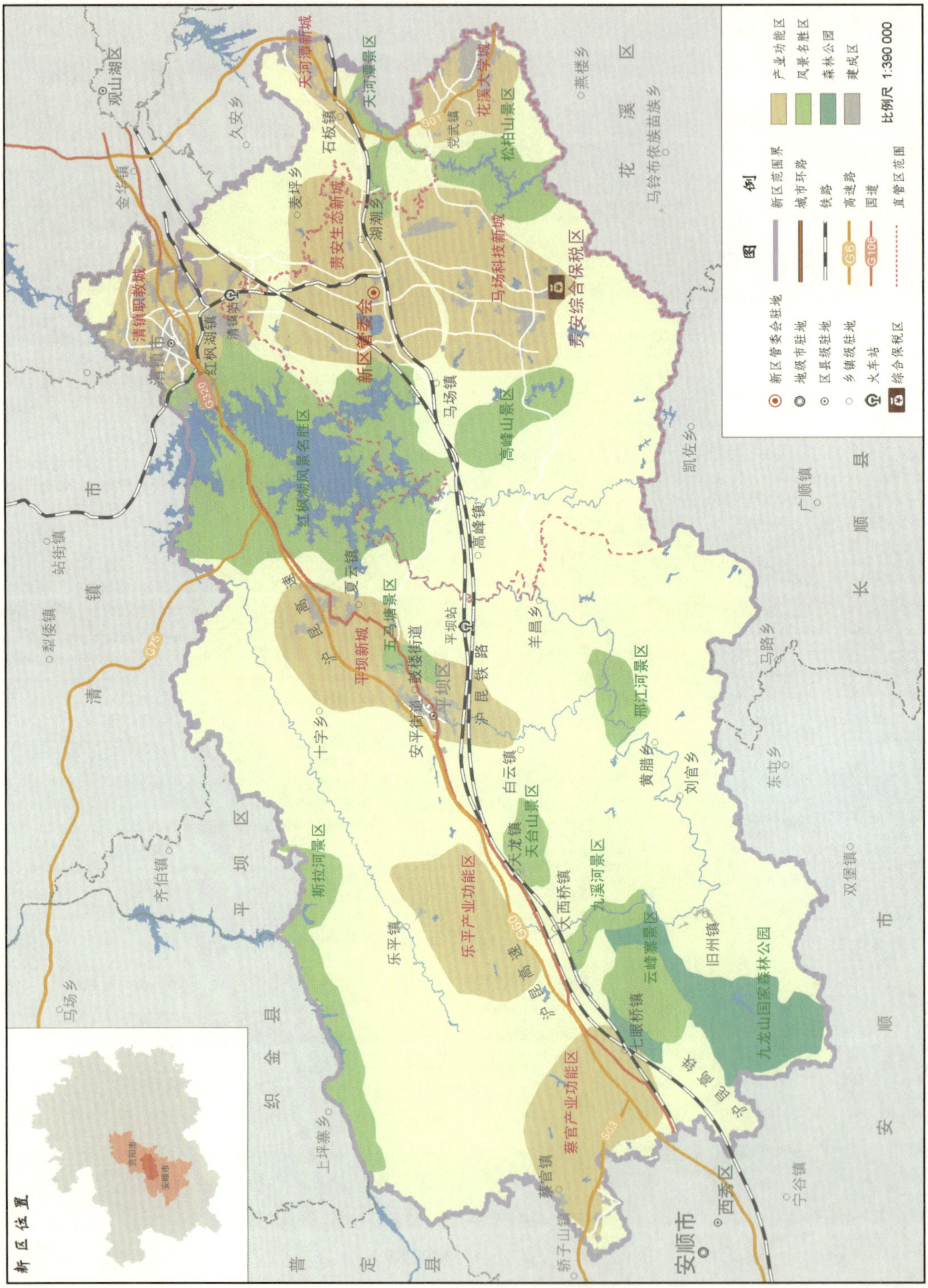
图例
新区管委会驻地
地级市驻地
区县级驻地
乡镇级驻地
火车站
综合保税区
新区范围界
城市环路
铁路
高速路
国道
直管区范围
产业功能区
风景名胜区
森林公园
建成区
比例尺 1:390 000
新区位置
新区管委会
清镇职教城
贵安生态新城
马场科技新城
天河潭新城
花溪大学城
贵安综合保税区
平坝新城
乐平产业功能区
蔡官产业功能区
红枫湖风景名胜区
天河潭景区
松柏山景区
高峰山景区
邢江河景区
天台山景区
九溪河景区
云峰寨景区
斯拉河景区
五马塘景区
九龙山国家森林公园
清镇市
安顺市
西秀区
平坝区
花溪区
观山湖区
长顺县
织金县
普定县
安顺市
清镇市
湖潮乡
马场镇
高峰镇
羊昌乡
夏云镇
平坝站
沪昆铁路
沪昆高速
石板镇
党武镇
麦坪乡
久安乡
红枫湖镇
站街镇
卫城镇
十字乡
安平街道
鼓楼街道
白云镇
天龙镇
黄腊乡
刘官乡
大西桥镇
旧州镇
七眼桥镇
乐平镇
蔡官镇
齐伯镇
燕楼乡
马铃布依族苗族乡
凯佐乡
广顺镇
马路乡
东屯乡
双堡镇
宁谷镇
上坪寨乡
马场乡
轿子山镇
金华镇
犁倭镇

图 3.9 贵州贵安新区

图 3.10 青岛西海岸新区

新区位置
瓦房店市
普兰店市
庄河市
金普新区
甘井子区
中山区
旅顺口区
沙河口区
西岗区
瓦房店市
普兰店市
瓦房店炮台经济开发区
皮长高速公路
普兰店经济开发区
沈大线
金城线
丹大高速
金州保税区
金州开发区
新区管委会
大连滨海国家地质公园
甘井子区
图例
新区管委会驻地
汽车站
地质公园
新区范围界
海岸线
县级界线
水系
铁路及车站
G6 高速
G106 国道
自然保护区
开发区
保税区
比例尺 1:450 000
① 大连大赫山国家森林公园
② 大连金石滩国家旅游度假区
③ 二龙山国家森林公园

图 3.11　大连金普新区

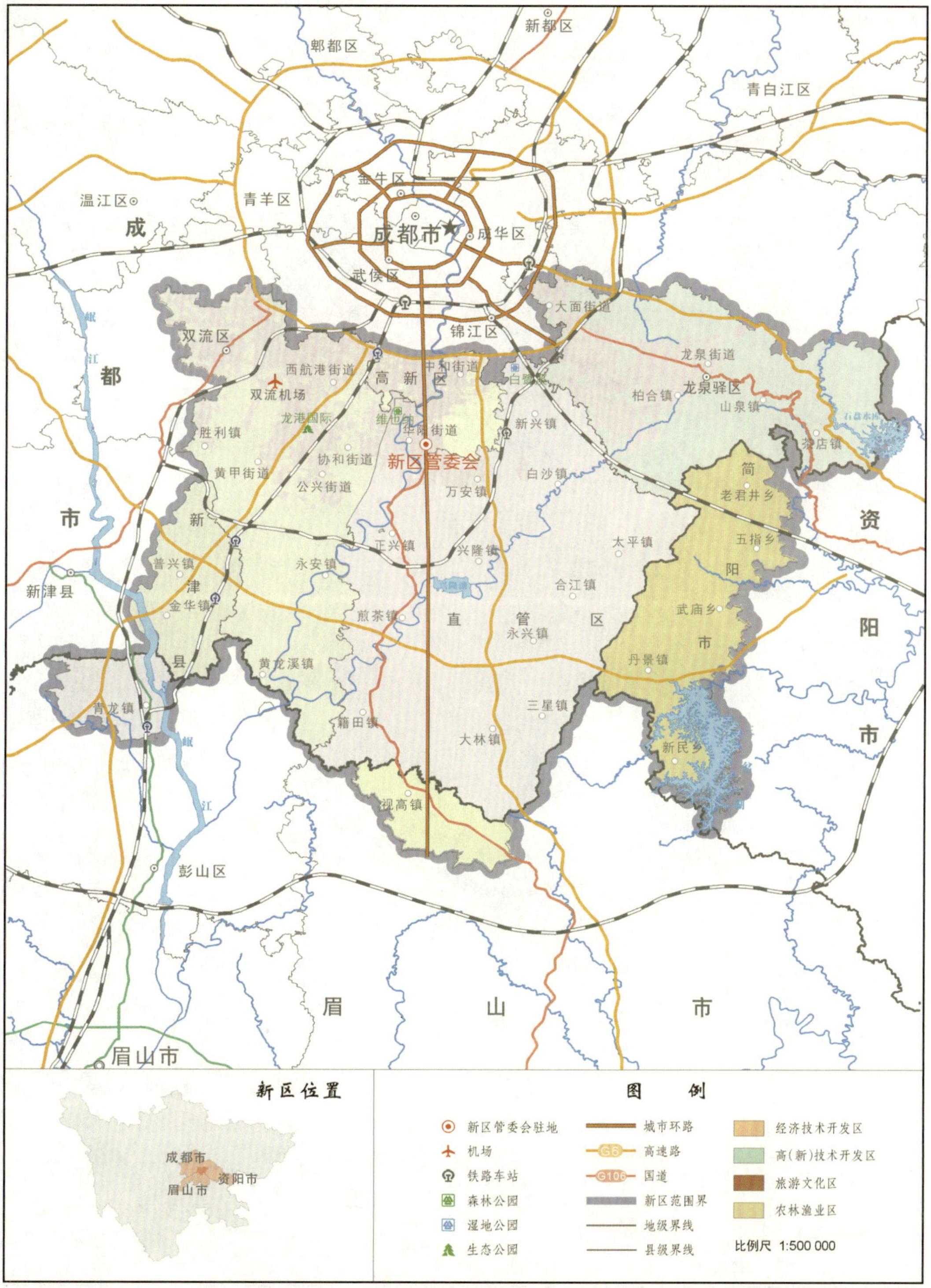
新都区
郫都区
青白江区
温江区
青羊区
金牛区
成都市
成华区
武侯区
锦江区
成
都
市
双流区
西航港街道
高 新 区
中和街道
白鹭湾
大面街道
龙泉街道
龙泉驿区
柏合镇
山泉镇
双流机场
龙港国际
维也纳
华阳街道
新兴镇
茶店镇
胜利镇
协和街道
新区管委会
白沙镇
黄甲街道
公兴街道
万安镇
简
老君井乡
五指乡
阳
市
新
津
县
正兴镇
兴隆镇
太平镇
普兴镇
永安镇
合江镇
新津县
金华镇
煎茶镇
直
管
区
永兴镇
武庙乡
丹景镇
黄龙溪镇
青龙镇
三星镇
籍田镇
大林镇
新民乡
视高镇
彭山区
资
阳
市
眉
山
市
眉山市
新区位置
成都市
资阳市
眉山市
图 例
新区管委会驻地
机场
铁路车站
森林公园
湿地公园
生态公园
城市环路
G5 高速路
G106 国道
新区范围界
地级界线
县级界线
经济技术开发区
高(新)技术开发区
旅游文化区
农林渔业区
比例尺 1:500 000

图 3.12 四川天府新区

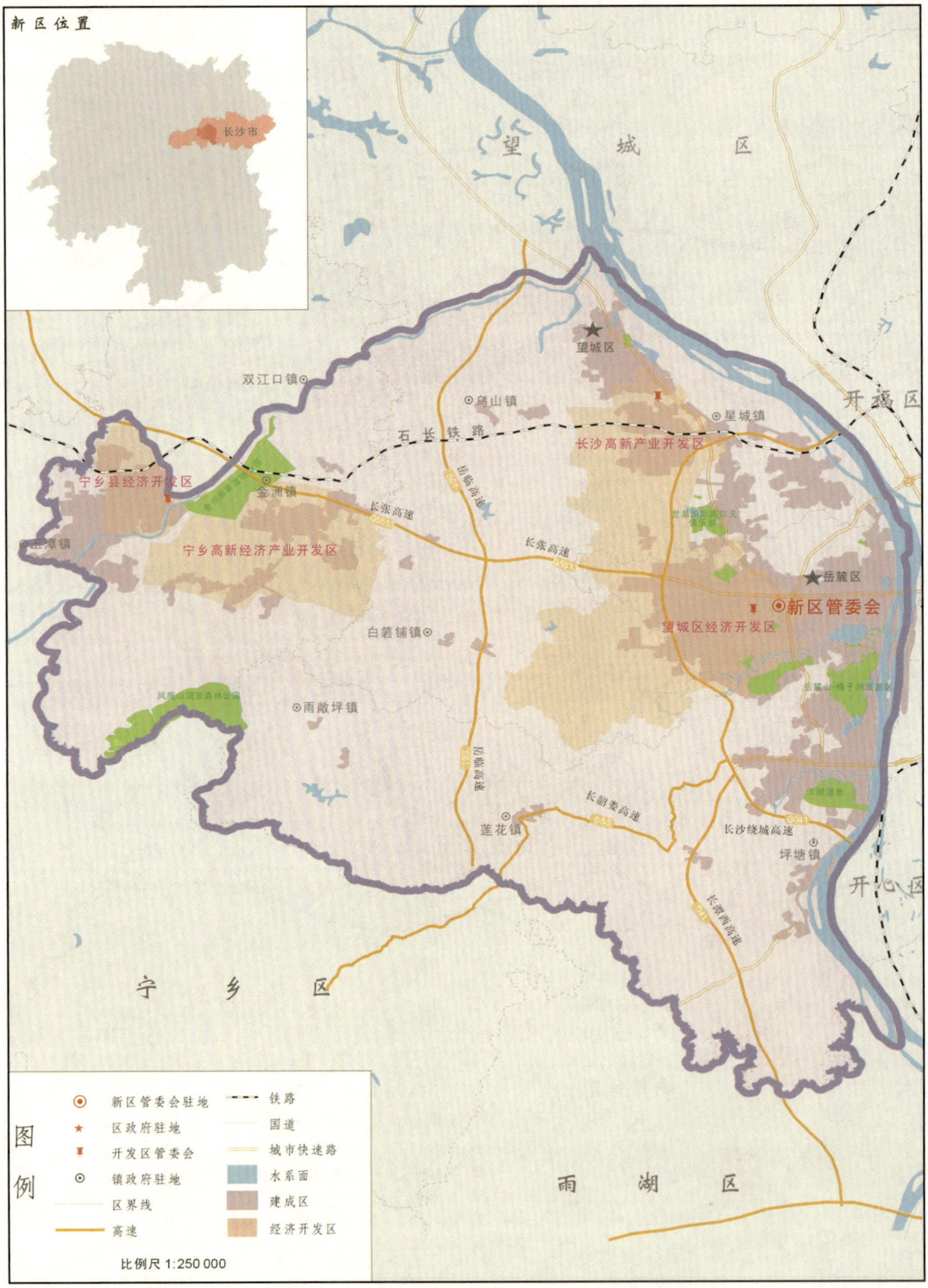
新区位置
长沙市
望城区
开福区
双江口镇
乌山镇
星城镇
石长铁路
长沙高新产业开发区
宁乡县经济开发区
金洲镇
长张高速
宁乡高新经济产业开发区
岳麓区
新区管委会
望城区经济开发区
白箬铺镇
雨敞坪镇
莲花镇
长韶娄高速
长沙绕城高速
坪塘镇
开化区
长潭西高速
宁乡区
雨湖区
图例
新区管委会驻地
区政府驻地
开发区管委会
镇政府驻地
区界线
高速
铁路
国道
城市快速路
水系面
建成区
经济开发区
比例尺 1:250 000

图 3.13 湖南湘江新区

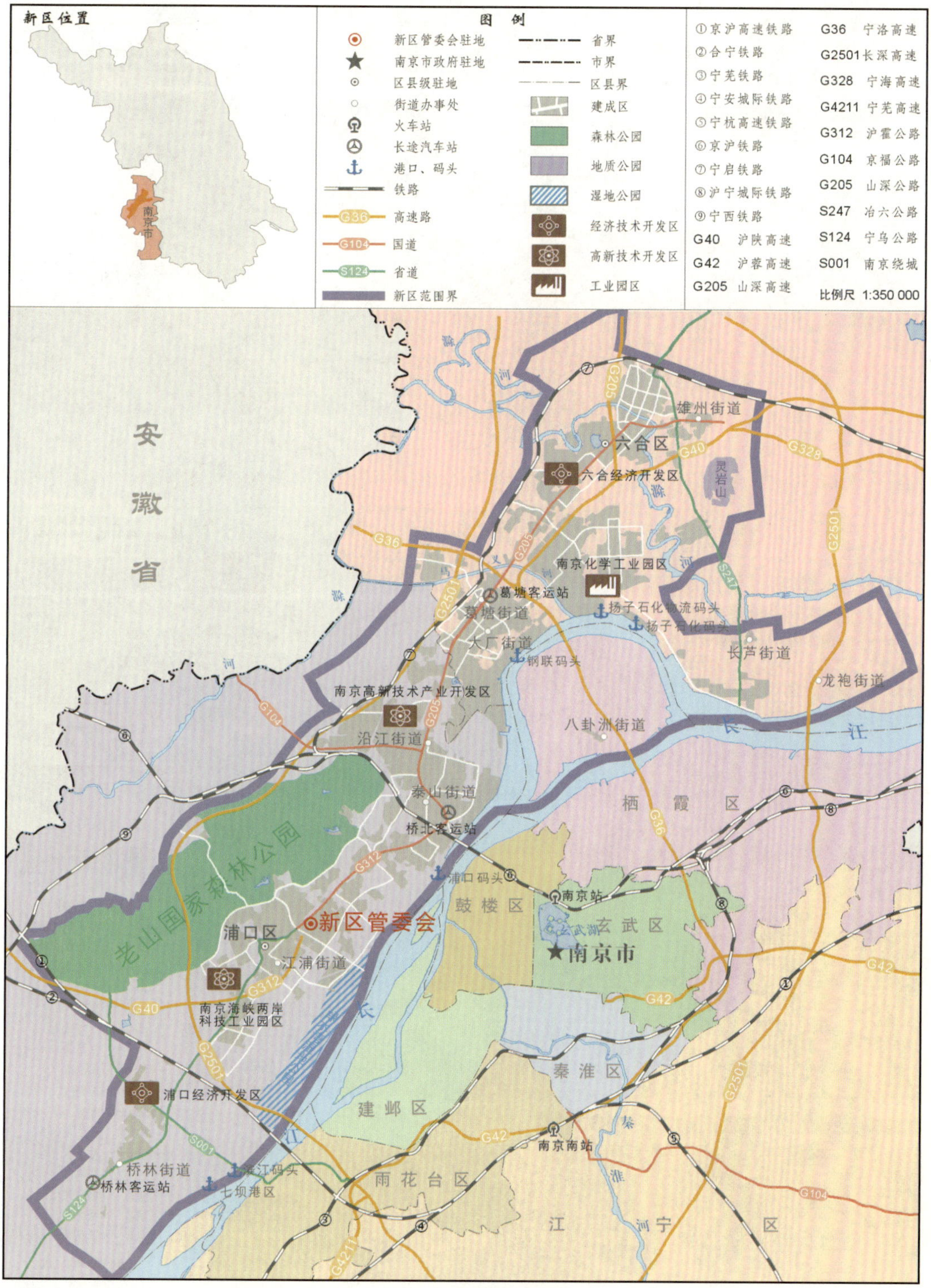
新区位置
南京市
图 例
新区管委会驻地
南京市政府驻地
区县级驻地
街道办事处
火车站
长途汽车站
港口、码头
铁路
高速路
国道
省道
新区范围界
省界
市界
区县界
建成区
森林公园
地质公园
湿地公园
经济技术开发区
高新技术开发区
工业园区
①京沪高速铁路
②合宁铁路
③宁芜铁路
④宁安城际铁路
⑤宁杭高速铁路
⑥京沪铁路
⑦宁启铁路
⑧沪宁城际铁路
⑨宁西铁路
G40 沪陕高速
G42 沪蓉高速
G205 山深高速
G36 宁洛高速
G2501 长深高速
G328 宁海高速
G4211 宁芜高速
G312 沪霍公路
G104 京福公路
G205 山深公路
S247 冶六公路
S124 宁乌公路
S001 南京绕城
比例尺 1:350 000
安徽省
雄州街道
六合区
六合经济开发区
灵岩山
南京化学工业园区
葛塘客运站
扬子石化物流码头
扬子石化码头
葛塘街道
大厂街道
钢联码头
长芦街道
龙袍街道
南京高新技术产业开发区
八卦洲街道
沿江街道
长江
泰山街道
桥北客运站
栖霞区
老山国家森林公园
浦口码头
南京站
鼓楼区
玄武湖
玄武区
浦口区
新区管委会
南京市
江浦街道
南京海峡两岸科技工业园区
秦淮区
浦口经济开发区
建邺区
南京南站
桥林街道
桥林客运站
七坝港区
雨花台区
江宁区

图 3.14 南京江北新区

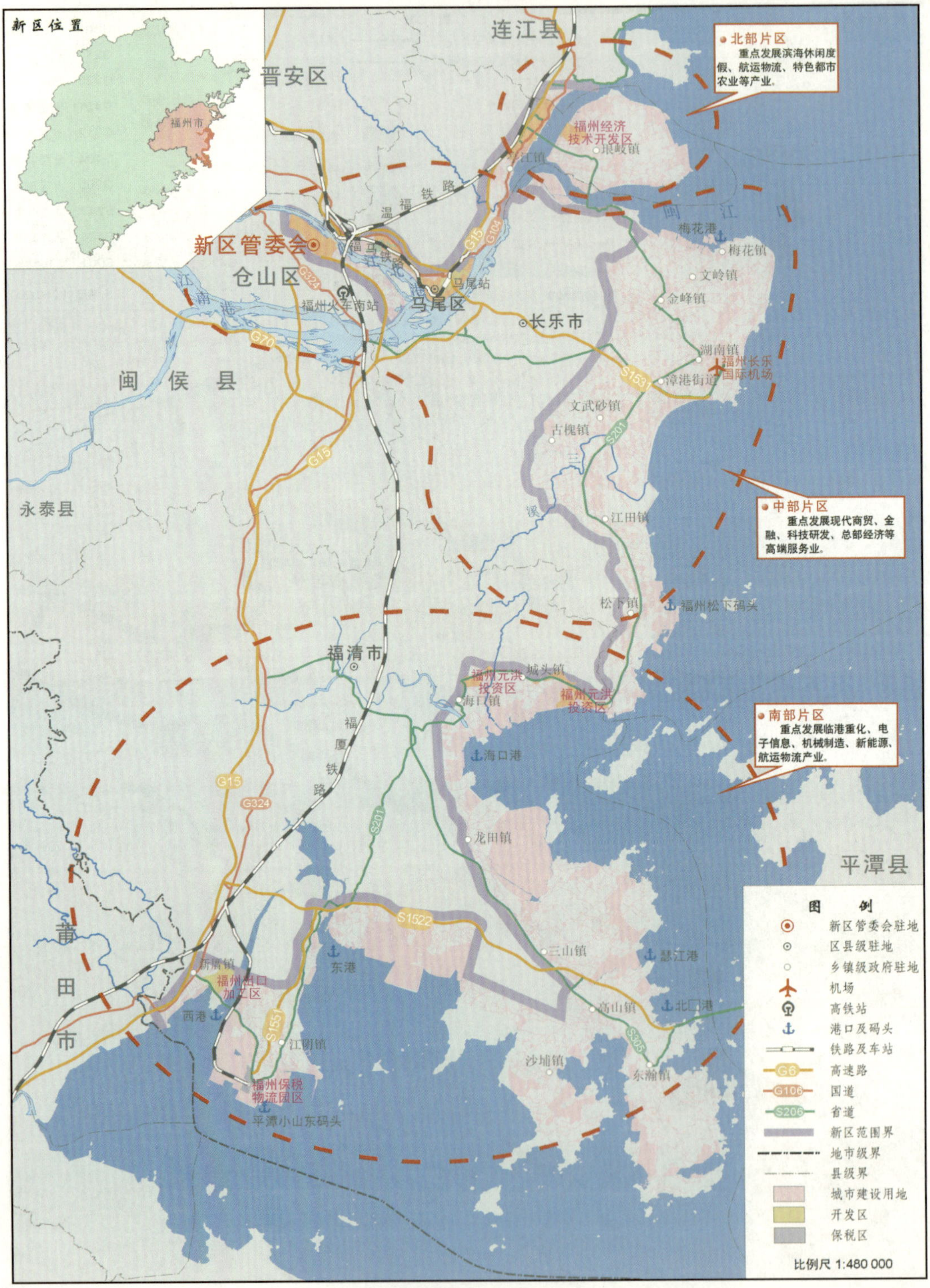
新区位置
福州市
连江县
晋安区
新区管委会
仓山区
马尾区
马尾站
福州火车南站
长乐市
闽侯县
永泰县
福清市
莆田市
平潭县
温福铁路
福厦铁路
福州经济技术开发区
琅岐镇
梅花镇
文岭镇
金峰镇
湖南镇
福州长乐国际机场
文武砂镇
古槐镇
江田镇
松下镇
福州松下码头
城头镇
福州元洪投资区
海口镇
海口港
龙田镇
三山镇
东港
新厝镇
福州出口加工区
西港
江阴镇
福州保税物流园区
平潭小山东码头
沙埔镇
高山镇
东瀚镇
北部片区
重点发展滨海休闲度假、航运物流、特色都市农业等产业。
中部片区
重点发展现代商贸、金融、科技研发、总部经济等高端服务业。
南部片区
重点发展临港重化、电子信息、机械制造、新能源、航运物流产业。
图例
新区管委会驻地
区县级驻地
乡镇级政府驻地
机场
高铁站
港口及码头
铁路及车站
高速路
国道
省道
新区范围界
地市级界
县级界
城市建设用地
开发区
保税区
比例尺 1:480 000

图 3.15 福州新区

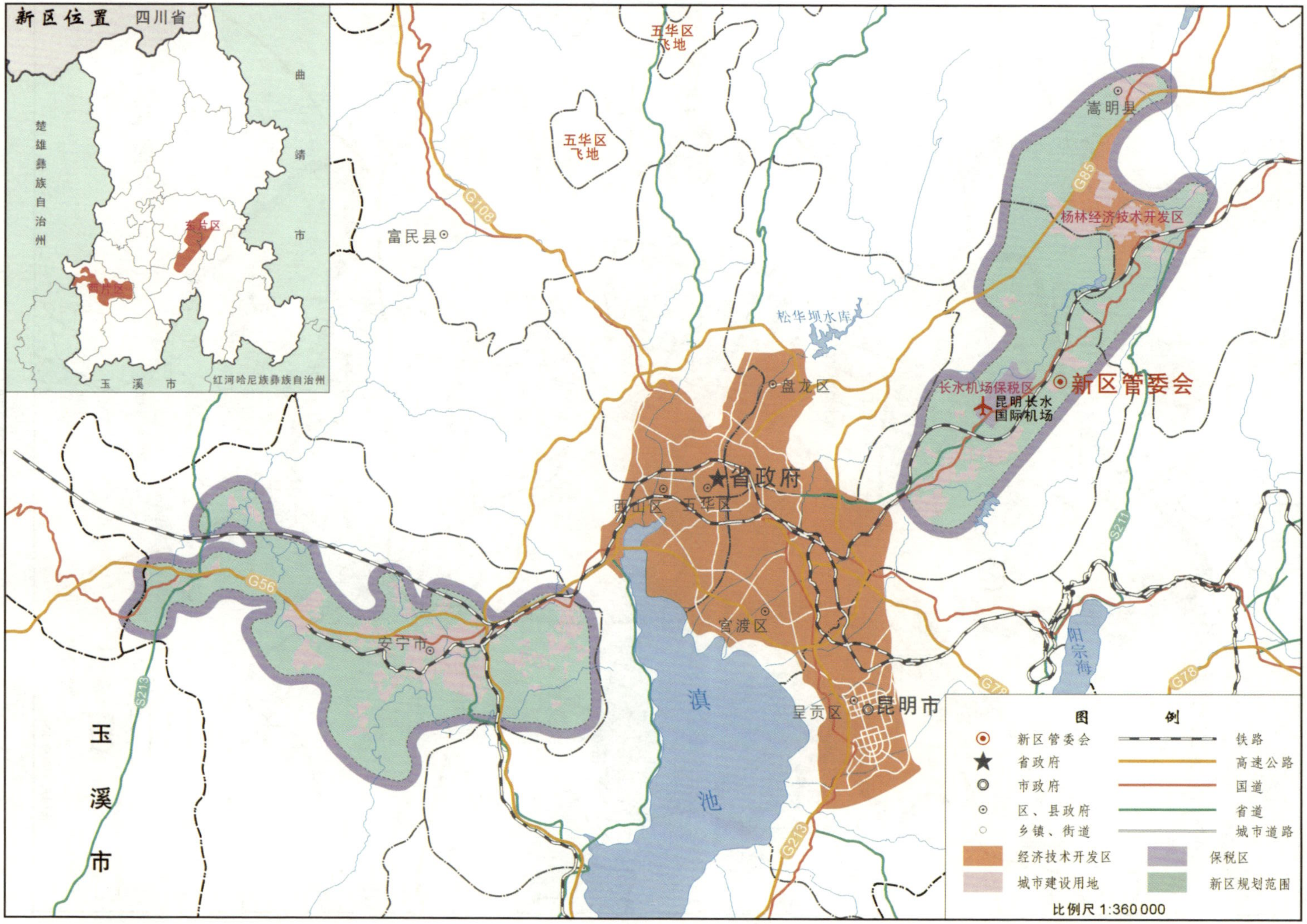

新区位置
四川省
曲靖市
楚雄彝族自治州
玉溪市
红河哈尼族彝族自治州
五华区飞地
五华区飞地
富民县
嵩明县
杨林经济技术开发区
松华坝水库
长水机场保税区
新区管委会
昆明长水国际机场
盘龙区
省政府
西山区
五华区
官渡区
安宁市
呈贡区
昆明市
滇池
阳宗海
玉溪市
G108
G85
G56
G78
G213
S211
S213
图例
新区管委会
省政府
市政府
区、县政府
乡镇、街道
经济技术开发区
城市建设用地
铁路
高速公路
国道
省道
城市道路
保税区
新区规划范围
比例尺 1:360 000

图 3.16 云南滇中新区

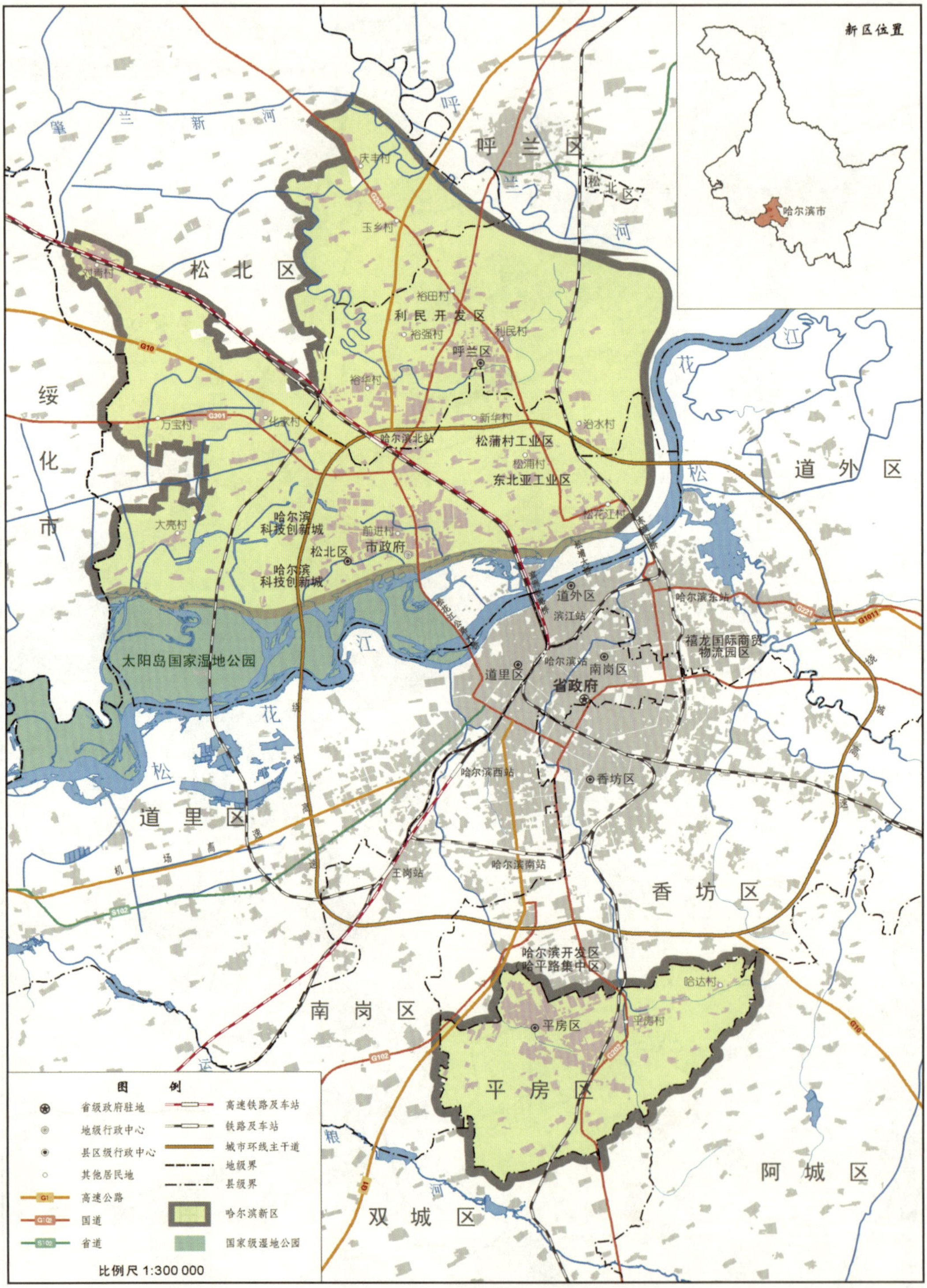
新区位置
哈尔滨市
呼兰区
松北区
利民开发区
呼兰区
松蒲村工业区
东北亚工业区
哈尔滨科技创新城
市政府
松北区
哈尔滨北站
太阳岛国家湿地公园
道外区
道里区
省政府
南岗区
香坊区
哈尔滨西站
哈尔滨南站
哈尔滨东站
福龙国际商贸物流园区
哈尔滨开发区哈平路集中区
平房区
南岗区
阿城区
双城区
绥化市
庆丰村
玉乡村
刘青村
裕田村
裕强村
利民村
裕华村
新华村
万宝村
裕水村
松浦村
大亮村
前进村
松花江村
平房村
哈达村
王岗站
滨江站
图例
省级政府驻地
地级行政中心
县区级行政中心
其他居民地
高速公路
国道
省道
高速铁路及车站
铁路及车站
城市环线主干道
地级界
县级界
哈尔滨新区
国家级湿地公园
比例尺 1:300 000

图 3.17 哈尔滨新区

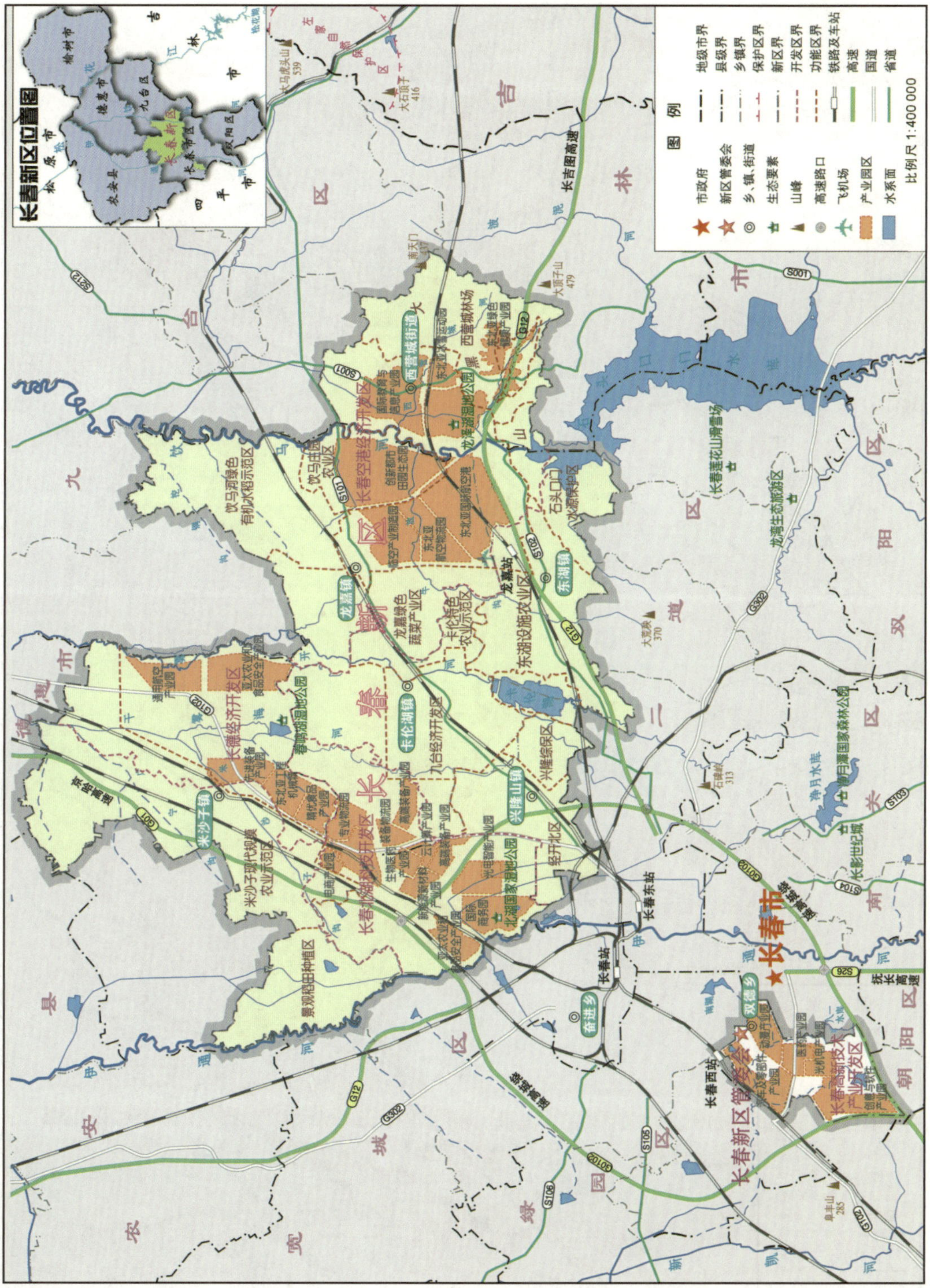
长春新区位置图
图例
市政府
新区管委会
乡、镇、街道
生态要素
山峰
高速路口
飞机场
产业园区
水系面
地级市界
县级界
乡镇界
保护区界
新区界
开发区界
功能区界
铁路及车站
高速
国道
省道
比例尺 1:400 000
长春新区
长春市
长春空港经济开发区
长德经济开发区
长春北湖科技开发区
长春高新技术产业开发区
九台经济开发区
东湖设施农业区
米沙子现代规模农业示范区
饮马河绿色有机水稻示范区
景观稻田种植区
兴隆综保区
北湖国家湿地公园
春鸣湖湿地公园
龙嘉镇
卡伦湖镇
东湖镇
西营城街道
米沙子镇
兴隆山镇
奋进乡
双德乡
龙嘉站
长春站
长春东站
长春西站
石头口门水源保护区
长春莲花山滑雪场
净月潭国家森林公园
长影世纪城
长吉图高速
京哈高速
珲乌高速
长春市
吉林市
九台区
德惠市
双阳区
南关区
朝阳区
绿园区
宽城区
二道区
农安县

图 3.18 长春新区

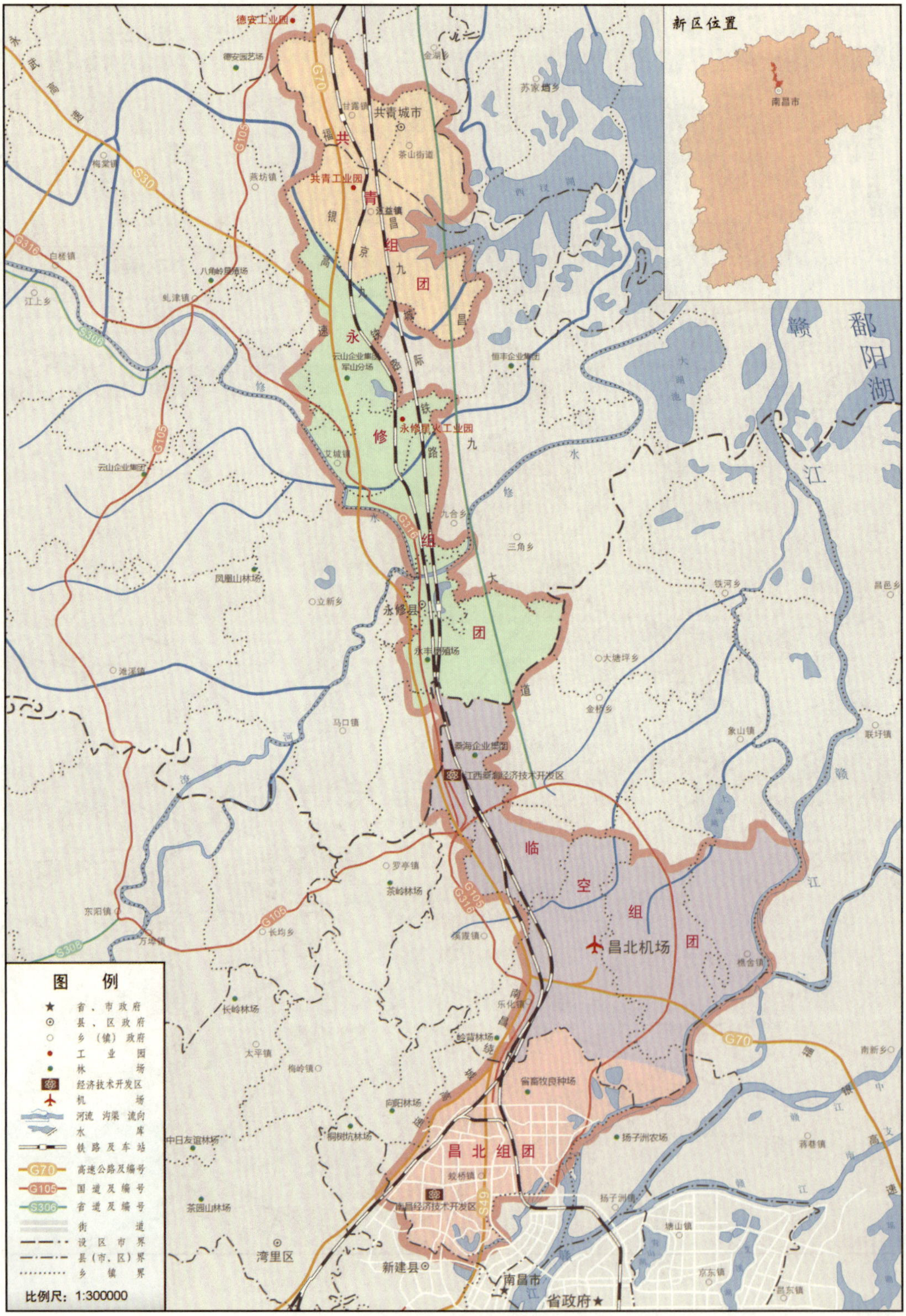
新区位置
南昌市
德安工业园
共青城市
共青工业园
共青组团
永修组团
永修星火工业园
永修县
临空组团
昌北机场
昌北组团
南昌经济技术开发区
新建县
南昌市
省政府
湾里区
鄱阳湖
赣江
图例
省、市政府
县、区政府
乡（镇）政府
工业园
林场
经济技术开发区
机场
河流 沟渠 流向
水库
铁路及车站
高速公路及编号
国道及编号
省道及编号
街道
设区市界
县（市、区）界
乡镇界
比例尺：1:300000

图 3.19 江西赣江新区

有关文件

国家发展改革委关于印发2017年国家级新区体制机制创新工作要点的通知

发改地区〔2017〕583号

各国家级新区人民政府(管委会)、有关省(市)发展改革委:

为促进国家级新区在深化改革创新和推动产业转型升级等方面深化探索，进一步提升发展质量和效益，多积累可复制可推广的经验，切实发挥辐射带动作用，经与有关方面沟通衔接，我委制定了《2017年国家级新区体制机制创新工作要点》(以下简称《要点》)，现印发你们。

各国家级新区要着眼于服务全国改革开放大局，立足既有工作基础，按照《要点》要求，研究制定具体实施方案，切实抓好组织实施，着力增创新优势、培育新动能、发展新经济，提升发展质量和效益，积极探索形成可复制可推广的经验。有关省(市)发展改革委要加强工作指导和支持，总结工作进展和经验，今年底前将有关整体情况报送我委。

我委将会同有关部门对各国家级新区改革创新继续予以指导，帮助协调解决改革发展中的突出困难和问题，及时总结改革创新经验并上报国务院。

附件：2017年国家级新区体制机制创新工作要点

国家发展改革委

2017年3月28日

附件

2017年国家级新区体制机制创新工作要点

为落实国家“十三五”规划纲要关于鼓励国家级新区体制机制和管理模式创新的部署，遵照李克强总理关于国家级新区创新发展的重要批示，促进国家级新区（以下简称“新区”）在深化改革创新和推动产业转型升级等方面深化探索，进一步提升发展质量和效益，多积累可复制可推广的经验，切实发挥辐射带动作用，制定本工作要点。

2017年，各新区要在以习近平同志为核心的党中央领导下，全面贯彻党的十八大和十八届三中、四中、五中、六中全会精神，深入贯彻习近平总书记系列重要讲话精神和治国理政新理念新思想新战略，统筹推进“五位一体”总体布局和协调推进“四个全面”战略布局，牢固树立和落实新发展理念，适应把握引领经济发展新常态，坚持以提高发展质量和效益为中心，坚持以推进供给侧结构性改革为主线，紧紧围绕率先全面深化“放管服”改革、大力发展实体经济、主动融入国家重大战略、推动全方位对外开放、实施创新驱动发展、构建市场化规范化法制化体制机制和发展环境等方面，立足各自发展阶段和比较优势，坚持目标导向和问题导向相结合，因地制宜、精准发力，以新思路、新视角、新方法探索形成破除发展难题和体制障碍的特色化新路径，进一步激发新区发展动能，打造改革开放新高地、创新发展新引擎，为其他地区改革发展提供新区样板和引领示范，以优异成绩迎接党的十九大胜利召开。

一、上海浦东新区

以制度创新为抓手，推进各类功能平台融合联动、协同互促，力争在深化自由贸易试验区改革创新、推进科技创新中心建设和推进社会治理创新上有新作为，持续在构建高标准开放型经济新体制上发挥引领示范作用。

1.全面推进自由贸易试验区建设，深化投资领域创新与商事制度改革，完善便利化最优的贸易监管制度创新，创新社会治理模式，稳健推动金融开放创新试点，提升金融中心建设水平。

2.进一步聚焦科创中心核心功能区建设，推动张江从科技园区向科学城转型，全面提升张江园区形态与功能。进一步优化科技创新综合环境，持续深化科技管理制度创新，完善科技综合服务体系。

3.加强综合配套改革试验区、自由贸易试验区、科技创新中心、国家人才改革试验区建设等融合联动，探索重点改革事项、重大平台建设统筹协同、互促共进的有效方式。

二、天津滨海新区

着力在深化“放管服”改革、培育壮大新动能、扩大双向开放等方面先行先试、率先突破，全面提升开发开放水平和能级，进一步发挥在京津冀协同发展中的示范带动作用。

1.建设电子市民中心，探索构建新型“互联网+政务服务”体系、电子证照等政务数据跨部门共享机制和智能监管体系，努力打造全面深化“放管服”改革的新平台。

2.加快建设天津滨海—中关村科技园和“双创”示范基地，全力推进京津冀全面创新改革试验区建设探索，率先形成个性化定制、服务型制造等新模式。

3.深化自由贸易试验区制度创新，探索与天津港联动的“区港绿色通道”，创新港产城融合发展方式，深入开展开放型经济新体制建设创新探索，提升承接国际产业梯度转移能力。

三、重庆两江新区

以深化内陆开放领域体制机制创新为重点，以战略性新兴产业为抓手，探索开放型经济运行管理新模式，推动建立质量效益导向型外贸发展新格局，进一步发挥在“一带一路”建设和长江经济带发展方面的引领作用。

1.创新“产业链+价值链+物流链+信息链+资金链”的内陆加工贸易发展方式，探索构建开放型产业新体系，打造内陆战略性新兴产业集聚区。

2.探索科技创新服务新机制，发挥创新创业和“互联网+”集智汇力的乘数效应，建设有特色、高水平的国家双创示范基地。

3.健全外商投资管理制度，探索促进国际投资合作新方式，完善境外投资活动真实性核查制度，创新专业化、精准化、集群化招商模式和共同出资、共同受益的资本运作模式。

四、浙江舟山群岛新区

依托舟山港综合保税区和舟山江海联运服务中心建设，开展自由贸易港区建设探索，推动建立与国际接轨的通行制度。

1.以宁波—舟山港为依托，大力推进舟山江海联运服务中心建设，加快江海直达船舶研究应用和江海联运公共信息平台建设，深化港口一体化发展创新，提升大宗商品储备加工交易能力。

2.创新外商投资便利化管理和促进机制，完善自由贸易背景下贸易服务体系，在符合相关政策前提下，开展全业态船舶供应服务探索，促进服务贸易市场拓展、品牌培育和产业发展。

五、兰州新区

探索促进产业集聚和科技创新的新机制，打造务实高效的政务服务环境，充分激发社会投资动力和活力。

1.依托兰白科技创新改革试验区建设，深化人才引进与知识产权保护机制创新，加快创新要素集聚，完善“创业苗圃+孵化器+加速器+产业园”的孵化链条，培育提升发展动能。

2.优化开发建设秩序，聚焦核心功能区建设，集约节约利用土地，分区分步滚动开发，提高产业集聚度，严格管控审批新的房地产项目，着力推进房地产去库存。

六、广州南沙新区

深化粤港澳深度合作探索，推动建设粤港澳专业服务集聚区、港澳科技成果产业化平台和人才合作示范区，引领区域开放合作模式创新与发展动能转换。

1.创新与港澳在资讯科技、专业服务、金融及金融后台服务、科技研发及成果转化等领域合作方式，推进服务业执业资格互认，吸引专业人才落户。

2.完善“智慧通关”体系，推动建设全领域、全流程“线上海关”，构建国际国内资源双向流动的投资促进服务平台。探索建立法院主导、社会参与、多方并举、法制保障的国际化、专业化、社会化多元纠纷解决平台，优化法治环境。

七、陕西西咸新区

深化城市发展方式创新和特色化产业发展路径探索，进一步发挥国家创新城市发展方式试验区的综合功能和在“一带一路”建设中的重要作用。

1.探索突显文化特色、注重绿色集成创新、保障群众利益的城市发展方式，创新优美小镇建设模式。

2.深化中俄丝路创新园建设探索，推动与广州南沙新区等共建产业合作基地、创新型孵化器等举措实施，在跨国、跨区域园区共建和产业孵化引领产业发展方面积累新经验。

八、贵州贵安新区

依托大数据产业发展集聚区、南方数据中心示范基地和绿色数据中心建设，探索以数字经济助推产业转型升级，促进新旧动能顺畅接续的供给侧结构性改革路径。

1.创新政府服务模式，探索“人才+项目+团队”“人才+基地”等人才培养新模式，大力打造集储存、挖掘、分析、清洗、展示、应用、数据产品评估和交易等为一体的大数据核心产业链条。

2.构建“研发+孵化+制造+融合+平台+应用”科技创新模式，形成闭合的产业生态圈，催生新产业新业态，推进“大数据+大开放”，创新开放合作形式。

九、青岛西海岸新区

深入推进青岛（古镇口）军民融合创新示范区和青岛蓝谷海洋经济发展示范区建设探索，持续深化军民融合体制机制和海洋科技发展创新。

1.完善军民融合发展体制机制与政策举措，以“融”为核心，开展军民协同创新，探索构建集产业、科技、人才、保障为一体的军民综合创新体系，聚焦关键要素，挖掘培育军事文化特色。

2.推进面向深海、深地、深空、深蓝的科技创新中心建设，探索科技企业阶梯培育机制，完善科技创新券机制，开展中德生态园知识产权保险试点，加快全要素孵化加速的众创平台建设。

十、大连金普新区

进一步创新管理体制，探索以科技创新和双向开放促进产业转型升级的有效途径，加快形成创新发展的内在动力。

1.深化市场配置资源、经济运行管理、面向东北亚开放合作等方面的制度创新，加快大连东北亚航运中心建设探索，启动保税区管理体制改革，健全与新区发展相适应的管理体制和运行机制。

2.推进沈大国家自主创新示范区高端装备、集成电路、通用航空等产业创新基地和专业技术研发、创新创业服务等创新平台建设探索，力争在园区协同开放、招商引资机制创新等方面有所突破。

十一、四川天府新区

突出“全面加速、提升发展”两大重点，加快全面创新改革，全力破解体制机制难题，进一步提升产业和区域整体竞争力。

1.纵深推进全面创新改革试验，在军民融合、产学研协调创新等关键环节和重点领域实现率先突破，围绕增强产业发展核心竞争力，创新推动产业动能转换再提速方式。

2.健全协同管理体制，开展立法探索，构建有效统筹成都片区和眉山片区间、成都片区各区域间关系的管理运营方式，破解管理体制碎片化难题，提升区域融合发展水平。

十二、湖南湘江新区

深化要素市场创新，持续推进生态文明建设体制机制改革探索，在推进绿色集约高效发展与产城融合、城乡一体化发展等方面有所突破。

1.深化土地集约节约利用、投资方式及科技成果孵化转化机制创新探索，加强金融创新，丰富金融业态，推动形成高效规范的资源要素市场化配置方式。

2.完善多元化生态补偿机制，建设生态技术指标体系，开展绿色市政建设与循环化发展探索，依托水环境综合治理试点，建立特色化流域保护、管理执法机制，积极参加全国碳交易市场建设。

十三、南京江北新区

以科技创新培育发展新动能，以新技术助推行政管理体制改革，努力打造优良创新环境，积极发挥辐射带动作用。

1.进一步理顺管理体制和运行机制，探索以法定机构形式建设运营江北新区大数据管理中心，运用大数据促进政府管理方式创新。

2.开展专利、商标、版权“三合一”知识产权综合管理体制改革试点，推进科技创新资源集聚区建设，发挥江北高校联盟作用，创新科技成果转化方式，促进众创空间、创客联盟、创业学院发展。

十四、福州新区

积极对接国家“一带一路”建设，建立健全特色化综合服务平台，推进各类功能区深度融合。

1.研究推进海洋产权交易中心和海域使用二级市场建设探索，为海洋产权交易积累有益经验。依托中国—东盟海交所等，提升海产品跨境结算平台功能。

2.持续推进新区与平潭综合实验区、自由贸易试验区福州片区融合发展探索，建立健全两地共建共享机制。

十五、云南滇中新区

围绕建设面向南亚东南亚辐射中心的重要支点战略定位，进一步理顺管理体制，健全要素保障机制，夯实开发开放基础。

1.聚焦解决新区与昆明市之间人流、物流、资金流、信息流一体化问题，进一步推进市区融合发展体制机制创新，推动形成以市带区、重点保障、市区一体的融合协同发展格局。

2.探索推动构建沿边开放新高地的体制机制，加快构建企业自主决策、融资渠道畅通、职能转变到位、政府行为规范、法治保障健全的新型投融资体制，创新优化发展环境。

十六、哈尔滨新区

以优化发展环境为载体，以招商引资、产业集聚、对俄合作为重点，探索促进老工业基地转型发展新路径。

1.探索建立精简高效的管理体制和运行机制，继续推进扁平化管理体制和大部门制优化调整，促进管理职能下沉，开展功能区运营模式改革，选择基础条件较好的功能区开展市场化运营试点。

2.探索产业转型升级有效途径，创新市场化招商方式，围绕新区重点产业的垂直供需链和横向协作链开展“精准”招商，依托中俄博览会、国际交通走廊建设等，深化对俄全方位合作，推动贸易结构优化升级。

十七、长春新区

构建科技创新平台，培育经济新动能，探索深化面向图们江区域合作开发新路径。

1.加快长东北科技创新中心、北湖科技园等创新平台建设，积极打造创新创业平台，提高科技成果本地转化率，深化人才改革试验区建设探索，创新人才培养和引进模式。

2.以东北亚国际陆港和空港经济开发区建设为载体，完善口岸服务功能，促进物流、健康养老等特色化产业集聚，探索提升参与图们江区域合作开发水平新路径。

十八、江西赣江新区

围绕完善管理体制机制、创新发展平台、促进产城融合发展等方面进行探索，在促进中部地区崛起方面发挥积极作用。

1.按照基础设施优先、环境优先、公共配套优先、产业优先原则，谋划推进空间形态有特色、功能内涵有内容的生态健康城建设，开展产城融合发展改革探索。

2.依托共青城，建设科技创新及成果转化的示范区，多举措探索创新创业新方式，打造“双创”平台。